Claus H. Bick

Erfolgreich durch Hypnose

Claus H. Bick

Erfolgreich durch Hypnose

Der neue Weg zu Gesundheit und Kreativität in Beruf und Alltag

Mit großem Selbsthilfeteil
und Fallbeispielen

Mit 17 Fotos und Abbildungen

LANGEN MÜLLER

Bildnachweis

Alle Fotos und Tabellen stammen aus dem Archiv des
C. H. Bick-Instituts für Cerebrale Dominanzen.

Gedruckt auf chlorfrei gebleichtem Papier

© 1997 Langen Müller in der F. A. Herbig Verlagsbuch-
handlung GmbH, München
Alle Rechte vorbehalten
Umschlag:
Satz: Filmsatz Schröter GmbH, München
Gesetzt aus: 11/13 Punkt Optima auf Linotronic 330
Druck und Binden: Graph. Großbetrieb Pößneck
Printed in Germany
ISBN 3-7844-2673-5

Inhalt

Vorwort

Viele Menschen haben falsche Vorstellungen vom Zustand der Hypnose. Ein ehemaliger Patient von mir hatte beispielsweise versucht, sich mit Kollegen und Freunden über Hypnose und seine Erfahrungen mit ihr zu unterhalten. Brüsk wandte man sich von ihm ab, als sei er ein Spinner oder gar abnormal. Seine eigenen Freunde und Kollegen betrachteten ihn kritisch, als sei er nicht mehr bei vollem Verstand. Fast alle Reaktionen ließen zwei ablehnende Grundvorstellungen erkennen: Für die einen war es der Zweifel an dem veränderten Bewußtseinszustand der Hypnose an sich, für die anderen war das Thema Hypnose eine unangenehme und unheimliche Mischung, mit der sie auf keinen Fall etwas zu tun haben wollten.

Er fragte mich, wie es komme, daß viele Menschen in unserer aufgeklärten und modernen Zeit solch rückständige, ja angstbehaftete Vorstellungen von der Hypnose haben. Für ihn ein nicht ganz leicht verständliches Verhalten. Er hatte bereits alle positiven Eigenschaften der Hypnose an seiner eigenen Person im Rahmen seines Heilungsprozesses und seiner Persönlichkeitsentwicklung erfahren.

In der Fachwelt sah es bis vor ca. zwanzig Jahren nicht anders aus. Im Anschluß an den Congress of Hypnosis 1978 in Malmö, also vor zwanzig Jahren, fragten sich zwei frustrierte Hypnoseärzte (Professor Juan Berlin und ich): »Ist

9

eigentlich Hypnose ein schmutziges Wort? Warum hat die Hypnose dieses fatale Image?«

Auf dem Gebiet der Hypnose lebten wir bisher alle nur von Erfahrungswerten und Überlieferungen. Naturwissenschaftlich gesehen lag die Hypnose noch im Sumpf der Parapsychologie und Esoterik. Wir beschlossen, ihr nach allen Regeln der Kunst auf den Kern zu gehen und nach Beweisen ihrer Existenz und Meßbarkeit zu suchen.

1983 war es dann soweit: Im Alleingang gelang es mir in meinem damaligen Institut (Bick-Institut für Cerebrale Dominanzen und Hypnose) erstmals, den Hypnosezustand mit einem umgebauten Elektroenzephalogramm (EEG) und einem Computer meßbar darzustellen. Ich konnte in dreifacher Form den veränderten Bewußtseinszustand der Hypnose sichtbar und meßbar nachweisen:

• Die Umschaltung der elektrischen Aktivität von der linken zur rechten Gehirnhälfte. Das bedeutet: links findet eine Reduzierung der Aktivitäten unseres Kontrollsystems von Verstand, Vernunft und Logik statt bei gleichzeitiger Erhöhung der Aktivitäten rechts von Emotionen (Gefühlen), Kreativität und Phantasie.

• Die Entdeckung der besonderen Wachheit der Hypnose (Vigilanz), indem der sonst übliche »Arousal«-Effekt im EEG, d. h. der Weckeffekt bei Lärm, ausblieb.

• Die Beeinflussung der evozierten Potentiale, (Beeinflußbarkeit der elektrischen Spannung auf Sinnesreize im Gehirn, die an der Kopfoberfläche meßbar ist), die ich in Kapitel IV näher beschreibe.

Der griechische Physiker und Mathematiker Archimedes (287 v. Chr.) entdeckte im Badehaus das Prinzip des Auftriebs (spezifisches Gewicht) und lief in seiner Begeisterung nackt auf die Straße und rief: »Heureka!«, »Ich habe es gefunden!«

Mir ging es ähnlich: Nachts um 2.00 Uhr wurden mir meine Entdeckungen klar. Ich mußte diese »Bombe« loswerden und rief zu dieser Zeit den mit mir befreundeten Professor Eduard David, Ordinarius für Physiologie an der Universität Witten/Herdecke, an und platzte heraus: »Ich hab's!« Der mystische Schleier vor der Hypnose war nun zerrissen und sie in den naturwissenschaftlich–medizinischen Bereich integriert.

Von frühester Jugend an hat mein ganzes Interesse der Hypnose gegolten. Selbst mein Studium war auf die Hypnose ausgerichtet. Auf all meinen Vortrags- und Forschungsreisen, sei es in Europa, USA oder Fernost, habe ich keine Gelegenheit ausgelassen, nach Büchern über Hypnose zu fahnden. Meine Suche nach qualifizierter Literatur war freilich unbefriedigend. Das bestärkte mich in meinem Entschluß, dieses Buch zu schreiben. Es ist so konzipiert, daß sich der Leser unter gut verständlicher Anleitung im Hauptteil alle praktischen und theoretischen Kenntnisse aneignen kann, um sie im Selbsthilfeteil zu seinem eigenen Gewinn umzusetzen.

An dieser Stelle möchte ich nicht versäumen, all denjenigen zu danken, die mir ein solches Werk ermöglicht haben. Meinen ehemaligen Mitarbeitern, meinen Probanden und meinen Patienten, die sich für außergewöhnliche Experimente zur Verfügung stellten, aber auch insbesondere meiner Frau, Erika-Marika Hauser-Bick, die mir schon bei meinem ersten Buch »Neurohypnose – Skalpell der Seele« sehr hilfreich zur Seite stand. Danken möchte ich auch Herrn Professor David für sein mir entgegengebrachtes wohlwollendes wissenschaftliches Interesse, ebenso dem deutschen Quantenphysiker-Dozent Burkhard Heim und Herrn Magister A. Draczinsky für die vielen interessanten persönlichen Gespräche.

I Wie aktuell ist Hypnose?

1 Die »Dekade des Gehirns«

Es war kein Geringerer als der amerikanische Präsident George Bush, der während seiner Amtszeit im März 1992 offiziell zur »Decade Of The Brain« aufrief. Dies betraf auch ein der Gehirnforschung sehr eng verbundenes Sachgebiet wie das der Hypnose. Etwa zugleich mit dieser Deklaration ließ die American Society of Medical Hypnosis (ASMH) den »Delphi-Report« zur Prognose des Anstiegs der Hypnosetherapie in den USA erarbeiten. Ein Delphi-Report ist eine wissenschaftliche Prognose, bei der es um Erwartungen geht, wie sie Fachleute hegen, die auf den Gebieten arbeiten, deren Entwicklung unsere Zukunft bestimmen. Er zeigt somit eine Produktvision auf, in unserem Fall den Fortschritt von Wissenschaft und Technik in Hypnose. Die ASMH wählte diese Vorhersage-Methode, die nicht auf bereits feststehenden Fakten beruht wie bei der prospektiven Hochrechnung, aus, um sich eine Prognose über die Entwicklung der Hypnose in den USA erstellen zu lassen. Das Ergebnis zeigte die weltweite Renaissance der Hypnose. Dieser Delphi-Report prognostiziert einen Anstieg von 35 Prozent der Hypnose in den USA bis zum Jahr 2000.

Wenn auch der Schwerpunkt beim Einsatz der Hypnose in

13

den USA wie auch in Australien, Japan und Europa im Gegensatz zur ehemaligen Sowjetunion im medizinischen Bereich liegt, so ist doch auch ein starkes Interesse am Einsatz der Hypnose in anderen Bereichen, z. B. im Sport, zu erkennen. Ich bin selbst im Besitz eines amerikanischen Diploms für »Hypnose und Sport«, und so kenne ich die Entwicklung aus eigener Erfahrung.

2 Athleten in Sport und anderswo

Beim Managertraining und -coaching haben Hypnose und Selbsthypnose insbesondere in den USA große Erfolge erzielt. In Deutschland gab es bereits Ende der siebziger Jahre Sporttrainer, die ihre Athleten auch in Hypnose üben ließen, und es gab ein sehr fortschrittliches Institut für Marketing und Management, das mich 1978 mit der Fragestellung »Kausale Führungs- und Leistungsprobleme aus psychologisch-medizinischer Sicht unter dem Aspekt der Hypnose« zum deutschen Managementkongreß nach Frankfurt einlud.

Als Wegbereiter für diese positive Entwicklung der Hypnose im nichtmedizinischen Bereich sind die Wissenschaftler der ehemaligen Sowjetunion – wie Professor Sergej Petrowsky und Professor Vladimir Raikov (letzterer arbeitete in Moskau mit mir zusammen und ist mit mir befreundet) – zu nennen. Sie waren es, die bereits in den siebziger Jahren, etwa gleichzeitig mit mir, den veränderten Bewußtseinszustand der Hypnose zu nichtmedizinischen Zwecken zur Anwendung brachten. An der Dritten Psychoneurologischen Klinik in Moskau versetzten sie in längeren Versuchsreihen 150 Gymnasiasten und 50 Studenten drei bis vier Wochen lang täglich in den veränderten Bewußtseinszustand der Hypnose. Diese Probanden entwickelten plötzlich erstaunliche künstlerische Fähigkeiten im Malen und Töpfern. Für Fremdsprachen brauchten sie pro Lektion mit erstem Schwierigkeitsgrad nur noch die halbe Lernzeit. Auch das Schachspielen wurde für sie viel überschaubarer.

Die Japaner entwickelten in den neunziger Jahren ihr Human-Frontier-Science-Programm mit dem Schwerpunkt Hirnforschung. Professor Y. Ikemi, von 1969 bis 1971 Präsident der International Society for Clinical and Experimental Hypnosis, treibt die Forschung der Hypnosetherapie in Japan voran. Er fördert auch Nichtkranke mit autogenem Training und Hypnose in ihrer körperlich-geistigen Leistung. Seine Hypnoseseminare für Manager und Kaufleute haben ihm in der Finanz- und Wirtschaftswelt hohes Ansehen eingebracht. Auch auf dem Ersten Internationalen Kongreß für Elektromagnetische Gehirntopographie 1990 in Osaka, Japan, fand die Hypnose besondere Aufmerksamkeit, v. a. die hemisphärische Erfassung des veränderten Bewußtseinszustandes in der Hypnose im EEG-Gehirnregionenkartenbild. Es ist hierbei erstmals möglich, die Verschiebung der elektrischen Aktivitäten im Hypnosezustand von der linken zur rechten Gehirnhälfte bildlich bzw. farbbildlich gut sichtbar und verständlich darzustellen. Ein ebenfalls in Osaka vorgestellter und mehrfach statistisch abgesicherter Modellversuch mit einem meinen wissenschaftlichen Forschungsergebnissen und Erkenntnissen elektrophysikalisch nachgebauten Gerät bestätigte die Umschaltungstheorie von der linken zur rechten Hemisphäre. Hierzu mehr in Kapitel V.

Auf diesem Kongreß wurde die Hypnose – besser gesagt der veränderte Bewußtseinszustand der Hypnose und das Hypnoseinstrument – erstmals völlig ihrer Mystik entkleidet. Sie stellt sich durch meine Forschungsergebnisse im Bick-Institut für Cerebrale Dominanzen durch eine Verschiebung der elektrischen Gehirnaktivitäten von der linken zur rechten Hemisphäre endlich meßbar dar. Dieser

Seriosität des Hypnosezustandes trug auch die deutsche Max-Planck-Gesellschaft unter der Ägide von Professor Wilfried Opelt von der Technischen Hochschule Darmstadt mit einem Symposium Rechnung.

3 Gerettete Umwelt

Auch dies gehört zur Aktualität der Hypnose: Selbst die Umwelt kann von der Hypnosetherapie profitieren. Im Juni 1996 veröffentlichte der »Spiegel« den Artikel: »Die Pille im Brunnen – Arzneimittelrückstände belasten die Gewässer«. Zum gleichen Thema machte ich dem russischen Umweltminister bereits 1991 bei meinem letzten Moskau-Besuch den Vorschlag, russische Ärzte doch konsequenter und besser in Hypnose ausbilden zu lassen, um die medizinische Versorgung zu steigern und andererseits die Umwelt zu schonen, denn die Hypnose verursacht weder Abfallprodukte wie Spritzen, Nadeln und ähnliches und selbstverständlich auch keine Schädigung im Grundwasser durch Medikamentenrückstände. Er begrüßte diesen Vorschlag (Abb. 8).

Auch wir sollten weiter darüber nachdenken, insbesondere aufgrund der hohen Indikationsliste der Hypnose und der hochaktuellen Möglichkeiten zur Kostenreduzierung. Man darf gespannt sein, ob und wann sich die Prophezeiung von Professor Raikov bewahrheitet, daß der Tag kommt, an dem jeder Mensch seine Hypnosestunde haben wird. Denn hier liegt noch ein großes Potential nicht nur für die Gesundheit, sondern auch für unsere gesamte wissenschaftliche und kulturelle Entwicklung brach. Die Hypnose kann bei sach- und fachgerechter Anwendung in Medizin, Kunst, Sport, Management u. a. große Erfolge erzielen.

16

II Welche Wurzeln hat die Hypnose?

1 Die Akkader, die Chaldäer, die Ägypter ...

Wie lange heilt man schon durch Hypnose? Es besteht kein Zweifel darüber, daß die Heilbehandlung durch Hypnose schon so lange existiert, wie es überhaupt eine Heilbehandlung in der Geschichte der Menschheit gibt. Die hypnotischen Phänomene haben die Menschen schon in der ältesten Vorzeit beschäftigt. Die Behandlungsmethoden haben sich nur entsprechend der jeweiligen wissenschaftlichen Ansichten über das Wesen von Krankheitsprozessen verändert.

Die Hypnose im Sinne einer Heilbehandlung hat verschiedene tiefgehende Wurzeln, die bis zu den Akkadern, ins alte Ägypten, bis in das alte Indien und China zurückreichen. So schrieb der französische Psychiater Professor Hyppolit Bernheim 1880 in seinem Buch »Hypnotismus – Suggestion«: »Betrachtet man die Entwicklung der Hypnose geographisch unter Einbeziehung der ganzen Weltkarte, so ist auffallend, daß die tieferliegenden Wurzeln der Hypnosebehandlung und des Hypnosezustandes mehr nach der östlichen Weltkugel reichen. Insbesondere nach China, Indien, dem Näheren Orient und dann zu den alten Kulturen Ägyptens, Griechenlands, Italiens, aber auch Frankreichs und des gesamten mitteleuropäischen Raumes.«

Durch die Keilschrifttexte ist bekannt, daß sich schon eines der ältesten Kulturvölker der Erde, die Akkader, ein semitisches Volk, das um 3000 vor Christus am Euphrat lebte, mit der Hypnose befaßte. Diesen Beweis lieferte die älteste Keilschrift, die man vor Jahren in der Gegend des Euphrat fand. Die Akkader hatten damals schon Ärzte, die Heilschlaf praktizierten, und unterschieden auch damals schon die drei Stufen des hypnotischen Zustandes (leichte Hypnose, mittlere und intensive), ähnlich wie es uns auch heute noch bekannt und in älteren Büchern zu finden ist. Auch die Chaldäer, ein semitischer Nomadenstamm im südlichen Euphratgebiet, bedienten sich ähnlicher Praktiken wie die Akkader. So weiß man, daß sie Beschwören, Handauflegen und Anhauchen von Talismanen als Heilmittel gegen Krankheiten verwandten. Durch die Chaldäer wurde die Magie nach Babylon, Ägypten, Griechenland und Europa gebracht. Es ist interessant, daß es ein semitisches Volk ist, nämlich die Juden, das bis in unsere Tage die meisten Hypnoseärzte hervorgebracht hat. Und es ist Israel, das als einziges Land der Welt die ärztliche Hypnose von Gesetzes wegen schützt, sie an seinen Universitäten lehrt und sie zur Heilung der verschiedensten Krankheiten einsetzt.

In der ältesten Urkunde der Ägypter, dem Papyrus Ebers (so benannt nach dem Entdecker G. Ebers), die unter den Trümmern Thebens gefunden wurde und die aus dem Jahre 1552 vor Christus stammt, finden wir folgende Vorschrift:»Lege die Hände auf, um den Schmerz der Arme zu beruhigen, und sage, daß der Schmerz verschwinden wird.« Sie enthält z. B. auch hypnotische Formeln zur Unterstützung eines Brechmittels und andere klassische Hypnosesuggestionen, wie man sie sich auch heute noch vorstellen kann.

Nicht zuletzt ist Indien zu erwähnen, von dem ein ganz erheblicher Einfluß auf die Hypnose in Europa durch den von dort kommenden portugiesischen Hypnosepionier Abbé Faria ausgeht. Die Anwendung der Suggestion (Beeinflussung eines Menschen im veränderten Bewußtseinszustand der Hypnose) im Dienste der Heilkunst ist uralt. Der Leidende schrieb seine Schmerzen dem Zorn der Götter zu und suchte diese durch Opfer zu besänftigen. Die Vermittler zwischen den Göttern und den Menschen waren die Priester. Sie konnten über den Glauben, der dem Menschen innewohnt, und suggestiv beeindruckende Hantierungen die Völker in ihrer Einbildungskraft beeinflussen. Über diesen Weg bekamen sie Macht, und auch die Medizin der Alten war darum ganz in den Händen der Priester. Auch in den ältesten Urkunden der Inder, den Veden und den Upanishaden, finden wir Vorschriften zur Erzielung hypnoider und autohypnoider Zustände.

Nach dem großen indischen Gesetzgeber Menu, der das nach ihm benannte legendäre religiöse indische Gesetzbuch um 3000 vor Christus verfaßte, setzt sich jede gute Ordination aus zwei Teilen zusammen: aus einer medizinischen Vorschrift, und einer magischen Formel. Noch heute steht dieses »Buch Menus« bei den Hindus in hohem Ansehen; seine Aussagen kann ich dem Prinzip nach bestätigen: Seit Jahren bedienen meine Schüler und ich uns des Hypnosezustandes, um nach Verabreichung von Medikamenten einen konzentrierten Medikamentenstrom über eine hypnotische Steuerung effizient an einen Krankheitsherd zu bringen. 1987 konnte ich erstmals eine äußerst resistente Schwellung infolge einer schweren Zahnvereiterung im Oberkiefer, die sowohl mit einem abschwellenden Präparat als auch mit massiven Antibiotika nicht hatte gelindert werden können, auf diese Weise zur Abheilung bringen. Durch eine Medikamentensteuerung im Hypnosezustand etwa eine Stunde nach Verabreichung derselben Medikamente kam es innerhalb von Stunden zu einem auffallenden Abheilungsphänomen.

Verfolgt man die Quellen der chinesischen Hypnose, so war diese dort schon vor ca. 1100 Jahren bekannt. Zu der Zeit war dort oft der Priester zugleich als Arzt tätig. Die Kunst des In-Schlaf-Versetzens, chinesisch »T'sui mien shu«, fand ihre Anerkennung sogar bis an den Hof des Mongolenkaisers Mangukhan.

2 Ein schicksalhafter Weg

In der Fachliteratur bezeichnet man den Wissenschaftler und Arzt Franz A. Mesmer, geboren 1734, als den Urvater des europäischen Hypnotismus. Er heilte über den sogenannten animalischen Magnetismus, der als ein besonderes Fluidum (ein angenommener flüchtiger Stoff, der Eigenschaften und Wirkungen übertragen kann) aufzufassen ist. 1814/15 kommt der Portugiese Abbé Faria aus Indien, wo er sich mit den Praktiken der Fakire und Yogis auseinandergesetzt hat, und befaßt sich mit dem Mesmerschen Magnetismus. Im Jahre 1819 entdeckt er das Phänomen des Somnambulismus (ein veralteter Ausdruck für einen veränderten Bewußtseinszustand, der heute dem Schlafwandel vorbehalten ist). Er erkennt also als erster einen veränderten Bewußtseinszustand. Obwohl der Marquis de Pusegur, ein Schüler von Mesmer, 1784 diesen Zustand als künstlichen Somnambulismus beschrieb, konnte sich erst Abbé Faria mit seiner Entdeckung durchsetzen. Der Begriff der Hypnose wurde allerdings von dem englischen Arzt James Braid geprägt und 1843 in der Symptomatologie der Hypnose in seinem Buch »Neurypnology« veröffentlicht. Er war auch der erste Arzt in Westeuropa, der den Hypnosezustand 1843 zu Heilzwecken verwandte.
Zunächst stand man der Hypnose aufgeschlossen gegenüber. Ihre erste wirkliche Blütezeit in Europa erreichte sie zur Zeit des großen internationalen Hypnosekongresses

1900 in Paris. Mit Entwicklung des Anästhetikums (Schmerz- und Narkosemittel) verloren die Mediziner jedoch das Interesse an der Hypnose, zumal sie den Erwartungen der Chirurgen als Narkosemittel nicht entsprach. Das war der erste Schlag gegen die Hypnose. Gaukler, Magier und Showhypnotiseure bemächtigten sich ihrer.

Der Psychoanalytiker Sigmund Freud und der Wiener Psychiater Josef Breuer regten etwa um das Jahr 1910 an, die Hypnose zu Therapiezwecken einzusetzen, wie sie es auch selbst taten. Doch als es Freud bei einer Patientin nicht gelang, sie in Hypnose zu versetzen, legte er ihr spontan die Hand auf die Stirn und befahl ihr, alles auszusprechen, was ihr gerade in den Sinn kam. So stieß er zufällig auch ohne Hypnose zum kritischen Trauma vor und entwickelte die Methode der freien Assoziation, die spätere Psychoanalyse. Man glaubte, jetzt das Allheilmittel gefunden zu haben, und wandte sich wieder von der Hypnose ab – der zweite große Schlag gegen die Hypnosetherapie. Denn die Psychoanalyse, die man nun lernen konnte, hinterließ, wie später das autogene Training, die falsche Vorstellung einer einfachen Handhabung.

1952 gründeten die beiden englischen Ärzte F. van Pelt und Gordon Ambros in England die erste medizinische Gesellschaft für ärztliche Hypnose »British Society of Medical and Dental Hypnosis«. Bereits 1953 durchlief ein Hypnose-Erlaß die gesetzgebende Versammlung. Er besagte, daß jeder Student der Psychologie und Psychiatrie in Großbritannien in Hypnose unterrichtet werden sollte. Im Jahre 1956 zog die amerikanische medizinische Gesellschaft für Hypnose nach. So ist seit etwa vier Jahrzehnten eine langsame Rehabilitierung der Hypnose im Gange. In Deutschland hatte sich zunächst der Psychiater und Neurologe Professor Johannes H. Schultz um die Hypnose bemüht. Er kam aber durch die Entwicklung seines autogenen Trainings, das auf Beobachtungen an seinen Patienten während des Hypnosezustandes basierte, fast völlig von der Hypnose ab. Durch das in den sechziger Jahren groß in Mode kommende autogene Training erfuhr die Hypnose ihren nächsten großen Schlag.

1958, auf dem Weltkongreß in Barcelona, fand zum ersten Mal seit 58 Jahren wieder ein großer internationaler Erfahrungsaustausch über Hypnose statt. Doch die Hypnose bleibt zunächst mangels Ausbildung der Ärzte in diesem Fach und wegen ihrer fehlenden Abrechnungsmöglichkeit im Hintergrund. Die ehemalige Sowjetunion war das einzige Land, das die Hypnoseforschung massiv förderte. In den meisten westeuropäischen Ländern werden zwar ärztliche Hypnosegesellschaften unterhalten, aber sie vegetieren schlecht und recht dahin.

3 Die Hypnoseschmiede Borosow und die chinesische Fechtschule Tschou

In Rußland, das immer schon eine Hochburg für Hypnose war, ist diese in die Medizin wie auch in den Sport integriert. Der Hypnoseforscher Professor P. I. Bul in Petersburg und die Professoren V. Raikov und S. Petrowsky in Moskau trugen viel dazu bei. In Borosow gibt es sogar ein Klinikzentrum für Hypnose, das zur Universität Kiew gehört und ca. 4000 Betten zur Verfügung hat. Diese Klinik ist in erster Linie Sportlern und Astronauten vorbehalten.

Ähnlich wie in Rußland wurde auch in China die Hypnose immer wieder auch für nichtmedizinische Zwecke eingesetzt. Der chinesische Fechtmeister Tschou trainierte bereits um 1800 seine Schüler unter dem veränderten Bewußtseinszustand der Hypnose. Und um 1900, während des Aufstands des Boxergeheimbundes gegen die europäischen Großmächte, wurden die Kämpfer ebenfalls unter

Hypnose trainiert. Man weiß, daß das Wissen der Chinesen um die Hypnose und ihre Möglichkeiten damals aus alten chinesischen Geheimschriften stammte. Sie erkannten früh, daß ein Training während des veränderten Bewußtseinszustands der Hypnose ein wesentlich besseres Ergebnis bringt, eine Tatsache, die sich auch die amerikanischen Sportler zunutze machen. Auch hier gibt es kaum noch eine Kampfsportart – sei es beim Wrestling, Boxen oder Baseball –, in der die Athleten nicht unter Hypnose trainiert werden.

4 Ein einfaches Mädchen lehrt Experten das Staunen

Daß man Genialität und psychische Leistung mit Hilfe der Hypnose unvorstellbar steigern kann, zeigte zu Anfang des 20. Jahrhunderts das beeindruckende Experiment des französischen Arztes Professor H. Bernheim und des Schweizer Psychiaters Professor August Forel: Ein junges lothringisches Dienstmädchen von ca. 20 Jahren, das als Rekonvaleszentin im Krankenhaus lag, wurde hypnotisiert. Ihr wurde suggeriert: »Nach dem Erwachen werden Sie auf der blanken Seite einer Visitenkarte Ihre wohlgetroffene Fotografie erblicken.« Sie wurde dann geweckt und sah das Bild wirklich. Man mischte nun die Visitenkarte, die vorher auf der Rückseite mit einer feinen Marke versehen wurde, um sie für den Hypnosearzt kenntlich zu machen, unter mehrere andere Karten. Das Mädchen fand die Karte mit ihrem vermeintlichen Bild beständig aus allen anderen Karten richtig heraus.
Auf welche Weise gelang ihr das? Auf der Visitenkarte, auf der die Patientin ihr Bild erblickte, zeigten sich bei genauer Betrachtung ein paar ganz feine schwarze Punkte. Es ist anzunehmen, daß sie ihr als Anhaltspunkte beim Wieder-

erkennen der Karte dienten. Es wurden nun auch die übrigen Karten mit solchen Punkten versehen. Da diese aber zunächst nicht ganz exakt mit der Originalkarte übereinstimmten, fand die Patientin ihre Karte immer noch richtig heraus, mit Ausnahme eines einzigen Males. Bernheim brachte nun die Punkte ganz genau entsprechend der Originalkarte auf allen übrigen Karten an. Die Karten wurden zu diesem Zweck ganz frisch gewählt. Nun war die Patientin vollständig irritiert. Bei der mehrfachen Wiederholung des Versuchs sah sie ihr Bild fast jedesmal auf einer anderen Karte. Es hatte sich also das Bild der Karte mit allen Mängeln des Papiers während des hypnotischen Schlafes viel schärfer dem Geist der Patientin eingeprägt, als es während des bewußten wachen Zustandes geschehen wäre. Im erhöhten Bewußtseinszustand der Hypnose leiteten die kaum sichtbaren Fehler des Papiers der Karte das Mädchen bei der Wiedererkennung. Ihr selbst war dies vollständig unbewußt.

Wie sehr diese Erklärung zutraf, zeigte das weitere Benehmen der Patientin. Sie hatte noch Tage danach eine große Freude an ihrem Bild, wenn sie die (leere) Karte ansah, die sie unter ihrem Kopfkissen sorgfältig verwahrte, damit man sie ihr nicht wegnehme.

Professor Bernheim machte ein erneutes Experiment mit ihr. Er hypnotisierte sie, und während sie in Hypnose war, nahm er ganz zufällig, in Ermangelung eines anderen Papiers, ihre Karte, auf der sie das Bild sah, um etwas daraufzuschreiben. Als die Patientin im normalen Bewußtseinszustand ihre nunmehr beschriebene Karte wiedersah, war ihr Bild verschwunden. Sie war darüber sehr unglücklich und zerriß im Zorn die Karte. Bernheim hypnotisierte sie nun neuerdings. Er gab ihr die posthypnotische Suggestion, sie sähe ihr Bild wieder, und reichte ihr eine ähnliche, jedoch bedruckte Karte. Nach dem Erwachen sah die Patientin auch wirklich ihre Fotografie wieder und war dar-

über äußerst glücklich. Es hatten die alten Orientierungs-
punkte neuen Platz gemacht.

5 Rachmaninows Zweites Klavierkonzert

Es waren russische Wissenschaftler, die sich als erste Ende
des 19. Jahrhunderts ernsthaft mit dem bis dahin für die
Hypnose allgemein ungewöhnlichen Gedanken »Erfolg
durch Hypnose in der Kunst« auseinandersetzten. Und
Rachmaninows großes Zweites Klavierkonzert in c-Moll
verdankt seine Existenz eigentlich der Hypnose. Vielleicht
gilt dies sogar auch für die weiteren Werke des Komponisten.
Rachmaninow war, nachdem seine Symphonie Nr. 1 in d-
Moll 1897 nicht die von ihm erhoffte Anerkennung gefunden hatte, in eine tiefe Depression gefallen. Sie hielt zwei
volle Jahre an, und es ließen sich keine Zeichen einer Besserung erkennen. Seine Freunde waren äußerst besorgt. Sie
überredeten ihn, sich an den Psychiater Dr. Nikolai Dahl
zu wenden, einen Experten und Pionier auf dem Gebiet
der Hypnose in Moskau. Das große musikalische Genie
hatte sich nämlich vorgenommen, ein weiteres Klavierkonzert zu komponieren, doch seine Depression machte
dies sowie jede andere künstlerisch-schöpferische Arbeit
unmöglich. Dr. Dahl wiederholte bei den täglichen Sitzungen regelmäßig die hypnotischen und posthypnotischen Suggestionen: »Sie werden beginnen, ein weiteres
Konzert zu schreiben ... und werden daran mit Elan und
großer Leichtigkeit arbeiten! ... Das Konzert wird von hervorragender Qualität sein.« Drei Monate hindurch wurden
diese Sitzungen täglich durchgeführt, bis die Depressionen
sich endlich milderten; die musikalischen Ideen konnten
wieder fließen.
Rachmaninow wurde kreativ wie nie zuvor. Das nunmehr

entstandene Zweite Klavierkonzert, das beliebteste und bekannteste seiner längeren Kompositionen, widmete er Dr. Dahl. Auch die nachfolgende Periode zeichnete sich durch blühende schöpferische Kraft aus. Rachmaninow brachte ein Werk nach dem anderen hervor.

Im übrigen Europa wuchs das Interesse für Hypnose im nichtmedizinischen Bereich nur langsam. 1904 hielt in Deutschland der Münchner Nervenarzt und Experte für Hypnose Hofrat Dr. Ludwig Löwenfeld einen Vortrag mit dem Titel »Hypnose und Kunst«. Hauptgegenstand des Referats war die Frage nach der Förderung von Kreativität und Leistungsfähigkeit dramatischer Künstler und Künstlerinnen. Anlaß war das künstlerisch-tänzerische und mimische Können einer Tänzerin unter Hypnose. Im normalen Tagesbewußtsein zeigte sie nur mäßige künstlerische Leistung. Im Hypnosezustand waren ihre tänzerischen Figuren und ihre Mimik auffallend ausgeschliffen und elegant.

6 Das Orakel von Delphi

Im Bereich des Hellsehens und Wahrsagens sind uns aus der Geschichte der Hypnose unvergleichliche Beispiele bekannt. So wandte sich z. B. der mißtrauische König Krösus von Lydien (er regierte von 558 bis 557 v. Chr.) an das Delphische Orakel (eine Wahrsagerin saß auf einem Dreifußhocker und sagte die Zukunft voraus). Um das Orakel auf seine Zuverlässigkeit hin zu prüfen, schickte er eine Delegation nach Delphi. Er hatte sich eine ungewöhnliche Tat ausgedacht, die er 100 Tage später ausführen wollte – an demselben Tag also, an dem die Boten bei der Phytia ankommen würden – und er wollte testen, ob das Orakel dies würde sehen können. Am 100. Tag dann schlachtete er eine Schildkröte und ein Lamm und kochte ihr Fleisch zusammen in einem eisernen Kessel. Nach Rückkehr der

Boten berichteten jene, was die Phytia gesagt hatte – es war exakt das, was Krösus getan hatte.

Diese Phytia war in einem veränderten und erhöhten Bewußtseinszustand, der Hypnose ähnlich. So konnte sie die richtige Antwort geben, die Krösus von ihrer Fähigkeit überzeugte.

7 Der indische Seiltrick und das lebendige Begräbnis

Sinnestäuschungen in Form von Illusionen und Halluzinationen durch Schamanen und Magier, indische Fakire und Yogis sind seit Tausenden von Jahren bekannt. Die phänomenale Echtheit der Fakirvorführungen wird durch zahlreiche Protokolle, die notariell beglaubigt sind, ja von Journalisten und sogar von einer Abordnung der Columbia-Universität New York bestätigt.

So lesen wir in einem Bericht, wie ein Fakir während einer Vorstellung ein Garnknäuel in die Luft wirft. Es fliegt so hoch, daß es vor den Augen des Publikums verschwindet. Während seines Fluges wickelt es sich auf. Ein Ende des Knäuels bleibt am Erdboden, das andere scheint bis in die Wolken hineinzureichen. Nun bittet der Fakir einen jungen Mann, am Faden hinaufzuklettern. Der Knabe gehorcht und klettert so schnell, daß man ihn bald nicht mehr sehen kann, hinauf. Der Fakir befiehlt ihm, wieder umzukehren, und findet trotz mehrfacher Wiederholung des Befehls keinen Gehorsam. Da ergreift er wütend ein Messer und klettert dem Knaben nach. Nach einer kurzen Pause erwartungsvollen Stillschweigens hört man einen entsetzlichen Schrei, und der blutige Kopf und Rumpf des Jungen kommen einzeln heruntergeflogen. Das Publikum ist entrüstet. Der Fakir setzt die Glieder des Jungen zusammen, murmelt einige Mantras und beschreibt mit dem

Finger geometrische Figuren in der Luft. Sogleich springt der Knabe fröhlich lachend wieder auf.

Die Bild- und die Filmkamera der Abordnung der Columbia-Universität zeigen auf ihrem Material nur den Fakir und den Jungen behäbig schmunzelnd auf einer Matte sitzen. In Wirklichkeit war nichts geschehen. Es handelte sich hier um Hinduhypnotismus, eine besondere Form der Hypnose, die sich durch eine unvorstellbar hohe Intensität auszeichnet. Der Fakir besitzt eine intensiv trainierte Geisteskraft und ist dadurch in der Lage, Massenhypnosen – darum nämlich handelte es sich im vorangegangenen Beispiel – in dieser außerordentlichen Form zustandezubringen.

Ein andere Geschichte: Ein englischer General, der während des indischen Aufstands eine herausragende Rolle spielte, erzählte, daß er selbst ein Experiment mit leitete, das bei den Hinduhypnotiseuren allgemein unter dem Namen »Suspendierung des Lebens« bekannt ist. Der General war ein ausgesprochener Skeptiker und glaubte nicht, daß es möglich sei, ein menschliches Wesen für 30 Tage »leblos« zu machen und es dann wieder zum Leben zurückzurufen. Ein Hindu ließ sich, nachdem er gesalbt war, in ein Leichentuch hüllen. Er verschloß Mund und Ohren mit Wachs und ließ sich in einen Sarg legen, der versiegelt wurde. Fünf britische Soldaten hielten ununterbrochen, Tag und Nacht, Wache. Nach 30 Tagen wurden Grabstätte und Sarg geöffnet und gleichzeitig begann ein Hindu, mit den Händen über den Körper des »Toten« zu streichen. Als er ihm dann befahl, aufzustehen, stand jener tatsächlich auf. Aus dem Aufweckvorgang läßt sich deutlich der hypnoide Charakter dieses Experiments erkennen. Es bedurfte, um den Hindu wieder in den normalen Bewußtseinszustand zu versetzen (»ins Leben zurückzurufen«) eines heterogenen Aktes in Form eines hypnotischen Befehls von außen.

III Was ist Hypnose?

1 Verschiedene Definitionen

Hypnose, von dem griechischen Wort »Hypnos« (Schlaf) abgeleitet, ist irrtümlich immer wieder mit einem Schlafzustand verglichen worden, mit dem sie jedoch überhaupt nichts zu tun hat. Hier wurzelt eines der größten Mißverständnisse, mit dem alle Hypnoseärzte der Welt zu kämpfen haben. Es ist ein Grundproblem, daß die Formel »Hypnose gleich Schlaf« wie ein Irrlicht über Jahrhunderte im Gedankengut der Menschen und somit auch in dem der Patienten herumspukt. So müssen wir immer wieder hören, daß die Patienten nach der ersten Hypnosesitzung, nach Rückführung in den normalen Bewußtseinszustand, mit der Bemerkung ihr Gespräch eröffnen: »Ich bin doch nicht weggewesen, Herr Doktor, war ich überhaupt in Hypnose? Ich habe doch gar nicht geschlafen.«
Die Hypnose ist ein veränderter Bewußtseinszustand mit Einengung des Bewußtseins der linken Gehirnhemisphäre (Verstand, Vernunft und des gesamten bewußten Kontrollsystems wie auch einer Außenreizverarmung) bei gleichzeitiger Bewußtseinserweiterung der rechten Gehirnhemisphäre zur erhöhten Fähigkeit zur Erinnerung und zu Kreativität. Dies klingt zunächst widersprüchlich, ist es aber nicht, denn es werden zwei Funktionen (die der linken

Gehirnhemisphäre und die der rechten Gehirnhemisphäre) gleichzeitig in umgekehrter Weise in Gang gesetzt.

An dieser Stelle möchte ich noch einmal daran erinnern, daß Hypnose-Pionier Braid zunächst nicht von Hypnose, sondern von »Neurohypnose« (Nervenschlaf) sprach. Er hat den sogenannten »animalischen Magnetismus« von dem Ruch des Mystischen (Fluidumsglauben) befreit und festgestellt, daß die »Mesmersche Trance« ein rein subjektives Phänomen war. Braid vertrat den Standpunkt, das Subjekt werde nicht in Schlaf versetzt, es gehe schlafen. Er führte dazu eben den Begriff »Neurohypnose« ein, was »Nervenschlaf« bedeutet, den er als einen besonderen Zustand des Nervensystems beschrieb und der durch einen Kunstgriff herbeigeführt werden könne.

Eine andere Wurzel dieses Mißverständnisses reicht in der Historie bedeutend weiter zurück. Vom Marquis de Pusegur berichtet man, daß er der erste gewesen sei, der einen schlafähnlichen Trancezustand, welcher einen wesentlichen Bestandteil der Hypnose bildet, künstlich herbeiführte. Als de Pusegur einmal versuchte, einen jungen Hirten durch Magnetisieren in die, in Mesmerschen Behandlungen üblichen, konvulsivischen (krampfartigen) Zuckungen zu versetzen, war dieser statt dessen in einen ruhigen hypnoiden Schlaf versunken, aus dem er lange Zeit nicht erwachte und an den er sich nach dem Erwachen nicht erinnern konnte. Dieser »Schlaf« (somnambuler Zustand), mit dem eine anschließende Amnesie, d. h. das Vergessen all dessen, was sich während des Trancezustandes ereignet hatte, einherging, erregte weithin Aufsehen. Bald berichtete man über eine Vielzahl ähnlicher hypnotischer Phänomene. Der von de Pusegur geschilderte Hypnosezustand mit Amnesie bei dem jungen Hirten darf jedoch auf keinen Fall als Norm betrachtet werden, sondern ist als Besonderheit innerhalb der Vielfalt der hypnotischen Phänomene anzusehen.

Was die Problematik und die Vielfalt der hypnotischen Phänomene betrifft, so habe ich ein eigenes drastisches Vergleichsbild entwickelt: Der Hypnosezustand ist der »Affe« aller Zustände. Der veränderte Bewußtseinszustand der Hypnose kann alle nur erdenklichen Erlebniszustände produzieren und »nachäffen«, angefangen vom normalen Schlafzustand über die Halluzination (Sinnestäuschung) bis zur Levitation (spontanes Anheben von Armen und Beinen im veränderten Zustand der Hypnose).

Unterschied zwischen Hypnose und Schlaf

Die wesentliche Schwierigkeit bei der Erforschung des menschlichen Schlafes dagegen liegt darin, daß der Schläfer selbst außer über seine Träume keine Auskunft über seinen Schlaf geben kann. Man ist hier auf äußere Beobachtungen und Messungen angewiesen. In der Hypnose besteht ein Informationsaustausch in der Form eines Rapports zwischen dem Hypnotisierten und dem Hypnotisierenden sehr wohl. Der Proband kann zumindest teilweise Mitteilung über seinen momentanen Zustand machen. Diese Tatsache ist auch für jede Art von therapeutischer Maßnahme wichtig.

Weckt man dagegen den Schläfer, ist er kein Schläfer mehr. In bezug auf seine Schlaf- und Wachsteuerung ist er geradezu das Gegenteil von einem Hypnotisierten. Erst die Einrichtung technisch gut ausgerüsteter Schlaflabors und die Weiterentwicklung der Hirnstrommessungen (EEG) haben Auskunft über die Aktivitäten des Gehirns während des Schlafes geben können und neue weiterführende Erkenntnisse gebracht. Dennoch geben auch die Induktionsformeln zur Einleitung der Hypnose Anlaß zur Mißdeutung für den in Hypnose Unerfahrenen. So sprechen wir von »Einschläfern«, von »Müdigkeit« und »Schläfrigkeit« ebenso wie von Begriffen wie »Wecken« und »Wieder-

31

wachmachen«. Hier benutzt man für zwei ganz verschiedene Abläufe die gleichen Worte. Wenn wir die Hirnstrommessungen des wachen, des schlafenden und des in Hypnose befindlichen Menschen vergleichen, erkennen wir ganz unterschiedliche Wellenkombinationen, aus denen wir die verschiedenen Wachheitszustände ersehen können.

Der Ablauf eines normalen Schlafprogramms läßt sich wie folgt darstellen: Es beginnt mit einem ersten Stadium einer Dösigkeit (Alphazustand), einem Zustand verminderten Umweltkontakts, der aber durch Weckreize noch leicht zu durchbrechen ist. Bei weiterer Ermüdung folgt ein Stadium leichten Schlafes, währenddessen das Gehirn, obgleich es sich schon um einen echten Schlaf handelt, noch auf äußere Reize anspricht (Tetazustand). Die Innenreize werden von den zuständigen Empfangsorganen zwar noch aufgenommen und verarbeitet, erreichen jedoch das Bewußtsein nicht mehr, werden nicht ausgewertet. Der nun folgende Übergang zum Tiefschlaf ist fließend. In dieser Phase ist der Schläfer nur noch schwer zu wecken (Deltazustand). Der Schlaf kennzeichnet sich durch die völlige Erschlaffung der Muskulatur, durch aktiven, d. h. vom Probanden ausgehenden, Lidschluß, durch Herabsetzung der Empfindlichkeit, durch Unempfindlichkeit gegenüber den Reizen der Außenwelt.

Alle diese Zustände können auch in der Hypnose erzielt werden – mit Ausnahme des Deltazustandes, denn dann wäre es keine Hypnose mehr, sondern ein Tiefschlaf. In der Hypnose können aber auch dem Schlaf völlig entgegengesetzte Wirkungen vollbracht werden, so beispielsweise die Erstarrung der Muskulatur (Katalepsie). Sie stellt neben der Posthypnose einen der wichtigsten sichtbaren Parameter des Hypnosezustandes dar.

Posthypnose ist ein Zustand, der nach Abschluß des eigentlichen Hypnosezustandes eintritt, wenn während des

Hypnosezustandes eine entsprechende posthypnotische Suggestion gegeben wurde, wie z. B.: »Drei Stunden nach Ablauf dieser Hypnose werden Sie ein erfrischendes Bad nehmen.« In dem Moment, in dem der Patient spontan zu der angegebenen Zeit tatsächlich grundlos ins Bad steigt und sein Bad nimmt, handelt es sich um die Ausführung eines posthypnotischen Auftrags.

In neuerer Zeit ist es mir im Rahmen meiner EEG-Brain-mapping-Forschung gelungen, die hirnelektrischen Aktivitäten des Hypnosezustandes und des natürlichen Schlafes zu lokalisieren und auf dem computerausgedruckten Gehirnstrombild (Brainmap) in Form einer Landkarte des Gehirns darzustellen. So sehen wir im veränderten Bewußtseinszustand der Hypnose sowohl im Alpha- als auch Tetabereich seitlich rechts hinten eine starke Aktivität der Gehirnströme (Abb. 16). Im Gegensatz dazu findet die Aktivität während des natürlichen Schlafs mehr zentral im Alpha- und Tetabereich statt (Abb. 17). Wir haben gesehen, daß zwischen normalem Schlaf und Hypnose entscheidende Unterschiede im Bereich der Vigilanz und eine Lokalisation im EEG-Brainmapping durch die Katalepsie (Gliederstarre) und die Posthypnose festzustellen sind.

2 Der Rapport – Voraussetzungen des Hypnotisierenden und des Hypnotisierten

Aber auch der Rapport ist ein unabdingbares Phänomen des Hypnosezustandes. Er stellt eine ausschließlich wechselseitige Kommunikation zwischen dem Hypnotisierten und dem Hypnotisierenden dar. Der Proband widmet dem Behandelnden eine selektive Aufmerksamkeit. Diese ausschließlich wechselseitige Beziehung kann jedoch auf eine weitere behandelnde Person mit dem Einverständnis des Probanden erweitert werden.

Die Persönlichkeitsstruktur des Hypnotisierenden, also der Person, die den Hypnosezustand herbeiführt und leitet, ist ausschlaggebend für den Erfolg jeder Hypnose. So jedenfalls war es bisher. Wie wir noch sehen werden, ist es mir gelungen, ein Gerät zu entwickeln, das den Hypnotisierenden ersetzt. Über dieses sogenannte Multihypnophon wird noch genauer berichtet.

Betrachten wir die Voraussetzungen eines Hypnotisierenden bzw. Hypnosearztes, so sollte er neben einer erstklassigen Ausbildung ein Höchstmaß an Verständnis, Wissen, Können und Feingefühl für das Bedürfnis und Leid des Probanden im Sinne des Hipokratischen Eides mitbringen. Er muß Vertrauen im Rapport herstellen und eine Respektsperson sein, die in der Lage ist, in der Suggestion ihre charakterfeste und integere Persönlichkeit voll zur Geltung zu bringen. Die auf Mesmer zurückgreifende Theorie, das Zustandekommen eines hypnotischen Zustandes hinge allein vom Hypnotisierenden ab, der das Fluidum des Kosmos auf sich lenken und dann auf andere übertragen könne, können wir allerdings getrost vergessen. Der Hypnotisierende hat keine übersinnlichen Kräfte und verfügt auch nicht über einen unwiderstehlichen Willen.

Es ist wichtig, vor Einleitung des ersten Hypnosezustandes – sofern man überhaupt schon von Hypnose sprechen will – den Probanden über die Vorgänge im Gehirn während der Hypnose aufzuklären. Auch der Hypnotisierende sollte sich darüber im klaren sein, daß er keine übersinnlichen Kräfte braucht und keine übertriebene Autorität, wie sie z. B. Abbé Faria anwendete, indem er seine Mitmenschen durch einen Schreck (dormez) in Zusammenhang mit seiner imposanten Persönlichkeit und Gestalt und mit der Aufforderung, zu schlafen, in einen hypnoid veränderten Bewußtseinszustand versetzte. Ein guter Hypnotisierender sollte künstlerische Fähigkeiten haben und das Instrument der Hypnose spielen, so wie ein großer

Organist zur Vollkommenheit seines Instrumentes und seines Spieles alle Register zur rechten Zeit ziehen kann. Denn Hypnose und auch die Hypnosetherapie sind etwas Dynamisches; ihr Erscheinungsbild, ihre Ereignisse können sich jederzeit ändern. Hypnose verlangt von dem Ausführenden Kreativität, Grundkenntnisse in der gesamten Psychotherapie, ein gutes Anpassungsvermögen an fremde Persönlichkeiten wie auch Geduld und Ausdauer.

Auch an den Probanden sind Voraussetzungen zum Gelingen eines Hypnosezustandes geknüpft. Ich schließe mich der Meinung des holländischen Hypnosearztes und Wissenschaftlers B. Stockvis an, der sagt: »Je beeinflußbarer und psychisch gesünder ein Mensch ist, desto leichter kann er hypnotisiert werden.« Und I. H. Schultz weist darauf hin, daß von entscheidender Wichtigkeit ist, ob wir es mit einem intelligenten oder unintelligenten Menschen zu tun haben. Ich bin der Meinung: Je intelligenter ein Mensch ist, je besser er sich konzentrieren kann, desto leichter ist er hypnotisierbar. Die Nicht- oder Schwerhypnotisierbarkeit dagegen trifft nicht nur auf Schwachsinnige (Halbdebile oder Debile) zu, sondern auch auf abgebaute Alkoholiker und Rauschgiftsüchtige, Schizophrene und Psychopathen. In all diesen Fällen ist die Hypnosetherapie kontraindiziert. Auch Menschen, die unter dem Einfluß von Psychopharmaka, insbesondere von Neuroleptika stehen, verlieren ihre Hypnotisierbarkeit. Dies konnte ich eindeutig in meiner Experimentenreihe »Interaktion von Psychopharmaka und Hypnose« feststellen.

Die Hypnotisierbarkeit und der eigene Wille

Was die allgemeine Hypnotisierbarkeit des Menschen betrifft, so gibt es eine Statistik von Professor Ernst Hilgart (Stanford University/USA) und eine zweite von Professor Bul (Universität Leningrad, heute Petersburg). Nach Hilgart sind 20 Prozent aller Menschen spontan hypnotisierbar, eine weitere Gruppe von 40 Prozent bedarf einer Anlaufzeit von bis zu ca. drei Wochen, der Rest – so auch meine Erfahrung – kann weitere drei Wochen in Anspruch nehmen. Bul vertritt die Auffassung, daß 25 Prozent aller Menschen sofort oder spontan hypnotisierbar sind. 45 Prozent bedürfen einer Anlaufzeit von ca. drei bis vier Wochen.

Grundsätzlich ist nach meinem Wissen, das immerhin auf 200 000 durchgeführte Hypnosen zurückgreifen kann, jeder Mensch – mit Ausnahme der bereits erwähnten Kontraindizierten – hypnotisierbar. Das lehre ich meine Schüler in Seminaren und Vorträgen, aber auch bei einem telefonischen Hilferuf: »Was soll ich tun? Ich habe einen Probanden, der nach drei- oder vierwöchigen Hypnoseeinleitungsversuchen immer noch keinen intensiv veränderten Bewußtseinszustand der Hypnose erreicht hat.« Mein Rat lautet immer: »Machen Sie weiter!« Und tatsächlich hat sich auch immer der gewünschte Hypnosezustand bei diesen schwierigen Probanden eingestellt.

Es kann nicht oft genug betont werden, daß der Proband lernen muß, hypnotisiert zu werden. Dieser Lernprozeß ist bei jedem Menschen individuell verschieden, wie beim Erlernen eines Musikinstruments. Als grobe Richtlinie kann man die Angaben von Bul und Hilgart zu Hilfe nehmen. Ein großes Hindernis ist der Wille des Probanden, die Hypnose bewußt zu erleben. Dies ist auch sehr leicht aus meinem Modell zum Hypnosezustand (Abb. 13, 14 und 15) ersichtlich. Wir wissen, daß der veränderte Bewußtseinszustand der Hypnose dadurch gekennzeichnet und im EEG-Brainmapping nachgewiesen ist, daß es mit Eintritt des Hypnosezustandes zu einer Umschaltung der Aktivitäten im Gehirn von der linken zur rechten Hemisphäre kommt. Die Aktivitäten auf der linken Hemisphäre gehen zurück und die auf der rechten steigen gleichzeitig an. Dies bedeutet, daß es nicht zu der gewünschten Umschaltung im Gehirn kommen kann, wenn ein Proband linkshemisphärisch bewußt Verstand, Vernunft und Logik einsetzt, um den Hypnosezustand mit seinem bewußten Kontrollsystem zu erfahren. Die Aktivitäten in der linken Hemisphäre werden nicht reduziert und so auch kein veränderter Bewußtseinszustand der Hypnose erreicht. Eine gute Aufklärung des Patienten im Hinblick auf die Gehirndominanzen, mit der Bitte, sich nicht um das zu kümmern, was bei der Einleitung des Hypnosezustandes geschieht, kann hierbei helfen. Nur so läßt sich eine störende Erwartungshaltung bei neugierigen und ängstlichen Probanden überwinden.

3 Die rechte und die linke Gehirnhälfte

Da die Cerebralen Dominanzen, wie ich sie als erster bezeichnete, also die rechte und die linke Gehirnhemispäre, zum Verständnis des Hypnosezustandes in hervorragender Form beigetragen haben, sollen sie in dem nachfolgenden Abschnitt eingehend behandelt werden. Der amerikanische Wissenschaftler Roger Sperry erhielt 1981 den Nobelpreis für seine Arbeiten über das Splittbrain (getrennte Untersuchungsergebnisse beider Gehirnhälften), die Klarheit über die Funktionen der linken und der rechten Gehirnhälfte erbrachten. Schon 1868 beschrieb der englische Neurologe und Gehirnforscher J. Jackson sein Konzept von der »führenden« Hemisphäre – eine Vorstellung, die als Vorläufer der Idee von der Cerebralen Dominanz gesehen werden kann.

»Die beiden Gehirne können nicht nur bloße Duplikate sein«, schrieb er, »wenn die Schädigung nur eines der beiden einen Menschen sprachlos werden läßt. Für diese Prozesse (der Sprache), von denen keine höheren existieren, muß es gewiß eine Seite geben, die führt.« Jackson folgerte weiter, »daß bei den meisten Menschen die linke Seite des Gehirns die führende Seite – die Seite des sogenannten Willens – und die rechte Seite die automatische Seite ist.« Dieser Grundgedanke hielt sich in der Wissenschaft bis Anfang der achtziger Jahre. Man war der Meinung, die linke Gehirnhälfte bedeute alles und sei das Wichtigste für den Menschen, die rechte könne man vernachlässigen. Die linke Gehirnhälfte erhielt somit den Beinamen »die dominante« und man sprach von »Cerebraler Dominanz«, wobei man die Funktionen der linken Gehirnhälfte, also Verstand, Vernunft und Logik meinte. Die rechte Gehirnhälfte dagegen glaubte man, vernachlässigen zu können, man nannte sie in der angloamerikanischen Sprache sogar »the neglected brain«, »das vernachlässigte Gehirn«. Niemand ahnte damals, welche entscheidenden und wichtigen Funktionen der rechten Gehirnhälfte oblagen.

Mit meinen Hypnoseforschungsergebnissen vor 15 Jahren in bezug auf das linke und rechte Gehirn erkannte man, daß beide Gehirnhälften von gleicher Wichtigkeit sind. Heute wissen wir, daß die rechte Hemisphäre sogar die wichtigere ist, denn aus Unfallfolgen ist bekannt, daß zwar die rechte Hemisphäre eine vollkommen ausgefallene linke Hemisphäre hinreichend ersetzen kann, dagegen aber die linke Hemisphäre die rechte niemals ersetzen kann. Funktionell finden wir in der rechten Gehirnhälfte das, was das menschliche Wesen ausmacht: das Gefühl, das Emotionale, das Kreative, das Ganzheitliche, um nur einiges zu nennen.

4 Zwei Gehirne in einem Kopf

Mit Hilfe der Pionierarbeiten von R. Sperry am Splittbrain und der vieler nachfolgender Wissenschaftler, die sich mit dem Gehirn befaßt haben, ist heute bekannt, welche Aufgaben den zwei Hemisphären vorrangig obliegen. Bei vollständiger Durchtrennung des Gehirns längs der Mitte in zwei Hälften entstehen zwei eigene Geistesarten, die unabhängig voneinander fühlen, wahrnehmen, lernen und sich erinnern. Jede Hälfte scheint ihren besonderen Bereich geistiger Bewußtheit zu besitzen und beiden fehlt scheinbar der Kontakt zu geistigen Bildern der anderen Hälfte, so als wären es zwei Gehirne in zwei verschiedenen Köpfen.

Sperry hat festgestellt, daß bei den meisten Menschen die linke Gehirnhälfte die folgenden Bereiche steuert: Logik, Sprache, Zahlenfolge und -linearität, Analyse. Ebenso steuert bei den meisten Menschen die rechte Gehirnhälfte die folgenden geistigen Funktionen: Rhythmus und Musik, Phantasie, Wachträumerei, Farbe, Dimension, um nur einige zu nennen. In jedem von uns sind latent alle diese Fähigkeiten vorhanden, sie müssen nur geweckt werden. Sperry und andere Wissenschaftler fanden auch heraus: Je stärker der Mensch beide Seiten seines Gehirns gemeinsam beansprucht, um so mehr kommt die Entwicklung einer Seite auch der anderen zugute. Man stellte z. B. fest, daß sich das Studium der Musik förderlich auf das Studium der Mathematik auswirkt und umgekehrt, daß das Erlernen rhythmischer Bewegungen das Sprachenstudium erleichtert und umgekehrt, daß räumliches Vorstellungsvermögen das Studium der Mathematik fördert usw. Es wurde auch bewiesen, daß die Beanspruchung mehrerer dieser Funktionen die Gesamtkapazität des Gedächtnisses stärkt.

5 Gefahren des linkslastigen Gehirns

Sperry warnte aber auch vor einem Übertrainieren z. B. der linken Gehirnhälfte, wie es in unserem derzeitigen Schulsystem oft vorzufinden ist – er spricht von einer Linkslastigkeit. Linkslastigkeit heißt Überlastung der linken Hemisphäre von Verstand, Vernunft, Logik und schließlich auch des Ichs bei gleichzeitig mangelhaftem Training der rechten Hemisphäre. Dies habe ich in meiner Schrift »Neue Denkstrukturen« nachgewiesen, die sich gegen den krankhaften Egoismus vieler Menschen unserer Zeit richtet.

Die Gehirndominanzen beim Menschen zeichnen sich durch eine gegenseitige Partnerschaft aus. Allgemein betrachtet ist die linke Hemisphäre auf den sprachlichen Ausdruck sowie auf feine gedankliche Details jeglicher Art spezialisiert, d. h. sie arbeitet analytisch und sequentiell. Sie kann auch arithmetische und andere computerähnliche Funktionen ausführen, logisch denken und durch Detailanalyse lineare Beziehungen zwischen Ursachen und Wirkungen im isolierten Teilsystem erkennen.

Die rechte Hemisphäre dagegen übt synthetische Funktionen aus. Sie ist auf bildhafte, ganzheitliche Wahrnehmungen eingespielt. Sie hat nahezu keine sprachlichen, dafür aber musikalische Fähigkeiten. Sie denkt nicht abstrakt, sondern assoziativ und intuitiv. Durch Zusammenfassen von Einzelinformationen zu Bildern und Symbolen gelangt sie zu einem ganzheitlichen, synthetischen Denken. Dadurch kann sie komplexe Zusammenhänge und wechselseitige Kausalitäten sowie aus einer ganzheitlichen Betrachtungsweise gewonnene Werte besser erfassen, als es die auf Detailanalyse ausgerichtete linke Hemisphäre vermag (Abb. 13).

Kommt es zu einer Entgleisung der Gehirndominanzen, so stellen sich krankhafte, seelische Reaktionen, d. h. für uns zunächst unverständliche Verhaltensweisen ein. Bei Linkslastigkeit zeigen sich immer mehr mangelnde Intuition und Kreativität, die schließlich durch die Vernachlässigung der rechten Gehirnhälfte automatisch eine seelische Dekadenz in Form von Lethargie, Aggressivität, Brutalität und Kriminalität nach sich ziehen.

In der Störung des Ursprungs von Denken, Fühlen und Handeln müssen wir den Schlüssel suchen zu all den Fragen, die zwischenzeitlich so hochaktuell geworden sind, und uns eingestehen, daß die Gehirndominanzen mit den Entgleisungen von Menschen sehr viel zu tun haben. Die Natur und Evolution fordern bereits ihren Tribut für die sträfliche Vernachlässigung des rechten Gehirns.

Wärme und Geborgenheit sind vorherrschende Aktivitäten des rechten Gehirns. Hier liegen die Wurzeln für die Macht eines Rattenfängers wie Bhagwan und anderer Sektenführer und Sekten, die unsere Jugend an sich reißen und durch das Versprechen von Wärme, Geborgenheit und Phantasie an sich ziehen. Oft benutzen sie Drogen und Rauschgift, die diese Gefühlsempfindungen vorgaukeln können, als Wegbereiter.

Soviel sei gesagt: Rechtshemisphärische Aktivitäten können schon in der Familie anfangen, in dem Gefühl der Geborgenheit. Wenn das Umfeld, die familiären Verhältnisse stimmen, wenn der Jugendliche zu Hause Geborgenheit fühlt und sich die Eltern mit den Kindern beschäftigen und die kulturelle Seite, wie Malen, Musizieren u. ä., bedacht wird, ist die Drogen- und Sektengefahr ganz erheblich zurückgestellt. Wir haben dann eine wirkliche Chance, der Verrohung unserer Kultur Einhalt zu gebieten.

Selbstverständlich ist ein Seminar für Persönlichkeitsentwicklung, Personalführung oder Management ohne Berücksichtigung der Gehirndominanzen heute nicht mehr denkbar. Noch bis vor ca. 15 Jahren glaubte man, bei Einstein und anderen großen Wissenschaftlern dominiere die linke Gehirnhälfte, während bei Picasso, Cézanne und anderen Malern und Musikern eine Dominanz der rechten Gehirnhälfte zu bestehen schien. Eine gründliche biographische Untersuchung förderte jedoch einige faszinierende Tatsachen zutage. Einstein versagte in der Schule in Mathematik. Zu seinen Lieblingsbeschäftigungen gehörte das

Geigenspiel, Segeln und Phantasiespiele. Dies jedoch sind alles Betätigungen, die primär die Funktionen des rechten Gehirns fordern. So sagt man von Einstein, auf der rechten Hemisphäre habe er das Gesamtkonzept seiner Relativitätstheorie entwickelt und auf der linken Seite habe er die Formeln geschrieben.

Allein dieses Beispiel sollte zu erkennen geben, wie hoch der Wert einer Persönlichkeitsentwicklung unter Berücksichtigung der Hemisphärendominanzen ist. Heute bietet sich durch die Hypnose ein genialer Ansatz in zweifacher Form: Zum einen können wir durch sie die Aktivierung der rechten Gehirnhemisphäre erreichen und zum anderen sie als Instrument der positiven Programmierung benutzen.

6 Das »japanische Gehirn«

Im Gegensatz zu Angehörigen des westlichen Kulturkreises, die Schrift und Sprache der logischen Funktion der linken Hemisphäre zuweisen, wird – nach Forschungsergebnissen des japanischen Gehirnforschers Tadanobu Tsunoda (Abb. 10) – im japanischen Gehirn die Sprache von der rechten Hemisphäre bedient und im Gegensatz dazu Geräusche und Erfahrungen, die für Emotionen von Bedeutung sind, von der linken Hemisphäre. Das hat offensichtlich damit zu tun, daß die japanische Sprache sehr musikalisch und zugleich Bildersprache ist; und Bilder (Bedeutungszeichen) werden bei uns wie bei den Japanern in der rechten Hemisphäre verarbeitet.

Im Gegensatz dazu ist unsere Sprache und Schrift eine analytische Zeichensprache und wird somit in der linken Hemisphäre gebildet und verarbeitet. Wie wir wissen, herrscht in der rechten Hemisphäre das ganzheitliche Denken, das zusammensetzende zu einem Ganzen, das synthetische Denken vor. Nun ist uns klar, daß der Japaner allein durch seine Sprache und sein ganzes Denken immer nur das Ganze vor sich hat.

Aus eigenen Recherchen weiß ich, daß selbst ein hochintelligenter Japaner größte Schwierigkeiten hat, den Begriff »Individuum« zu verstehen. Er denkt und fühlt immer im ganzen: in seiner Familie, in der Gruppe, in der Firma. Individuelles eigeninitiatives Denken und Handeln sind ihm fremd. Er macht aus einzelnen Stücken immer wieder etwas Ganzes, wie er sich selbst auch immer wieder dem Ganzen einfügt. Selbst als Chef einer Firma nimmt er sich nicht heraus, sondern fügt sich in das Ganze ein. Es liegt ihm fern, etwas absolut Einzigartiges, Neues aus eigener analytischer Denkweise zu entwickeln. So hat er nicht nur seine Schrift von den Koreanern übernommen, sondern kopiert mit Vorliebe von etwas Ganzem, und sei es auch nur ein Grillgerät, wie es z. B. vor 25 Jahren geschah, als die Japaner durch Deutschland reisten, um nach Modellen für Grillgeräte zu suchen. Die Harvard University oder das Massachusetts Institute of Technology (beide USA) haben eine Filiale in Japan errichtet, um diesem Geheimnis besser auf den Grund zu gehen.

Die typische japanische rechtshemisphärische Sprache findet sich übrigens nur bei den im Mutterland geborenen und lebenden Japanern. Bei Japanern, die längere Zeit in Europa leben und in Europa geboren sind, findet dagegen die Sprachverarbeitung – wie bei westlichen Menschen – in der linken Hemisphäre statt.

7 Cerebrale Dominanzen und Hypnose

Wie wirken nun die beiden Gehirnhälften in der Hypnose zusammen? Wir wissen jetzt, daß der linken Hemisphäre der rationale und der rechten Hemisphäre der emotionale

Part obliegt. Dies hat Sperry mit seiner Splittbrain-Forschung bewiesen.

Bei meinen Forschungen fiel mir auf, daß während des veränderten Bewußtseinszustandes der Hypnose die elektrischen Gehirnaktivitäten in der linken Hemisphäre reduziert wurden, zugleich aber die Aktivitäten in der rechten Hemisphäre anstiegen (Abb. 13, 14 und 15). Dieses Phänomen zeigte sich bei Einleitung der Hypnose und verstärkte sich 25 Minuten nach der Einleitung deutlich – sowohl im Theta- als auch im Alphawellenbereich. Die linkshemisphärischen Wahrnehmungen gingen auf eine Mindestaktivität von 25 Prozent zurück.

Dieser Rückgang zeigt das, was wir schon aus der Definition der Hypnose kennen: eine Einengung des Bewußtseins, wobei hierunter der Rückgang des bewußten Wahrnehmens zu verstehen ist. Und auch das Phänomen, das wir bei der Hypnose als »erweiterten Bewußtseinszustand« kennen, läßt sich so erklären. Kommt es zu einer starken Aktivierung der rechten Gehirnhälfte, wird der emotionale Bereich, das Gefühl, das visuell Bildhafte, das Ganzheitliche, das Kreative aktiviert. Das haben uns, wie bereits erwähnt, insbesondere die russischen Kollegen klar vor Augen geführt.

Erweiterung des Bewußtseins im Sinne der Aktivierung der rechten Hemisphäre ist uns längst aus dem Bereich der Hypnoanalyse bekannt, nämlich, wenn wir vergessene Erlebnisinhalte wieder zutage fördern können.

Ein Phänomen, das in der Hypnose sogar als Parameter (Meßgröße) eingesetzt wird, ist die Tatsache, daß sich der Hypnotisierte im veränderten Bewußtseinszustand der Hypnose gleichzeitig an verschiedenen Orten zu ganz verschiedenen historischen Zeitpunkten sehen oder wahrnehmen kann: Im Verlauf meiner Seminare ist es üblich, auch Hypnoseexperimente durchzuführen. Bei einer solchen Gelegenheit brachte ein hypnotisierter Kollege sein

Erstaunen wie folgt zum Ausdruck: »Wenn ich jetzt nicht wüßte, daß ich hier in diesem Saal an diesem Seminar teilnehmen würde, würde ich sagen, ich bin verrückt; denn ich sehe mich gleichzeitig als Kind im Sandkasten spielen.«

Eine interessante Frage: Kann der Hypnotisierte den Eintritt der Hypnose denn bewußt wahrnehmen, und wenn ja, wie? Betrachten wir den Hypnosezustand unter den Gesichtspunkten des bisher Gesagten (siehe hierzu auch Abb. 13). Ziehen wir die Folgerung, daß im Hypnosezustand eine Reduzierung von Verstand, Vernunft, Logik, also des bewußten Wahrnehmens, bis auf ein Minimum und eine Aktivierung von Gefühl, Erlebtem und Kreativem stattfindet, so ist der Hypnotisierte mit an Sicherheit grenzender Wahrscheinlichkeit nicht mehr in der Lage, bewußt das Geschehen um sich herum wahrzunehmen. Wollte er den Hypnosezustand bewußt wahrnehmen, bedürfte es einer erheblichen Aktivität auf der linken Hemisphäre, womit er automatisch den Hypnosezustand stören würde (es würde sich somit nicht mehr um einen Hypnosezustand handeln).

Es gibt eine Reihe typischer Phänomene im Hypnosezustand. Die wichtigsten möchte ich hier kurz erwähnen: Einige Probanden hatten das Empfinden, nicht mehr im Therapiestuhl zu sitzen, sondern im Raum zu schweben. Viele haben das Gefühl, ihre Hände und Füße schlafen ein oder werden schwer. Manche verspüren ein Kribbeln und Wärme in den Extremitäten und schließlich ein Schweregefühl im ganzen Körper, Müdigkeit, allgemeine Entspannung und schwere Augenlider. Oft berichteten Probanden von gestörtem Zeitempfinden. Gelegentlich bekamen sie das Gefühl, bestimmte Gliedmaßen fehlten, oder sie hatten das Gefühl, sich in einem »anormalen Zustand« zu befinden. Eigenartigerweise konnten sie diesen Zustand nicht präzise schildern.

Ein Proband beschrieb mir den Hypnosezustand einmal so: »Ich geriet in einen ganz gelösten und mir völlig unbekannten Zustand. Ich spürte nichts mehr, hörte aber alles. Es beeindruckte mich, ich fühlte mich dabei sehr wohl. Ich dachte nicht mehr ans Denken und spürte meinen Körper nicht mehr. Ich fühlte mich völlig frei. Zwischendurch hörte ich Ihre Stimme (die Stimme des Hypnotisierenden). Das Gehirn wurde dadurch nicht zum Denken angeregt. Überhaupt: Das Denken hatte Sendepause.«

Einer anderen Patientin erging es so: Nachdem ich sie wieder in den normalen Bewußtseinszustand zurückgeführt hatte, schüttelte sie sich vor Lachen. Der Grund dafür war, daß sie während des Hypnosezustandes – wie sie mir schilderte – am rechten Ohr von einem fürchterlichen Jucken geplagt wurde. Wie hätte sie sich aber mit einem Finger, der ihr in der Hypnose ca. acht Meter lang erschien, an ihrem Ohr kratzen können?

8 Der Zensor im Gehirn

Wie Sie aus Abbildung 13 ersehen können, habe ich die linke Gehirnhälfte »Zensor« genannt. Dieser »Zensor« kann durch Ermüdung oder Ablenkung unaufmerksam werden. Dies wird bei Einleitung der Hypnose künstlich herbeigeführt. Der »Zensor« vernachlässigt dann seine eigentliche Aufgabe als Kontrolleur, denn das Absinken der Gehirnaktivitäten auf der linken Hemisphäre bedeutet eine Art Benommenheit, Schläfrigkeit, eben Unaufmerksamkeit des »Zensors«. Damit ist zugleich erklärt, warum Einleitungs- und Induktionsmethoden wie die Fixationsmethode, die Faszinationsmethode (hierzu siehe Kapitel V) oder auch das in der Musik als Taktgeber verwendete Metronom zu einer Einleitung des Hypnosezustandes führen. Es kommt in all diesen Fällen zu einem Ermüden des »Zensors«, wobei dieser jedoch nicht »einschläft«, sondern nur ein »Nickerchen« macht, so daß er bei jeder ernsthaften Situation sofort einsatzfähig ist.

Ernsthafte Situationen können verschiedener Art sein: Gefahr für Leib und Leben des Hypnotisierten, z. B. eine Umweltkatastrophe oder das Erleiden eines Herzinfarkts beim Hypnotisierenden mit Rapportverlust, grobe Verstöße gegen die sittlich-moralische Einstellung des Hypnotisierten, so z. B. die Aufforderung zu einem Diebstahl oder einem Striptease unter Hypnose.

Es ist ein verblüffendes Phänomen, daß unter Hypnose niemand etwas gegen seine sittlich-moralische, ethische Einstellung tut. Wird er dennoch dazu aufgefordert, springt er sofort aus der Hypnose heraus, d. h. der »Zensor« ist sofort wach. Ähnliches passiert, wenn ein Patient, sei es aus Neugierde oder Angst, bewußt den Hypnosezustand bzw. sein Eintreten beobachten oder erfahren will. Dann bleibt der »Zensor« wach. Wie leicht zu erkennen ist, liegt dann ein unlösbares Paradoxon vor – der Patient verhindert selbst das Hineingleiten in den Hypnosezustand.

9 Wunderbare Ökonomie im Gehirn

Das Cerebrale Dominanzenmodell ist also der Schlüssel für viele Geheimnisse der Hypnose. Es erklärt nicht nur das Wesen der Hypnose, sondern auch, wie sie zustande kommt. Bedenken Sie folgendes: Die Natur hat alle Vorgänge so eingerichtet, daß keine Energie unnötig verbraucht wird. Wenn ich also die linke Hemisphäre mit unsinnigen Informationen oder unsinnigen Reizen belaste, dann geht hier die Aktivität automatisch zurück. Reduzierte Aktivitäten auf der linken Hemisphäre, also Reduzierung des Rationalen, des Verstandes, der Vernunft und der Logik, bedeuten aber nichts anderes als einen veränderten Bewußtseinszustand. Selbst dann, wenn auf der rechten Hemisphäre noch keine allzu starken Aktivitäten zu erkennen sind.

Jetzt wird auch verständlich, warum beispielsweise die Einleitung der Hypnose durch ein Metronom möglich ist: Das monotone Klacken erfordert von der linken Hemisphäre keine besondere Aktivität. Ähnlich ist es auch bei dem Verwirrspiel nach dem bekannten amerikanischen Hypnosewissenschaftler Milton Erickson. Dieses Verwirrspiel oder »Konfusion«, wie es Erickson zu nennen pflegt, ist sehr alt und wurde schon von den Schamanen vor Hunderten von Jahren benutzt. Ericksons »Konfusion« lautet etwa wie folgt: »Wenn ich nicht wüßte, daß ich hier sitze und wenn Sie nicht hier sitzen, wenn ich nicht wüßte, müßte ich jetzt hier sitzen ...«. Er widerspricht sich immer wieder absichtlich in seinen Suggestionen, so daß der Patient völlig verwirrt wird und auch hier wieder die Aktivitäten der linken Seite des Gehirns reduziert.

Diese Reduzierung der linken Gehirnhemisphäre gilt auch für das Fixieren der Fingerspitze oder einer Bleistiftspitze. Und bei genauer Betrachtungsweise trifft das praktisch für jede Hypnoseeinleitung zu. Ich habe diese Methoden den »grenzschwelligen Fatigueeffekt« genannt. Grenzschwellig deshalb, weil sich herausgestellt hat, daß dieser Effekt besonders stark dann auftritt, wenn der Patient den Informationen bzw. Reizsignalen nicht mehr rational folgen kann. Fatigueeffekt deshalb, weil es zu einer scheinbaren Ermüdung des Probanden kommt, d. h. es wird ja nur die Aktivität auf der linken Hemisphäre reduziert.

Durch den spontanen Aktivitätsrückgang werden Verstand, Vernunft und Logik, also das Zensorsystem herabgesetzt, gleichzeitig ist eine Aktivierung der rechten emotionalen Hemisphäre denkbar.

Es ist mir gelungen, die menschlichen Schwächen, die ein Hypnotisierender natürlich auch besitzt, wie z. B. Unwohlsein, Müdigkeit, Überarbeitung, eine angeschlagene Gesundheit oder psychische Belastung weitgehend zu eliminieren, indem ich infolge der Entdeckung des Fatigueeffekts ein standardisiertes Hypnoseverfahren mit einem technischen Gerät entwickelt habe. Mittlerweile hat dieses von mir entwickelte »Multihypnophon« (Abb. 2) nicht nur seine Fähigkeit bei freiwilligen Gewichtsreduktionen unter Beweis gestellt, sondern es hat auch auf dem internationalen Kongreß für Neurophysiologie in Osaka 1990 große Anerkennung gefunden. Viele Fernsehzuschauer konnten die Ausstrahlung der Sendung zur Gewichtsreduktion durch dieses Gerät im Bayerischen Fernsehen in der Sendung »Sprechstunde« mitverfolgen.

10 Erscheinungsformen der Hypnose

Äußerlich betrachtet bietet der in Hypnose befindliche Proband, wenn er nicht durch eine Fremdsuggestion in Aktion gebracht wird, den Anblick eines ruhig Schlafenden. Er hat normalerweise die Augen geschlossen. Die Körperfunktionen zeigen eine gelöste Mittelstellung, passiv angehobene Gliedmaßen fallen, wieder losgelassen, in die alte Lage zurück. Der Hypnotisierte ist schläfrig, schlaff, und in der Atmung zeigt sich eine relativ verlängerte Einatmung, so daß das Ein- und Ausatmen etwa gleich lang dauert wie beim Nachtschlaf. Pulsfrequenz und Blutdruck bleiben beim Gesunden unverändert, beim Bestehen funktioneller Unregelmäßigkeiten zeigt sich eine Tendenz zum Ausgleich. Das passive Heben (Nachhelfen beim Heben mit dem Zeigefinger seitens des Hypnotisierenden) des Oberlides, das Verhalten der Pupillen, der Sehnen- und Hautreflexe zeigt nichts Charakteristisches. Es gibt allerdings ein wichtiges Merkmal, das der amerikanische Wissenschaftler Professor H. Spiegel sogar als Anzeichen eines Hypnosezustandes gewertet sehen will. Nach seinen Beobachtungen sind die Pupillen im Hypnosezustand sehr stark nach oben gerichtet, so daß man beim Heben des Lides praktisch nur das Weiße sieht.

Ist die Versuchsperson längere Zeit sich selbst überlassen, so intensiviert sich der veränderte Bewußtseinszustand der Hypnose. Die Person gibt nach außen hin das Bild eines tief schlafenden Menschen – daher auch die irrtümliche Bezeichnung »Tiefschlaf«. Vielen unbekannt ist, daß der in Hypnose befindliche Proband jedoch auch dann noch im Hypnosezustand sein kann, wenn man ihn die Augen öffnen läßt. Auch hier gibt es wieder einen Unterschied. Befindet er sich lediglich in einem Hypnosezustand, in dem man ihn durch Suggestion die Augen öffnen ließ, so zeigt er primär einen starren Blick, den sogenannten »Blick ins Leere«. Ist er dagegen durch eine Suggestion, in Aktion zu treten, zu einer zusätzlichen Handlung aufgefordert, läßt man ihn z. B. etwas schreiben oder eine andere Handlung ausführen, die auch im Alltag mit offenen Augen ausgeführt werden muß, so scheint es, als ob er überhaupt nicht in Hypnose wäre.

Durch den Rapport, der die Kommunikation zwischen dem Hypnotisierten und dem Hypnotisierenden darstellt, besteht vor und in der Hypnose die wechselseitige Beziehung; der Hypnotisierte befolgt die Anweisungen des Hypnotisierenden, wobei sogar eine ganz normale Kommunikation, also z. B. ein Gespräch, stattfinden kann.

Sie sehen, daß ein Hypnosezustand u. U. schwer als solcher zu erkennen ist. Gerade für den Laien und den Unerfahrenen ist es praktisch unmöglich, den wirklichen von einem scheinbaren Hypnosezustand zu unterscheiden. Zur Beurteilung eines Hypnosezustandes gehört große Erfahrung mit exzellenten Kenntnissen.

Mit Eintritt des Hypnosezustandes laufen im Inneren des Hypnotisierten – für den Laien unsichtbar – eine Reihe von

zusätzlichen Funktionsänderungen ab. So kommt es z. B.
zu einer trophotropen, also auf die Ernährung eines Organismus gerichteten, Umschaltung. Die trophotrope Umschaltung bedeutet eine Einschränkung des Sauerstoffver-
brauchs, eine Vagotonie, d. h. eine erhöhte Erregbarkeit
des Parasympathikus und damit des Sparsystems unseres
Körpers, verbunden mit einer Hypotonie (Druck-, Span-
nungserniedrigung in unserem Körpersystem, insbesondere Rückgang des Blutdrucks). Hinzu kommt eine Ver-
langsamung der Herztätigkeit (Bradykardie), eine Pupil-
lenverengung (Miosis) und eine Übersäuerung des Ma-
gensafts mit erhöhter Darmmotorik und Speichelsekretion
(Hyperazidität). Hinzu kommen die Innenerlebnisse. Bei
der Einleitung der normal verlaufenden Hypnose tritt bei
den meisten ein ausgesprochenes Wohlgefühl auf, begleitet von einem eigentümlichen Wärmegefühl. Später
kommt ein gewisses Schweregefühl hinzu, das sich besonders in den Extremitäten bemerkbar macht. Je nach Veranlagung der Versuchsperson können sich auch visuelle
und akustische Vorstellungen einstellen.

Das Absurdum der Tiefenhypnose

Früher wurde die Hypnose in mehrere Stadien eingeteilt.
Aufgrund neuer Forschungsergebnisse verwendet man
heute die amerikanische Einteilung in nur zwei Stadien,
nämlich das der Lowhypnosis und das der Highhypnosis
bzw. Hypnosibility, was soviel bedeutet wie »leichte« und
»intensive« Hypnose. Der veraltete Begriff der »tiefen«
Hypnose ist ein Absurdum. Aus der Darstellung der
Schlafkurve wissen wir heute, daß sich der Hypnosezustand in dem Bereich zwischen Wachzustand und Ein-
schlafzustand bewegt. »Tiefe« Hypnose würde bedeuten,
daß der Proband nicht mehr im Hypnosezustand, sondern
im Schlafzustand ist. Daher spricht man heute von »in-

tensiver« Hypnose. Die Frage nach der »Tiefe« der Hypnose, was die Suggestibilität im Hypnosezustand und das Festhalten einer Suggestion im therapeutischen Endeffekt angeht, ist heute – wie man weiß – von geringerer Bedeutung. Man kann aber sagen, daß sich durch größere Häufigkeit von Hypnosen automatisch auch die Intensivität des Hypnosezustandes beim Hypnotisierten verstärkt.

11 Trance, Somnambulismus, Hypnosezustand

»Transire« (lat.) heißt zu deutsch »Hinübergehen«. In der französischen Sprache heißt es »Trance«. »Trance« ist der Sammelbegriff für Zustandsbilder verschiedener Verfassungen. Es sind Bewußtseinsreduktionen oder Bewußtseinserweiterungen, die umkehrbar sind und durch den veränderten Bewußtseinszustand der Hypnose, durch Atemtechniken, Meditation, Musik, Tanz, Drogen oder krankhafte seelische Zustände (Psychiatrische Träume) verursacht werden können. Im Lexikon für Psychologie finden wir unter dem Begriff »Trance« folgende Definition: »Ein mit Bewußtseinseinengung und Willensschwächung verbundener hypnoseähnlicher Zustand mit vielfach folgender Erinnerungslosigkeit.« In Trance können auch unerwartete Aussagen und Handlungen möglich sein.
Im Englischen bedeutet »Trance« Entrückung, Verzückung, Ekstase, Dämmerzustand und gilt insbesondere für die in der Hypnose erzielten Einschränkungen des Bewußtseins. Die Urväter der Hypnosewissenschaft Bernheim und Forel rechneten den Trancezustand nur der Hypnose zu. Heute gilt der Begriff »Trance« in Zusammenhang mit der modernen Hypnose jedoch als veraltet. Man versteht unter dem Trancezustand keinen Hypnosezustand, sondern eher einen veränderten Bewußtseinszustand, der

durch verschiedene Ursachen hervorgerufen werden kann, wie z. B. durch Meditation, Tanz oder Atemtechniken.

Der Vollständigkeit halber möchte ich den veralteten Begriff »Somnambulismus« in seinem Ursprung erklären und auf seine heutige Bedeutung hinweisen. Bei den »frühen« Hypnoseärzten wurde der Begriff vom Verhalten der Schlafwandler abgeleitet; denn das Verhalten des Hypnotisierten ähnelt sehr stark dem Verhalten eines Schlafwandlers. Heute ist der Begriff »Somnambulismus« wieder ganz auf seine ursprüngliche Bedeutung des Schlafwandelns beschränkt.

12 Affekte: Gefühle lassen sich verändern

Durch Suggestionen in der Hypnose können sämtliche subjektive Erscheinungen der menschlichen Seele und ein großer Teil der objektiv bekannten Funktionen des Nervensystems produziert, beeinflußt, verhindert, modifiziert, gelähmt oder gereizt werden. Suggestion sei hier zum besseren Verständnis noch einmal kurz erklärt: Eine starke Beeinflussung des Denkens, Fühlens, Wollens oder Handelns unterbindet mehr oder weniger die rationale Selbstentscheidung eines Menschen und mündet in eine starke Beeinflussung, die sowohl eine Hypnose einleiten als auch in der Hypnose als Motor für weitere Aktionen fungieren kann. Die seelische Stimmung kann suggestiv leicht beeinflußt werden. Lust und Unlust lassen sich besonders in der intensiven Hypnose mit größter Leichtigkeit suggerieren. Ebenso können Traurigkeit und Heiterkeit – oft überaus schnell und wechselhaft – bei intensiver Hypnose außerordentlich leicht erzeugt werden. Noch leichter schließen sich die Affekte Liebe, Haß, Angst, Zorn, Schrekken an die suggestiv erzeugte Situation an. Beispielsweise

53

entsteht Zorn, wenn man dem Hypnotisierten die Anwesenheit eines ihn reizenden Feindes suggeriert.

Die Suggestion kann sogar somatische Funktionen wie Menstruation, Pollution (Samenerguß im Schlaf), Schweißsekretion und Verdauung derart beherrschen, daß dadurch die Abhängigkeit dieser Funktionen vom Dynamismus des Großhirns klar nachgewiesen ist. Auch Brandblasen können durch Suggestion im veränderten Bewußtseinszustand hervorgerufen werden. Praktisch läuft dieser Vorgang wie folgt ab. Der Hypnotisierende erklärt dem Probanden, der sich im veränderten Bewußtseinszustand der Hypnose befindet und die Augen geschlossen hat, also nicht sehen kann, was tatsächlich geschieht: »Ich habe hier einen glühenden Pfennig. Den lege ich nun auf die Haut Ihres Unterarms.« Der Proband zuckt, als würde er eine schmerzhafte Verbrennung erleben, und schon bald stellt sich tatsächlich eine Art Brandblase an der in Wirklichkeit natürlich nur leicht mit der Hand berührten Stelle ein. Ein Phänomen, das viele positive Möglichkeiten eröffnet, insbesondere für das Heilen mit Hypnose.

Wasser macht betrunken

Die Phänomene der Affektbeeinflussung im Hypnosezustand habe ich selbst experimentell untersucht und dokumentarisch festgehalten. So konnte ich bei einer männlichen Versuchsperson durch die Suggestion, er freue sich über einen Witz, den man ihm erzählt habe, typische Verhaltensformen beobachten. Er lachte laut, schlug sich auf die Schenkel und zeigte eine amüsierte Mimik.

Derselben Versuchsperson wurde kurz danach die Suggestion gegeben, sie habe eine traurige Nachricht erhalten. Danach veränderte sich ihr Gesichtsausdruck schlagartig, sie zeigte Niedergeschlagenheit und Trauer. Ich bezeichnete die Nachricht nun wiederholt als »erschütternd«, woraufhin die Versuchsperson mit Tränen, Schluchzen und fassungslosem Kopfschütteln reagierte. Der Mann rieb sich die Augen und griff zum Taschentuch, um sich die Tränen zu trocknen.

Auf die Suggestion »Die Decke über Ihnen ist im Begriff einzubrechen«, reagierte er mit aufgerissenen Augen, Anspannung der Muskulatur, erhöhter Pulsfrequenz, Angstschweiß, und er nahm eine völlig verkrampfte Haltung ein. Erstaunen in Mimik und Gestik ließ sich dadurch provozieren, daß er die Suggestion erhielt, die Decke sei zwar gerissen, stürze aber nicht ein. Er reagierte mit fassungslosem Kopfschütteln.

Ich suggerierte ihm nun, jemand habe ihn fürchterlich beleidigt und angegriffen. Hierauf reagierte unser Proband mit Zorn, seine Muskulatur spannte sich an, er ballte die Fäuste, drohte mit dem Finger und wollte nach dem Feind greifen.

Ein völlig anderes Verhaltensbild konnte dem Probanden unmittelbar danach entlockt werden, als ich ihm ein Stofftier in die Hand gab mit der Suggestion, das sei etwas Liebes, Zartes. Ein nettes Tierchen. Unser Proband zeigte Gutmütigkeit. Er amüsierte sich, liebkoste, schaukelte und kraulte das Stofftier.

Ein besonders beeindruckendes Bild gab er bei der Suggestion, es sei sehr kalt im Raum geworden – minus 20 °C. Sofort trat eine Muskelreaktion ein, und er schlug den Kragen seines Jacketts hoch, steckte seine Hände unter die schützende Jacke und schnatterte und klapperte mit den Zähnen. Beim Aufheben der Kältesuggestion rieb er sich immer noch die Finger und Hände, wie dies, wenn man aus der Kälte kommt, üblich ist.

Unmittelbar danach suggerierte ich ihm das Auftreten plötzlicher großer Hitze durch eine defekte Heizungsanlage. Dies löste eine umgekehrte Reaktion aus: Er öffnete seinen Hemdknopf, zog seine Jacke aus und versuchte sich Luft zu machen. Sein Gesicht rötete sich, Schweiß-perlen wurden sichtbar und er griff zum Taschentuch, um sich die Stirn zu trocknen.

Durch entsprechende Suggestionen ließen sich bei mei-nem Probanden die Geschmacksempfindungen verän-dern: Ich reichte ihm eine saure Gurke, offerierte sie als Schokolade und ließ sie ihn essen. Er biß mit großem Ap-petit in die vermeintliche Schokolade und verlangte nach mehr. Daß es sich in Wirklichkeit um eine saure Gurke handelte, wurde von ihm weder anhand der Konsistenz noch des Geschmacks wahrgenommen. Bei dem umge-kehrten Experiment (ein Stück Schokolade wurde als sau-re Gurke angeboten) weigerte er sich zunächst zu essen, roch daran und biß erst nach mehreren Suggestionen hin-ein, verzog aber dabei sein Gesicht, als habe ich ihm Es-sig gegeben. Trotz guten Zuredens war er nicht mehr zu bewegen, noch einmal in diese angebliche saure Gurke hineinzubeißen.

Ein besonders beeindruckendes Experiment erlebte ich mit meiner Versuchsperson, als ich ihr das dargereichte Glas Wasser mit der Suggestion, es handle sich hier um einen schweren und guten Wein, gab. Schon beim ersten Schluck zeigte der Mann die Gestik eines Weinkenners: Er begann den Wein zu beißen und prüfend zu kosten. Er sag-te, dieser Wein sei wirklich gut, jedoch ein bißchen zu schwer. Nach dem ersten Glas erklärte er, der Wein steige ihm zu Kopf.

Um das Experiment zu vervollständigen, erhielt er nicht nur ein weiteres Glas von dem »feinen Wein«, sondern ich überredete ihn, noch einen »guten Schnaps« zu probieren. Ich reichte ihm also noch ein Glas dieses Leitungswassers, er kippte den Slibowitz hinunter, schüttelte sich, verzog den Mund und gab das Glas mit der Bemerkung zurück, das sei aber ein starker Slibowitz. Er wurde sehr heiter, be-kam einen roten Kopf und sein beschwipstes Benehmen nahm zu. Ich befragte ihn nach seinem Befinden, worauf er völlig betrunken lallte: »Karussell, Karussell.« Er zeigte immer mehr das Bild eines stark Alkoholisierten.

Diese soeben geschilderten Experimente wurden in einem Zeitraum von ca. ein bis eineinhalb Stunden durchgeführt. Bemerkenswert ist, daß die Versuchsperson fast während der ganzen Serie die Augenlider offen hatte und die Suggestionen dennoch bedingungslos befolgte. Der Blick zeigte das typische Phänomen: er war ins Leere gerichtet, und doch nahm er mich von Zeit zu Zeit wahr. Dies war aus dem exakten Entgegennehmen der gereichten Gegenstände ersichtlich.

13 Hyperakusie und andere Sensibilitätsveränderungen

Wie wir gesehen haben, lassen sich im veränderten Bewußtseinszustand der Hypnose Hautsensibilität, Geschmacksempfindlichkeit und Geruchsempfindlichkeit beeinflussen und verändern. Besonders hervorzuheben sind übersteigertes Hörvermögen und Taubheit, Lichtempfindlichkeit und Blindheit sowie allgemeines Wohlbefinden.

Wenn auch nach allgemeiner Meinung von allen Sinnen das Gehör durch die Hypnose nur schwer oder erst ganz zuletzt verändert werden kann, ist doch gesichert, daß im veränderten Bewußtseinszustand der Hypnose eine Hyperakusie (Überempfindlichkeit des Gehörs) eintreten kann. Schon Braid fiel dies auf, als er feststellte, daß der Hypnotisierte ca. drei Meter hinter ihm sein Hauchen, das er selbst trotz seines sehr scharfen Gehörs nicht hörte, wahrnahm.

Auch ich kann zum Phänomen der Hyperakusie ein beeindruckendes Beispiel geben: Für ein wissenschaftliches
Experiment zum Thema »Erbinformationen – Ich bin mein
eigener Ahne« – gemeinsam mit dem saarländischen
Rundfunk – traf ich mich 1979 ca. ein Jahr lang mit 16 ein-
eiigen Zwillingen regelmäßig ein- bis zweimal pro Woche
in den Räumlichkeiten des saarländischen Fernsehens
zum Hypnosetraining. Eines Tages mußten wir in die Pri-
vatwohnung eines Fernsehredakteurs ausweichen. Das
Wohnzimmer war groß genug, um all den Teilnehmern bequem Platz zu bieten. Doch störte uns das Läuten des Te-
lefons. Wir beschlossen, das Telefon in einem Nebenraum
in zwei Decken einzuwickeln und unter einer dritten
Decke zum Schweigen zu bringen. Zuvor hatten wir vorsichtshalber sogar den Hörer abgenommen, der wurde
ebenfalls eingewickelt, damit das Freizeichen nicht störte,
und so konnte die Hypnosesitzung beginnen. Alle waren
der Meinung, der Störenfried »Telefon« sei ausgeschaltet.
Ich führte mit den Probanden die gewohnte Leerhypnose
(Hypnose ohne Suggestion) durch. Dies ist das übliche
Lerntraining für die sogenannte Hypnoseanalyse. Anwe-
send war ein Journalist, der über unsere Arbeit berichten
wollte. Nach Beendigung der Hypnose protestierten die
Probanden. Sie erklärten übereinstimmend: »Diese Hypnosesitzung an dem heutigen Tag war fürchterlich gestört.«
Es war kaum zu glauben: Meine Probanden beschwerten
sich über das tutende Freizeichen, das während der Hypnose aus dem Telefonhörer kam. Ich bat um absolutes Still-
schweigen und alle lauschten. Nichts war zu hören. So
brachte ich das Telefon samt Verpackung in den Raum.
Nach dem Auspacken konnten wir uns alle von dem nur
in der Hypnose wahrgenommenen Dauerton überzeugen.
Die in Hypnose befindlichen Probanden wiesen eine er-

höhte Hörfähigkeit, also eine niedrigere Hörschwelle, auf. Jeder Hypnotisierende sollte wissen, daß es im Hypnosezustand Veränderungen, sei es Herabsetzung oder Erhöhung des Gehör- oder Gesichtssinns, automatisch gibt, daß sie aber auch jederzeit durch Suggestion künstlich herbeigeführt werden können. Dies habe ich im Rahmen meiner Hypnose- und Gehirnforschung bei evozierten Potentialen vielfach nachgewiesen.

Häufig habe ich bei meinen Probanden eine geringe Empfindlichkeit für Lichtreize während des Hypnosezustandes beobachtet. Schon zu Anfang des Hypnosezustandes verengt sich die Pupille bei plötzlicher Steigerung der Helligkeit nicht so stark wie im Normalzustand und kann bei abwechselnder Beleuchtung unverändert bleiben. Eine Möglichkeit, dem Hypnotisierten weitere unnötige Reize zu ersparen, ist die vorsorgliche Suggestion: »Das Licht stört Sie nicht und blendet sich automatisch immer mehr ab.«

Bei meinen Fernsehaufzeichnungen, die ich mit den Probanden im veränderten Bewußtseinszustand der Hypnose durchgeführt habe, ist die Beleuchtung für die Kamera oft sehr stark. Ich mache dann immer von der Möglichkeit dieser suggestiven Verminderung der Lichtintensität Gebrauch.

14 Aktive und passive Halluzination

Halluzination bedeutet Sinnestäuschung in Form einer Scheinwahrnehmung. Wir unterscheiden die passive und die aktive Halluzination. Ein Beispiel für die aktive Halluzination: Der Hypnotisierende suggeriert dem Hypnotisierten: »Eine Spinne sitzt auf Ihrer rechten Hand!« Der Hypnotisierte sieht nun diese Spinne wirklich und reagiert, als wäre sie dort vorhanden. Führt man ihn nun – bevor er im Hypnosezustand das Tier verjagt hat – in den normalen

Bewußtseinszustand zurück, so ist er völlig erstaunt, daß es nie eine Spinne gab.

Ein Beispiel für die passive Halluzination: Hier bekommt der Hypnotisierte die abstrahierende Suggestion: »Ihr rechter Zeigefinger ist weg!« Nach Rücknahme des hypnotischen Zustandes ist er sehr erstaunt, daß der Finger vorhanden ist. In ganz seltenen Fällen kann eine positive Halluzination (ich erinnere hier an den langen Finger meiner Probandin im vorangegangenen Kapitel) spontan auftreten, noch seltener eine negative.

Diese halluzinatorischen Phänomene haben der Hypnose jenen mysteriösen, glorifizierenden Anstrich verschafft, der bis heute viele Scharlatane veranlaßt hat, sich mit ihr zu befassen; er hielt aber auch auf der anderen Seite viele nüchterne Naturforscher und Wissenschaftler ab, sich wissenschaftlich mit Hypnose auseinanderzusetzen.

Gelegentlich erlebt man in der Showhypnose ähnliche positive halluzinatorische Darbietungen wie diese: Der Hypnotiseur behauptet beispielsweise gegenüber dem Hypnotisierten, ein vorgehaltener Spiegel sei eine Uhr. Der Hypnotisierte beschreibt nun auf Befragen diese illusionäre Uhr bis in die kleinsten Details und liest an ihr die Zeit nach Stunden, Minuten und Sekunden ab. Eine positive Halluzination ist also eine Sinnestäuschung über nicht existierende materielle Erscheinungen.

Im medizinischen Bereich kann man diese positive Halluzination als Hilfsparameter für den Hypnosezustand heranziehen. Bei genauerer Beobachtung kann man hier die Erscheinung des doppelten Bewußtseins am besten erkennen: Das Oberbewußtsein, d. h. die linke Gehirnhälfte, die im normalen Bewußtsein die Oberhand hat, sieht nichts, das Unterbewußtsein, das, wie wir schon gesehen haben, im Hypnosezustand höhere Aktivitäten erlangt, sieht die vermeintlichen Gegenstände und nimmt sie wahr.

Die negative Halluzination ist das Gegenteil von der positiven, in ihr werden materiell vorhandene Gegenstände oder Geräusche den Sinnen entzogen. Die negative Halluzination ist ein Phänomen, das in der Schmerztherapie gelegentlich mit großem Erfolg zur Anwendung kommt. Der Hypnotisierende kann z. B. bei Phantomschmerz dem Gehirn des Patienten suggerieren, daß das betroffene Bein tatsächlich nicht existiert. Der Proband wird schmerzfrei, denn was nicht existiert, kann keine Schmerzen verursachen.

Ein Bär im Menschen

Ich möchte Ihnen nun ein Beispiel geben, das die ganze Varianz der Sinnestäuschung im veränderten Bewußtseinszustand der Hypnose aufzeigt und gleichzeitig jeden Unerfahrenen vor derartigen Experimenten warnt. Man sollte die begleitenden Umstände, unter denen halluzinogene Suggestionen im Hypnosezustand realisiert werden, keineswegs einer Simulation gleichstellen. Die Angst, die die Versuchsperson empfindet, wenn beispielsweise ein halluzinierter Bär auf sie zukommt, wird sehr real erlebt und auch als echte tiefe lebensbedrohliche Angst empfunden, mit allen medizinisch denkbaren Risiken.
Ein anderer Fall ist es, wenn der Mensch selbst in einen Bär verwandelt wird. So gab mein Vater als junger Assistent – in der Hypnose noch relativ unerfahren – einem sich in Hypnose befindlichen Lehrer die Suggestion, er sei ein Bär, er brumme und könne tanzen wie ein Bär und habe auch die Eigenschaften eines Bären. Aus dem anfänglich belustigenden Phänomen eines tanzenden Bären entwickelte sich aber plötzlich ein Wesen, das unberechenbar war, sogar auf die Straße ging und Menschen anfiel und beißen wollte. Mein Vater, einer der späteren großen Hypnosepioniere, hatte damals, wie er sein ganzes Leben lang

betonte, große Mühe, diese Situation wieder in den Griff zu bekommen. Dieses Ereignis veranlaßte ihn dazu, nie wieder ein derartiges Experiment zu machen.
Leider gibt es auch heute noch verantwortungslose Showhypnotiseure, die zur Volksbelustigung solche Experimente einsetzen.

Der apportierende Fotograf

Ein Journalist, damals tätig bei »Bild und Funk«, schreibt über seine Erfahrungen mit mir in seinem Artikel »Hypnotiseur läßt den Fotografen einschlafen« wörtlich: »Daß Dr. Bick diese Showtricks der Hypnotiseure auch beherrscht, demonstrierte er bei einem ›Bild und Funk‹-Interview in seiner Klinik. Bei seinem Experiment setzte sich Dr. Bick vor Fotograf Wolf Sander und sagte: ›Sie sind jetzt müde, müde, müde und Ihre Augen, Arme, Ihre Beine sind müde, ganz müde, entspannt und schwer usw. …‹. Nach ca. 30 Sekunden ist Fotograf Sander ›weg‹, jetzt läßt ihn Dr. Bick Arme und Beine heben. Und dann geschieht das Erstaunliche: Fotograf Sander spielt auf Wunsch des Arztes Hund und apportiert sogar eine Zeitung.« Er schreibt weiter: »Das Experiment wird abgebrochen. Dr. Bick: ›Sie wachen jetzt auf …, alle Körperfunktionen arbeiten normal …, Sie öffnen die Augen, fühlen sich wach und ausgeruht.‹ Drei Minuten später: Sander hat nur noch ganz verschwommene Vorstellungen von dem Geschehenen …«
Was war geschehen? Dem Experiment ging eine provokative Aufforderung des Journalisten voraus. Er erklärte:»Sie schaffen es nie, daß sich mein Kollege wie ein Hund auf dem Boden herumbewegt und mir eine Zeitung apportiert.« Um diesem vorwitzigen Journalisten eine Lehre zu erteilen, ließ ich den Fotografen im Hypnosezustand tatsächlich eine Zeitung apportieren.
Bei der geplanten zweiten Showhypnose-Sendung mit

dem Titel »Hypnoland« wurde ich von der Presse als Gut-
achter berufen. Aufgrund der Experimente zu dieser Sendung, die Menschen mißbrauchten und lächerlich machten, mußte ich einschreiten und unterbinden, daß diese
Sendung stattfand, zumal auch die wertvolle therapeutische Chance, die in der Hypnose liegt, verlorengegangen
wäre. Ich bin der Meinung, daß man den Machenschaften
der Showhypnotiseure massiv entgegentreten müßte, um
ein so wertvolles Instrument, wie es die Hypnose ist, für
die Behandlung von Menschen zu retten. In den USA ist
Showhypnose nicht erlaubt, in Israel ist die therapeutische
Hypnose sogar seit Jahrzehnten gesetzlich geschützt. Kein
Showhypnotiseur darf hier sein Handwerk treiben. Dies
sollte auch in Deutschland geschehen.

15 Das veränderte Zeitgefühl

Ein Phänomen während des Hypnosezustandes ist auch
das veränderte Zeitgefühl des Hypnotisierten. Es ist meist
verschoben, d. h. es kann verkürzt oder verlängert sein.
Eine Patientin, an einem Sonntag zu einer Behandlung be-
stellt, empfand den Hypnosezustand an diesem Tag als unendlich lang. Sie wurde schon kurz nach der Einleitung un-
ruhig und glaubte, man habe sie vergessen und sie säße
bereits seit Stunden da. In Wirklichkeit saß sie aber nur
zwanzig Minuten und sollte sich noch weiter entspannen.
Was war geschehen? Wenn wir von unserem Wissen, daß
die Hypnose primär das Gefühl realisiert, ausgehen, so
hatte die Patientin bereits vor der Hypnose ein Angstge-
fühl, sie könne während der Hypnose vergessen und in ihr
sitzen gelassen werden. Diese Angst wurde durch die
Sonntagsstille und die Leere in den Räumen erzeugt. Das
gab sie später auch zu Protokoll.
Dieses veränderte Zeitgefühl in der Hypnose wird übri-

gens gelegentlich als Parameter für die Hypnose an sich herangezogen.

16 Amnesie – Hypermnesie

Amnesie bedeutet Erinnerungslosigkeit und wurde im Anschluß an die Aufhebung des Hypnosezustandes zuerst von de Pusegur beobachtet. Es ist längst bekannt, daß sie nach Aufhebung des Hypnosezustandes keine Norm, sondern der Ausnahmefall ist. Man kann sie also nicht unbedingt zu den Phänomenen der Hypnose zählen. Trotzdem spukt sie nach wie vor bis zum heutigen Tage in den Köpfen vieler interessierter Laien herum.

Wir unterscheiden die spontane Amnesie von der suggestiven. Eine spontane Amnesie nach Rückführung aus dem veränderten Bewußtseinszustand der Hypnose löst sich relativ schnell auf. Es erfolgt eine sukzessive Rückerinnerung an das Geschehen während des Hypnosezustands. Bei der suggestiven Amnesie handelt es sich um eine suggerierte Amnesie, die dadurch hervorgerufen wird, daß der Hypnotisierende im veränderten Bewußtseinszustand der Hypnose seinem Probanden die Suggestion gibt, sich an eine bestimmte Sache oder bestimmte Ereignisse, die sich während der Hypnose abgespielt haben, nicht mehr zu erinnern. Der Effekt der suggerierten Amnesie kann noch verstärkt werden durch die Suggestion:»Alles, was sich jetzt ereignet hat, ist aus Ihrer Erinnerung und aus Ihrem Gedächtnis ausgewischt, wie die Buchstaben auf einer Schiefertafel.« In unserem Computerzeitalter würde man wie bei einem Computerabsturz suggerieren:»Ihr Erinnerungsspeicher ist komplett gelöscht.«

Die Dauer der suggestiven Amnesie (man sagt auch »posthypnotische« Amnesie dazu) kann sich auf einen Zeitraum von Minuten bis zu Jahren erstrecken. Dabei schwinden Konstanz und Solidität mit zunehmender Zeitdauer.

In der Hypnose gibt es aber auch das Gegenteil von Amnesie – die Hypermnesie. Hypermnesie heißt »erhöhtes Erinnerungsvermögen«. Man bedient sich ihrer insbesondere bei der Hypnoanalyse, da sie die einmalige Möglichkeit bietet, im veränderten Bewußtseinszustand der Hypnose längst Vergessenes und Verdrängtes ins Gedächtnis zurückzurufen. In Kapitel VI/6 mehr dazu.

17 Katalepsie – ein Arm wie ein Stück Holz

Katalepsie, von dem griechischen Wort »Katalepsis« stammend, bedeutet das starre Festhalten der Muskeln, also Starrsucht. Es ist ein in der Psychopathologie bekannter und durch Hypnose (Suggestivkatalepsie) oder Autosuggestion (z. B. bei Fakiren und Sadhus) herbeiführbarer Zustand der Gliederstarre mit unterschiedlichem Widerstand gegenüber passiver Bewegung.

Die hypnotische Katalepsie ist das markanteste und sicherste Phänomen der Hypnose und wird bei Mensch und Tier angetroffen. Bei keinem anderen physiologisch normalen Zustand und bei keiner anderen Therapiemethode kommt die Katalepsie so markant vor wie in der Hypnose. Seit der wissenschaftlichen Erforschung des Hypnosezustandes gegen Ende des 19. Jahrhunderts ist man bemüht, dem Phänomen der Katalepsie näherzukommen. In einem Punkt war man sich einig: Die Katalepsie war und ist eines der klassischen Phänomene bei der Hypnose und kann so auch als Parameter für den Hypnosezustand verwendet werden. So wird es bis heute praktiziert.

Erst seit meiner Erforschung des Hypnosezustandes 1983/84 in Verbindung mit den Cerebralen Dominanzen haben wir allerdings eine Erklärung für das Phänomen der

»kataleptischen Starre«: Wie wir wissen, ist während des veränderten Bewußtseinszustands der Hypnose das gesamte kontrollierende Zensorsystem der linken Hemisphäre ausgeschaltet, so daß sich eine gegebene Vorstellung, über die rechte Hemisphäre gesteuert, kritiklos umsetzen kann. Gibt man die Suggestion »Eine Versteifung der Hand, des Armes, des ganzen Körpers stellt sich ein. Der Körper soll starr und steif werden wie ein Brett (oder wie ein Stück Holz)«, so tritt das suggerierte »kataleptische Phänomen« ein, wobei der Organismus alle ihm zur Verfügung stehenden Mittel zum Einsatz bringt, wie z. B. die Aktivierung sämtlicher kleiner Muskeln, Muskelbündel und Muskelfasern der gesamten quergestreiften Muskulatur.

IV   Welche verschiedenen Bewußtseins-arten gibt es?

Bevor ich Ihnen die Hypnose als Instrument vorstelle, möchte ich Sie mit zwei weiteren Begriffen – Oberbe-wußtsein und Unterbewußtsein – bekanntmachen. In Standardwerken der letzten zwanzig Jahre über die Hyp-nose finden beide Begriffe kaum noch Verwendung. Ich möchte an dieser Stelle dennoch auf sie eingehen, da es spätestens, wenn wir uns mit der Hypnoanalyse befassen wollen, keinen anderen allgemeinen Begriff zumindest für das »Unterbewußtsein« gibt. Wir bedienen uns hier nach wie vor dieser beiden Begriffe.

Was ist das »Unterbewußtsein«? Mit diesem mehrdeutigen Begriff werden in der Regel die Bereiche des Bewußtseins, d. h. deren Inhalte, bezeichnet, die im Gegensatz zum »Oberbewußtsein« unterhalb der aktuellen Bewußtseins-schwelle liegen und so der rationalen Kontrolle entzogen sind. Es sind im übrigen die Inhalte, die in unseren Träu-men auftauchen können und die wir während der Hypno-analyse zutage fördern können. Aber es sind auch die In-halte, die – meist in einer Summe von Gedankengängen – schwerste Fehlleistungen auslösen können, die wir dann gern mit dem Kommentar »Das hat er ganz unbewußt ge-macht« begleiten. Und dies stimmt im Prinzip mit unserer oben vorgegebenen Definition überein.

Freud lehnte die Unterscheidung von »Ober- und Unterbewußtsein« ab (Unterbewußtseinstheorie), weil sie nach seiner Meinung die Gleichstellung der Psyche und des Bewußtseins betonte. Diese Theorie brachte aber nur sein eigenes »hölzernes Gedankengebäude« zur Psychoanalyse in Gefahr. Heute wissen wir, daß die Psychoanalyse – was ihren therapeutischen Effekt anbetrifft – nur eine Erfolgsquote von maximal sechs bis acht Prozent hat. Demgegenüber steht die 80-prozentige Erfolgsquote der Hypnose. So habe ich es in meinen Forschungsergebnissen 1994 in dem internationalen »Journal of Clinical Hypnotherapie And Hypnoanalysis« publiziert (siehe Abb. 11/12).

Das »Oberbewußtsein« ist das wache, helle Bewußtsein (Wach- und Tagesbewußtsein), dessen Inhalte im Gegensatz zu denen des Unterbewußtseins unmittelbar abrufbar sind. Es ist das Bewußtsein, in dem wir alles bewußt erleben und gegenwärtig haben. Im Gegensatz dazu verstehen wir unter dem Begriff »Unterbewußtsein« alle seelischen Vorgänge, die zwar in uns vorhanden sind, aber normalerweise nicht in das »Oberbewußtsein« eindringen. Das Unterbewußtsein »schläft« nie. Es ist ständig aktiv, auch dann, wenn wir es nicht wahrnehmen. Alles, was wir in unserem Leben erfahren, wird hier wie auf einem Tonband registriert. Wir wissen, daß uns bestimmte Gedanken, Erlebnisse, Wörter oder Zahlen mitunter vollkommen entfallen, dann aber nach einiger Zeit wieder in unser Gedächtnis zurückkehren. Wie dieses Phänomen zustande kommt, ist bis heute von Nebel umgeben.

Wir alle kennen die Situation unbewußten Handelns. Ein Beispiel bietet der Automatismus des Schlüsseleinsteckens: Herr S. bereitet sich zum Ausgehen vor, da erhält er unvorhergesehenen Besuch. Während des Gesprächs mit seinem Freund setzt er seine Vorbereitungen fort und verläßt schließlich mit ihm das Haus. Nachdem er sich von seinem Freund verabschiedet hat, und sich also wieder auf sein eigentliches Vorhaben konzentriert, glaubt er, seinen

Autoschlüssel vergessen zu haben und eilt in die Wohnung zurück. Erst dort fällt ihm wieder ein, daß er unbewußt bereits getan hat, was er immer tut – er hatte den Schlüssel schon an sich genommen.

Wir sehen, daß aus dem Unterbewußtsein heraus spontan Handlungen ausgeführt werden, ohne daß sie vom Oberbewußtsein registriert werden müssen.

Im »Unterbewußtsein« finden Dinge Unterschlupf, die sich zum Teil sogar schädlich auf unsere Gesundheit auswirken können. Zu ihnen gehören Erlebnisse, die Angstzustände, Schlafstörungen, Hemmungszustände, Depressionen und dergleichen mehr erzeugen. In diesem »Unterbewußtsein« suchen wir wohl auch die Fähigkeiten des medial veranlagten Menschen und die Befähigung zur künstlerischen Schaffenskraft, die schon sehr früh zutage treten kann.

Zu »Ober- und Unterbewußtsein« gesellt sich schließlich noch das »Überbewußtsein«. Dieses »Überbewußtsein« liegt nicht im Erkenntnisbereich des »Ober- oder Unterbewußtseins« und ist nach dem Modell der Hyperraumdynamik eher im Übersinnlichen zu suchen (siehe hierzu Kapitel VI).

V Ist die Hypnose auch ein Instrument?

Zur Hypnose als Instrument gehören: der veränderte Bewußtseinszustand, die Suggestion, der Rapport. Den veränderten Bewußtseinszustand der Hypnose haben wir bereits kennengelernt. So wenden wir uns zunächst der Suggestion und der Suggestibilität zu (Abb. 8).

1 Suggestion und Autosuggestion

Einer der wichtigsten Bestandteile des Hypnosezustandes neben dem Rapport ist die Suggestion. Dies trifft für die Hypnose in der Einleitung an sich als auch für die Hypnose als Instrument zu. Suggestion – vom lateinischen »suggerere« abgeleitet – bedeutet »etwas unterschieben, jemandem etwas einflüstern« und bezeichnet das Übertragen bestimmter seelisch-geistiger Vorstellungen durch Worte und Handlungen auf andere. Stockvis bezeichnet die Suggestion als die »aktive Beeinflussung der körperlich-seelischen Ganzheit auf der Grundlage eines menschlichen Grundvollzuges der gefühlsbetonten (affektiven) Resonanzwirkung.« Das bedeutet: Eine Suggestion seitens des Suggerierenden, in diesem Fall des Hypnotisierenden, setzt sich auf der Grundlage der Aufmerksamkeit und Empfänglichkeit des Probanden um.

2 Suggestionen können töten (Voodoo) und Leben retten

Im nachfolgenden Fall berichtet uns der schottische Missionar und Forscher D. Livingstone von einem besonders extremen Suggestionseffekt: Während einer Kongoexpedition meldete sich eines Tages ein Träger bei ihm – offensichtlich ein ganz kerngesunder junger Mann – und teilte ihm mit, daß er ab sofort nicht weitertragen könne, da er vom Voodoo besessen sei und bald sterben würde. Danach nahm er keine Flüssigkeit und keinerlei Nahrung mehr zu sich. Dieses Verhalten würde sicher irgendwann zum Tode führen! Der enorm starke Glaube des Trägers, daß er jetzt sterben würde, führte jedoch bereits am dritten Tag zu seinem Ableben.

Bald meldete sich der zweite Träger mit der gleichen Botschaft, er müsse jetzt sterben. Livingstone erfuhr, daß ein Medizinmann des Stammes, zu dem die Träger gehörten, seine Mitglieder entsprechend beeinflußt hatte. Er erkannte die Absicht des Medizinmannes, das Fortkommen des »weißen Mannes« in diesem Gebiet zu verhindern. Es handelte sich also um ein strategisches Konzept des Medizinmannes.

Als ein dritter Träger zu ihm kam, um ihm mitzuteilen, daß er entsprechende Vorkehrungen zum Übertreten in das Jenseits getroffen habe, geriet Livingstone außer Fassung und gab ihm einen Kinnhaken. Der Eingeborene sank zu Boden. Daraufhin zückten die restlichen Eingeborenen ihre Speere und richteten sie auf Livingstone. Diese Gefahr meisterte Livingstone, indem er dem inzwischen wieder zu sich gekommenen Eingeborenen sagte, durch diesen Schlag sei der Zauber gebrochen. Der Träger glaubte ihm und genas. Am nächsten Tag war der Medizinmann verschwunden.

Es wird immer wieder bestritten, daß es möglich ist, Menschen so stark zu beeinflussen, daß sie trotz kerngesunden Körpers den Tod erleiden. Wir haben nach den heutigen psychologischen Erkenntnissen keine Erklärungen bereit. Andererseits sind solche Phänomene in der Literatur immer wieder beschrieben und bestätigt worden. Es gibt keinen Zweifel daran, daß der Voodoo-Tod Realität ist, unabhängig davon, ob wir Europäer uns dies vorstellen können oder nicht. Fremdbestimmung, die sogar zur Zerstörung der eigenen Existenz führen kann, liegt also durchaus im Bereich des Möglichen. Hierin sieht man die ungeheure Kraft, die von der Vorstellungskraft des Menschen ausgeht.

Ein weiteres, erschütterndes Beispiel: In den USA versprach man einem zum Tode verurteilten Delinquenten den Freispruch, wenn er das nachfolgende Hypnoseexperiment überleben sollte. Der Delinquent willigte ein. Man versetzte ihn in einen intensiven Hypnosezustand und erklärte ihm, daß nun mit ihm eine besondere Hinrichtung stattfinden würde. Man würde ihm die Pulsadern öffnen und er würde ausbluten. Danach verband man ihm die Augen und ritzte ihn – ohne ihn ernsthaft zu verletzen – mit den Worten »Jetzt sind Ihnen die Pulsadern geöffnet« oberhalb des Handgelenkes. Um dem Mann das Gefühl des Ausblutens zu geben, tropfte man ganz langsam Wasser auf die entsprechende Stelle.

Der in Hypnose befindliche Delinquent war fest davon überzeugt, daß man ihm jetzt die Pulsadern geöffnet habe, um ihn ausbluten zu lassen. Dies aber waren lediglich Suggestionen, sonst nichts. Weder wurde sein Körper verletzt noch verlor er einen einzigen Tropfen Blut. Trotzdem wurde er nach einer gewissen Zeit ganz blaß. Sein Kreislauf wurde immer schwächer; der Puls war nicht mehr meßbar, und er starb im wahrsten Sinne des Wortes infolge einer solch intensiven negativen Fremdsuggestion.

Dies sind natürlich zwei Extrembeispiele, die aber ihrerseits die ganze Macht einer Suggestion vor Augen stellen können, wie es drastischer nicht sein kann.

Gefährliche negative Suggestionen sind auch – ob gewollt oder ungewollt – leichtfertige negative Äußerungen im täglichen Leben. So begegneten sich zwei Freunde, die sich seit Jahren nicht mehr gesehen haben. Der eine, von Beruf Diplomingenieur in einem großen Industriebetrieb in sehr verantwortungsvoller Position, ist sowohl seelisch als auch körperlich völlig abgewirtschaftet. Der Freund erschrickt hierüber und merkt in seinem Schreck die Schwere seiner eigenen Worte nicht, die er an den anderen richtet: »Menschenskind, siehst du aber schlecht aus! Du schuftest dich ab und merkst nicht, wie du dabei zugrunde gehst! Du mußt dich schonen, willst du nicht, daß es dir so geht wie meinem Bruder, der ein ähnliches Dasein geführt hat wie du! Du weißt ja, er ist an Lungentuberkulose gestorben!«

Nach Hause zurückgekehrt betrachtet sich der Diplomingenieur im Spiegel und informiert sich in einem einschlägigen Gesundheitsbuch. Er findet die Bemerkungen seines Freundes bestätigt. Kurz entschlossen konsultiert er einen Arzt. Hier erfährt er zu seiner Freude, daß die Untersuchung negativ verlaufen ist und er nicht ernstlich krank ist. Bis jetzt hatte er noch unter der negativen Suggestion seines Freundes gelitten und war schon fast davon überzeugt, schwer krank zu sein. Nun hatte er jedoch durch die positive Nachricht des Arztes und dessen positive Suggestion, er sei soweit gesund, neuen Aufschwung erhalten.

Anhand dieser Beispiele können wir empfinden, wie gefährlich sich unüberlegte Worte (Suggestionen) auswirken können. Wir können uns auch vorstellen, daß solche unüberlegten Worte z. B. im Operationssaal den Erfolg einer Operation beeinflussen können und auch, wie negativ sie sich auf den Intensivstationen oder im Altenheim auswirken können.

Unsere Kinder erfahren solche negativen Suggestionen in unvorstellbarer Härte und werden täglich durch Streit im Elternhaus, durch Gewaltdarstellungen im Fernsehen und andere Medien negativ beeinflußt. Es ist nachgewiesen – und auch ich habe dies in meiner eigenen Forschung gefunden –, daß alle Informationen, insbesondere von Kleinkindern, sehr genau aufgenommen werden. Dies geschieht auch, weil Kinder diese Ereignisse noch nicht reell einordnen können. Viele entwickeln daraufhin Lebensangst, wie es sich im folgenden Fall ereignet hat: Herr S., ein junger Mann von 30 Jahren in höherer Beamtenlaufbahn, kam mit schwersten Angstzuständen und Depressionen zu mir in Behandlung. Im hypnoanalytischen Verfahren stellte sich heraus, daß die wesentliche Ursache seiner Ängste in der nicht verarbeiteten Erlebnisreaktion der Struwwelpeter-Kindergeschichte »Paulinchen« wurzelte. Im Alter von fünf Jahren hatte er diese Geschichte vom Paulinchen, das verbrannt wurde, gehört, und es hatte ihm niemand eine Erklärung dazu abgegeben, so daß er »Paulinchen« in sein Vorstellungsbild nicht richtig integrieren konnte. So empfand er dieses Ereignis als äußerst grausam und angsteinflößend. Diese Geschichte benutzte man sogar immer wieder, um ihn gefügig zu machen. Man sagte z. B.: »Es wird dir auch einmal gehen wie diesem Paulinchen, wenn du an die Streichhölzer gehst.«

Viele Eltern sind der irrtümlichen Meinung, ein Kleinkind brauche keine Erklärung oder das Kind in diesem Alter bekäme schlimme Ereignisse nicht mit. Dies ist ein verhängnisvoller Irrtum, denn falsch verarbeitete Erlebnisreaktionen wie im Falle von Herrn S. bahnen den Weg für spätere Neurotisierungen.

Viele Eltern wollen von dieser Tatsache nichts wissen oder ignorieren sie. Ich habe diese Erfahrung bei vielen Vorträgen machen müssen.

3 Selbstsuggeriertes Asthma

Der nächste Fall, der einer 43jährigen Patientin, zeigt eine besondere Art von Suggestion, nämlich eine negative Selbstsuggestion und ihre Folgen. Frau C. litt an Bronchialasthma. Die Anfälle traten immer dann bei ihr auf, wenn dichter Nebel über der Erde lag. Sie lebte gewissermaßen in ständiger Krankheitsbereitschaft. Eines Tages, am Geburtstag ihres Mannes, war sie morgens ausgeruht, frisch und fit aufgestanden, um ihm vor seinem Erwachen den Tisch zu richten. Als sie aber die Fensterläden zurückschlug, stellte sie fest, daß ihr eine dichte Nebeldecke die Sicht versperrte, und sie bekam plötzlich einen asthmatischen Anfall. Was ging dieser Entwicklung voraus?
Einen ihrer ersten Asthmaanfälle erlebte Frau C. – durch Katzenhaare bedingt – an einem nebligen Novembertag. Nachdem sich die Anfälle einige Male an Nebeltagen wiederholt hatten – was ihr besonders auffiel, weil sie draußen richtig durchatmen wollte –, war sie davon überzeugt, sie bekäme Asthma durch Nebel. Der Auslöser dieser Krankheit – die Katze – war später längst nicht mehr vorhanden, aber Frau C. war des festen Glaubens, sie müsse bei Nebel einen Asthmaanfall bekommen, und so geschah es. Solange sie nicht bemerkte, daß Nebel war, ging es ihr sehr gut. Sobald sie aber wußte, daß Nebel herrschte, vollzog sich immer wieder ihre negative Selbstsuggestion – und sie bekam Asthma. Durch die Hypnosetherapie konnte diese Ursache ihrer Beschwerden aufgedeckt und korrigiert werden.

4 Die Suggestionen in ihrer Varianz

Wir müssen bei Suggestionen zwischen schlechten, sich schädlich auswirkenden Suggestionen und guten, sympathischen unterscheiden; zu den letzteren gehören die Hei-

lungssuggestionen und alle positiven persönlichkeitsauf-
bauenden Suggestionen.

Zur Einleitung der Hypnose kennen wir neben anderen
Verfahren (Metronom, Verwirrmethode nach Erickson etc.)
auch die Suggestionsmethoden. Strenggenommen gibt es
also bei der Hypnose zweierlei Verwendungsansätze für
die Suggestion: einmal die zur Einleitung des Hypnosezustandes und zum anderen die Suggestion als Instrument,
also als Programm.

Betrachten wir den ganzen Hypnoseablauf einmal aus kybernetischer Sicht. Unter Kybernetik verstehen wir die wissenschaftliche Forschungsrichtung, die Systeme verschiedener Art, nämlich biologische, technische und andere,
auf selbständige Steuerungsmechanismen untersucht. Geben wir unserem Gehirn, unserem Gedächtnis die Funktion eines Computers, also eines Instruments, so sind die
Suggestionen die Software, die Programme, die eingegeben werden und die sich im Falle eines Abrufs eines Signals umsetzen und Aktivitäten veranlassen. So ist es möglich, daß wir unser Gehirn nicht nur zu Heilzwecken programmieren können, sondern noch viele andere positiv
programmierbare Anwendungsgebiete haben. Immer steht
die Persönlichkeitsentwicklung im Vordergrund, der sich
viele Anwendungsbereiche wie z. B. kaufmännischer Bereich, Management, Sport und Kunst, anschließen. In all
diesen und noch vielen anderen Bereichen kann die hypnotische Suggestion ihre »Urkraft« unter Beweis stellen.
Denken wir in diesem Zusammenhang an die russischen
Experimente: Beim Lernen von Fremdwörtern mit russi-
scher Übersetzung wurde nach dreimaligem Durchlesen
das Denkvermögen mit wenigen Suggestionen im veränderten Bewußtseinszustand der Hypnose um das 5,8fache
gegenüber dem vorangegangenen Test ohne hypnotische
Suggestion gesteigert.

Ich selbst habe im Verlauf meiner Tätigkeit – seit Anfang

der siebziger Jahre – viele solcher Leistungssteigerungen in allen Berufssparten durch entsprechende Suggestionen im veränderten Bewußtseinszustand der Hypnose bewirken können. So kam z. B. ein Diskuswerfer, der zu den Olympischen Spielen antreten wollte, aber bei größtem Training die Olympische Marke nicht erreichte, zu mir. Sein findiger Trainer hatte ihn geschickt, der mir zuvor bereits mehrere seiner Sportler anvertraut hatte, die durch Hypnotraining, das ich bei ihnen durchgeführt hatte, sehr erfolgreich wurden. Durch Suggestionen im veränderten Bewußtseinszustand der Hypnose konnte der Diskuswerfer seine Leistungen so steigern, daß er die Zulassungsmarke zu den Olympischen Spielen gut erreichte. In wenigen Tagen stiegen seine Wurfleistungen um fünf Meter auf 63 Meter.

Wichtig ist, daß nur diejenigen Suggestionen wirksam werden können, die das entsprechende Individuum auch glaubt, d. h. für den Hypnotisierten muß klar und deutlich feststehen, daß »es so und nicht anders ist«. Durch diese gewonnene Überzeugung des Hypnotisierten kann jede Suggestion zur Autosuggestion werden.

Diese Voraussetzung trifft auch auf die Suggestionen zu, die im Bereich der sittlich-moralischen Grenze liegen und im veränderten Bewußtseinszustand der Hypnose gegeben werden. Aus dieser Sicht betrachtet ist auch die Angst vieler Menschen unbegründet, einem Hypnoseversuch unterliegen zu »müssen«.

5 Der Rapport, eine kybernetische Kommunikation

Aus kybernetischer Sicht könnte man den bereits erwähnten »Rapport« als die »Feinabstimmung« zwischen einem Sender und einem Empfänger betrachten. In unserem Fall ist der Hypnotisierende der Sender und der Hypnotisierte der Empfänger. Gedankenwellen (Vorstellungen) werden im Gehirn des Hypnotisierenden produziert und unter der Bedingung einer vorherigen gegenseitigen Abstimmung verbalsuggestiv oder mentalsuggestiv auf den Hypnotisierten übertragen. So kann man sich das Prinzip der Suggestion im Rapport des veränderten Bewußtseinszustandes der Hypnose gut vorstellen.

Grundsätzlich muß man unterscheiden zwischen nonverbalen (mentalen), verbalen und physisch-verbalen Suggestionen. Unter nonverbaler Suggestion verstehen wir eine intensive mentale Konzentration des Hypnotisierenden auf den Vorgang, den der Hypnotisierte vollziehen soll; die verbale Suggestion ist die übliche Form einer mündlichen Suggestion und die physisch-verbale eine mündliche Suggestion, die zusätzlich mit einem körperlichen Erlebnis verbunden ist (Beispiel: unser Weintrinker, der zur Suggestion noch ein Glas Wasser erhielt).

Bei allen Formen kommt es in der Hauptsache darauf an, daß die Versuchsperson richtig versteht, was der Hypnotisierende meint oder will. Das ist gleichzeitig die Gewährleistung für einen »guten« Rapport und das bedeutet zugleich eine erfolgreiche Hypnose. Die Intensität der Kommunikation zwischen Hypnotisierendem und Hypnotisiertem steigert sich außerdem – wie wir uns nun vorstellen können – in der Reihenfolge: nonverbal, verbal, physisch-verbal.

6 Der Blick ins Leere

Die meisten Menschen glauben, daß zu einem Hypnosezustand fest geschlossene Augen gehören. Dies entspricht nur bedingt der Realität. Ein Mensch kann auch mit geöffneten Augen in einem sehr intensiven Hypnosezustand sein. Erinnern Sie sich an den indischen Seiltrick: Hunderte von anwesenden Menschen waren im veränderten Zustand der Hypnose, denn sie schworen, die Hinrichtung des Gehilfen des Fakirs gesehen zu haben; es ist undenkbar, daß sie mit geschlossenen Augen der Vorführung gefolgt wären.

Jeder Mensch, der sich in einem intensiven Hypnosezustand befindet, kann auf den Befehl des Hypnotisierenden die Augen öffnen und hierbei nicht nur herumlaufen, sondern auch Tätigkeiten ausführen, wie z. B. malen, schreiben, musizieren, lesen und vieles mehr. Und nur ein erfahrener Hypnosespezialist kann anhand des ins Leere gerichteten starren Blicks eine Hypnose diagnostizieren.

Was aber hat es mit dem »typischen« Augenschluß bei Einleitung eines Hypnosezustandes auf sich? Für die Effizienz der Hypnose spielt die Lenkung bzw. Ablenkung der Aufmerksamkeit des Probanden eine entscheidende Rolle. Bei geschlossenen Augen ist seine Aufmerksamkeit weniger gestört. Es ist allerdings ein Trugschluß zu meinen, jeder Augenschluß charakterisiere auch bereits den eingetretenen Hypnosezustand.

Ein Bann wider Willen

Es gibt Menschen, die bereits bei der Einleitung der Hypnose in einen intensiven Hypnosezustand kommen, ohne die Augen geschlossen zu haben. Dazu ein Beispiel: Herr W. war mit Freunden in Paris, um ein neues Auto zu kaufen. Er hatte viel Geld bei sich. In einem Restaurant wurde er offensichtlich gegen seinen Willen vom Nachbartisch aus von einem Hindufakir hypnotisiert. Herr W., der etwas Ahnung von Hypnose hatte, spürte den Versuch sehr deutlich und floh zurück in seinen Heimatort. »Seit dem Augenblick der Begegnung mit den Augen des Fakirs konnte

80

ich niemanden mehr ansehen«, schilderte er. »Weder meine Freunde, noch den Taxifahrer, noch – wieder zu Hause angekommen – meine eigene Frau.« Erst ein erfahrener Hypnosearzt, in diesem Fall mein Vater, konnte ihn in einer Hypnose durch festes Anschauen von diesem Bann befreien.

Ich habe immer wieder beobachten können, daß bei nicht sachgerechter Aufhebung des Hypnosezustandes die Augen des Probanden das Bedürfnis haben, sich wieder zu schließen. In dem Fall kann der Proband wieder in einen intensiven Hypnosezustand zurückfallen.

7 Eine Hypnosesitzung aus der Sicht des Hypnotisierenden

Eine Hypnosesitzung scheint vielen ein einfacher Vorgang zu sein. Wie kompliziert er wirklich ist, will ich jetzt darstellen.

Eine einfache Methode der Einleitung eines Hypnosezustandes ist die Fixationsmethode. Sie wird auch heute noch sehr häufig praktiziert. Fixieren heißt, sich mit den Augen auf einen festen Punkt oder Gegenstand zu konzentrieren. Nachdem der Proband Platz genommen hat, wird er vom Hypnotisierenden z. B. aufgefordert, einen Punkt an der Decke zu fixieren. Der Hypnotisierende begleitet ihn mit den Suggestionen: »Sie werden langsam müde und schläfrig. Ihre Augenlider fangen jetzt an und werden schwer, immer schwerer, das Müdigkeitsgefühl nimmt mehr und mehr zu. Ihre Augen schließen sich ganz fest.«

Der Hypnotisierte gleitet auf diese Weise langsam in einen veränderten Bewußtseinszustand, den Hypnosezustand, indem er die Umschaltung von der linken zur rechten Hemisphäre seiner Gehirnaktivitäten vollzieht. Mit weiteren entsprechenden, rasch aufeinanderfolgenden Suggestionen wird der Proband jetzt in einen intensiven Hypnosezustand gebracht. Ein Rapport zwischen Hypnotisierendem und Hypnotisiertem stellt sich ein. Die Ansprechbarkeit aus der Umgebung entfällt für den Probanden immer mehr. Ca. 25 Minuten nach Einleitung des Hypnosezustandes können wir – so meine Forschungsergebnisse – von einem intensiven Hypnosezustand sprechen (siehe Abb. 13). Ab diesem Zeitpunkt können die eigentlich erwünschten positiv programmierenden Suggestionen durchgeführt werden.

Eine weitere Methode der Hypnoseeinleitung ist die Faszinationsmethode. Bei ihr fixiert – im Gegensatz zur ersten Methode – der Hypnotisierende die Augen bzw. die Stirn des Probanden. Dabei wird der Proband aufgefordert, den Hypnotisierenden »ganz fest« anzuschauen. Im Gegenzug starrt der Hypnotisierende dem Hypnotisierten für einige Zeit ohne Wimpernzucken fest in die Augen. Diese Faszinationsmethode, die Abbé Faria aus Indien nach Paris mitbrachte, hat sich bis zum heutigen Tag – insbesondere bei den versierten Hypnosespezialisten – erhalten. Wesentlich bei diesem Verfahren ist, daß der Hypnotisierende die Augen des Probanden fixiert, und nicht – wie irrtümlich oft angenommen wird – die Tatsache, daß die Versuchsperson die Augen des Hypnotisierenden fixiert. In der Praxis werden auch hier begleitende Verbalsuggestionen wie Müdigkeit, Schläfrigkeit und vor allem Schwere der Augenlider gegeben. Bei dieser Methode kann man besonders gut das schon beschriebene Flattern der Augenlider bei Eintritt der Hypnose beobachten, und schließlich schließen sich die Augenlider. Gelegentlich kommt es vor, daß sich der Faszinationseffekt so stark auswirkt, daß der Proband die Augen starr offenhält und nicht mehr in der Lage ist, sie selbständig zu schließen. Hier hilft meist eine leichte Handbewegung von der Stirn aus nach unten. – Sie erinnern sich an den Autokäufer in Paris: Hier handelte es sich um eine außergewöhnliche Faszinationsmethode, die wiederum nur mit der Faszinationsmethode aufgehoben werden konnte.

Eine dritte Einleitungsmethode ist die Konfusionsmethode. Konfusion heißt Verwirrung. Hierbei geht es darum, daß der Proband zur Verwirrung des Gehirns mit entsprechend sinnlosen Worten und Sätzen konfrontiert wird, wie ich es in Kapitel V beschrieben habe. Die Konfusionsmethode ist eine sehr alte Methode; ich habe zum ersten Mal in der Literatur über alten Schamanismus im Norden und Nordosten Europas bis nach Asien hinein darüber gelesen. Eigenartigerweise war diese Methode Ericksons Steckenpferd.

Wachmachen – Probleme, Gefahren, geschickte Strategien

Ein sehr wichtiger Vorgang ist die Ausleitung (auch Desuggestion/Entsuggerierung genannt), d. h. die Rücknahme des veränderten Bewußtseinszustandes der Hypnose. Es mag grotesk klingen, aber jeder, der sich mit Hypnose beschäftigt, sollte wissen, daß die sach- und fachgerechte gute Aufhebung des Hypnosezustandes im Interesse des Probanden und seiner Gesundheit im Vordergrund zu stehen hat.

Wir brauchen bei dem »Weckvorgang« einen einwandfrei funktionierenden Rapport. Der Hypnotisierte muß die Suggestionen des Hypnotisierenden unbedingt befolgen. Einem unerfahrenen Hypnotisierenden kann der Rapport verloren gehen, es kann auch im Charakter des Probanden liegen, nicht jede Aufforderung oder jeden Befehl zu befolgen – was für eigensinnige Menschen typisch ist. Dann kann es bei der Rücknahme des Hypnosezustandes für den nicht versierten Hypnotisierenden kritisch werden.

Ich habe es auch immer wieder erlebt, daß sich Hypnotisierte im veränderten Bewußtseinszustand so wohlfühlten, daß sie sich vehement weigerten, dieses schöne Erlebnis abzubrechen. Von größter Wichtigkeit ist, zu wissen: Es gibt im Falle eines Scheiterns des »Weckvorgangs« keine rationalen Ansprechmöglichkeiten des Hypnotisierenden gegenüber dem Probanden auf der rationalen Ebene, wie wir dies im Normalbewußtsein kennen. Es gibt also keinen Weg, mit einer rationalen Verhaltensaufforderung das Experiment zu beenden, das bedeutet, man erreicht den Probanden nicht mehr.

Aus meinen Forschungen wissen wir, daß die Hauptsteuerung unseres Verhaltens und unseres Organismus im Hypnosezustand praktisch vollkommen rechtshemisphärisch abläuft. Hier liegt die Wahl der Strategie: Weil der Hypnotisierende die Tatsache kennt, spricht er den Hypnotisierten auf der emotionalen Ebene an. Nach dem Cerebralen Dominanzenmodell wissen wir, daß die linke Hemisphäre (der rationale Bereich) im Hypnosezustand bis auf ein äußerstes Minimum reduziert ist, also für normale Situationen, wie es die einfache Aufweckformel darstellt, nicht ansprechbar ist.

Eine andere Intensität wäre bei einer Gefahrensituation für Leib und Seele des Probanden gegeben. In dieser Gefahr schaltet sich die linke Hemisphäre von selbst ein und der Proband springt selbständig aus der Hypnose heraus.

Ich selbst praktiziere seit Jahrzehnten die von meinem Vater übernommene Weckformel, die sich bestens bewährt hat. Sie lautet: »Ich zähle jetzt bis auf drei, bei drei sind Sie wieder bei vollkommen normalem Bewußtseinszustand, alle Organe arbeiten harmonisch zusammen wie beim gesunden nervenstarken Menschen, Sie fühlen sich wohl, frisch, ausgeruht, entspannt. Eins: Sie atmen tief ein, zwei: Sie atmen noch einmal tief ein, strecken die Arme kräftig und fest durch (es können auch Arme und Beine kräftig durchgedrückt werden) und drei: Kopf zurück, Augen auf. Sie sind wieder bei vollkommen normalem Bewußtseinszustand.«

Wichtig ist, daß sich der Hypnotisierende vergewissert, daß der Hypnosezustand tatsächlich aufgehoben ist. Wenn nicht, muß der Hypnotisierende in einem sofortigen Gespräch mit dem Probanden klären, warum er nicht aus dem Hypnosezustand heraus will. Falls der Proband dennoch weiter darin verharrt, hat sich bewährt, für den Probanden wichtige Ereignisse, die in Kürze anstehen, auszusprechen. Der Hypnotisierende sagt z. B. (falls der Hypnotisierte gerne Fisch ißt): »Es gibt zwar heute Fisch. Aber Sie wollen ja keinen. Sie wollen ja weiter hier sitzen.« Erfahrungsgemäß schaltet sich beim Probanden dann sofort von der rechten zur linken Hemisphäre ein Impuls ein und der Proband ist sofort im normalen Bewußtseinszustand. Dies konnte ich auch bei meinen Forschungen von einem Umschaltungsbild ablesen.

Jede andere Form von Signalen, die zuvor mit dem zu Hypnotisierenden abgesprochen und vereinbart wurde, kann ebenfalls als Kippschalterfunktion zum Abruf des Hypnosezustandes dienen. Showhypnotiseure verwenden oft die Untugend des Fingerschnippens wie beim Zur-Ordnung-Rufen eines Hundes oder Dressuraffens oder das In-die-Hände-Klatschen. Ich lehne diese Möglichkeiten aus human-ethischen Überlegungen strikt ab.

Es gibt schwerwiegende Gründe, warum ein Proband nicht aus der Hypnose »herauswill«. Es kann durch eine eingeleitete Hypnose auf der Grundlage einer neurotischen Fehlentwicklung zum Bedürfnis einer Spontananalyse kommen. Hier bedarf es dann des Eingriffs eines sehr erfahrenen Fachmannes. Bei Laienhypnotiseuren und Showhypnotiseuren haben solche Fälle schon schlimme Folgen verursacht: Bei den Probanden kann es auf kürzere oder sogar unabsehbare Zeit zu Störungen des Allgemeinbefindens bis hin zu Übelkeit, Kopfschmerzen und vegetativen Reaktionen kommen.

Ich hatte einen Patienten, der den Hypnosezustand immer wieder als besonders angenehm empfand. Als er sich eines Tages wieder in einem Hypnosezustand »aalte« und nicht in den normalen Bewußtseinszustand zurückkehren wollte – und das auch nach der zweiten Aufforderung nicht –, fiel mir seine Liebe zum Szegediner Gulasch ein. Er aß es für sein Leben gern, wie er immer wieder betonte. Ich erklärte ihm also in Hypnose: »Heute gibt es Szegediner Gulasch, aber wenn Sie jetzt nicht sofort in den normalen Bewußtseinszustand zurückkehren, dann laß' ich Sie hier sitzen. Dann gibt's nichts.« Das Ergebnis war frappierend. Dieter sprang mit einem Schlag aus seinem Hypnosezustand und war »hellwach«. Seine Liebe zum Szegediner Gulasch war dann doch größer als sein Bedürfnis nach einem »Hypnoserausch«.

Anhand dieses Beispiels läßt sich wieder deutlich erkennen: Selbst bei einem sehr intensiven veränderten Bewußtseinszustand der Hypnose kommt es, sobald etwas die tiefen persönlichen Interessen des Probanden tangiert, zu einer blitzartigen Umschaltung von der rechten zur linken Hemisphäre und der Proband ist wieder bei vollkommen normalem Bewußtseinszustand (siehe Dominanzenmodell, Abb. 5).

8 Neurophysiologischer Ablauf und spezifische bioelektrische Reizantworten

Die Registrierung der elektrischen Aktivitäten des Gehirns (EEG) ist eine objektive Methode, die uns auch eine generelle Aussage über die Wachheitszustände während des Hypnosezustandes gibt. In meinen Untersuchungen beschäftigte ich mich unter anderem mit der Frequenzanalyse der gehirnelektrischen Aktivität. Zu diesem Zweck bediente ich mich der Fourieranalyse (eine harmonisierende Analyse, benannt nach dem berühmten französischen Mathematiker J. Fourier). Bei meinen Forschungen waren die technischen Anordnungen folgendermaßen angelegt: Die Hirnströme wurden über das EEG zum Rechner geleitet, der für uns auch die Fourieranalyse nach einem vorgegebenen Programm durchführte. Wir konnten also die Entwicklung der einzelnen Spektren der Häufigkeitsverteilungen von 1 bis 26 Hertz deutlich sehen. Das Ergebnis wurde von einem Drucker ausgedruckt. Abschließend ist das jeweilige Ergebnis in einem übersichtlichen Balkendiagramm auf dem Bildschirm sichtbar. Dabei ist die Höhe des Balkens der Anteil der jeweiligen Frequenz (Abb. 13). Neben den üblichen EEG-Wellen, die ohne erkennbare Reizung des peripheren oder zentralen Nervensystems kontinuierlich ablaufen (Spontanrhythmen), lassen sich spezifische bioelektrische Reizantworten finden. Diese Reaktionspotentiale (evozierte Potentiale) finden sich nur in Hirnstrukturen, die mit den gereizten Rezeptoren oder Nervenbahnen verknüpft sind. Um diese evozierten Potentiale hervorzurufen, bediente ich mich eines Lichtreizes, der in unkontrollierter Folge von einem kleinen Lichtgenerator in Form eines gleichstarken Blitzes auf die Augen bzw. das Gesicht des Probanden einwirkte. Diese evozierten Potentiale waren jedoch in der Hypnose bei immer gleichbleibend starken Blitzen durch Suggestionen beeinflußbar. Sie ließen sich durch entsprechende Suggestionen vergrößern oder verkleinern.

Blitze aus dem letzten Weltkrieg

Bemerkenswert ist, daß auch andere Reaktionen, die zum Teil paradoxe Formen annehmen, eintreten können. Ich stellte fest, daß dies dann der Fall war, wenn beim Probanden eine entsprechende Konditionierung vorlag. So zeigte ein Proband in Verbindung mit unseren massiv auf ihn einwirkenden Blitzen plötzlich große Angsterlebnisse und berichtete von einer Situation, in der er bei einem sehr schweren Gewitter als Kind durch unglückliche Umstände aus seinem Elternhaus ausgesperrt war.

Ein anderer fühlte sich in die letzten Tage des zweiten Weltkrieges versetzt und erlebte das Einschlagen von Bomben und Granaten. Plötzlich fiel während dieser Experimente meinem Assistenten versehentlich eine Blechschale auf den Steinfußboden und verursachte einen Höllenlärm. Ich war der sicheren Überzeugung, der Proband wäre nun aus der Hypnose herausgesprungen. Unser Computerschirm überzeugte uns vom Gegenteil und ein weiterer Test mit dem Probanden ergab, daß er sich in intensivster Hypnose befand. Er war am EEG angeschlossen und zeigte weder eine körperliche Regung des Erschreckens noch Mimik in dieser Richtung. Auch ein Weckeffekt zeigte sich nicht.

Dieser »Zufall« brachte mir eine neue weitere Erkenntnis, nämlich die Entdeckung, daß der Weckeffekt (Arousaleffekt) im Hypnosezustand ausbleibt, wenn der Proband mit Lärm erschreckt wird. Es gibt hier also eine eigene Vigilanz. Im Schlafzustand z. B. oder in anderen bekannten Wachheitszuständen wäre dies nicht möglich; der Proband würde aus seiner ruhigen Haltung hochschrecken.

Im Hypnosezustand: Wo im Gehirn passiert etwas?

Haben wir bisher erfahren, daß es mit Eintritt des Hypnosezustandes zu einer Umschaltung der Gehirnaktivitäten von der linken zur rechten Hemisphäre bei allen Rechtshändern kommt – dies sind ca. 80% der westlichen Bevölkerung –, so schließt sich dem die nächste Frage an: Wo im Gehirn spielen sich diese Verschiebungen ab? Ist es ein

Prozeß, der sich in beiden Gehirnhemisphären in allen Arialen abspielt, oder ist es ein Prozeß, der sich nur in ganz bestimmten Arialen der jeweiligen Gehirnhemisphäre abspielt?

Auch hier war es wieder »Oberassistent Zufall«, der mir weiterhalf. Um meine bisherige Entdeckung, die Umschaltung der elektrischen Aktivitäten von der linken zur rechten Hemisphäre mit Eintritt des Hypnosezustandes weiterzuverfolgen und zu festigen, suchte ich nach einer noch besseren Technik der Gehirnstrommessung. Gerade hatten die amerikanischen Wissenschaftler ein EEG-Meßgerät entwickelt, mit dem ich nicht nur die Gehirnströme der linken und rechten Gehirnhälfte ohne große Komplikationen getrennt ableiten konnte, sondern in dessen Hardware auch eine Fourieranalyse integriert war. Das Gerät zeigte neben den üblichen Gehirnstromaufzeichnungen vorrangig eine landkartenartige bildhafte Aufzeichnung der gesamten elektrischen Gehirnaktivitäten und deren lokale Frequenzen (Abb. 1 und 16).

Eines der ersten drei Geräte dieser Art, die in Deutschland im Einsatz waren, dienten auf diese Weise der weiteren Erforschung des Hypnosezustandes in meinem Institut. Dank dieser sogenannten Maps (Gehirnlandkarten mit den lokalen Darstellungen der elektrischen Aktivitäten in den jeweiligen Gehirnhälften) konnte erstmals der Hypnosezustand rechts hinten seitlich (rechtslateral-okzipital) als Bereich starker elektrischer Gehirnaktivitäten diagnostiziert werden (Abb. 15 und 16). Bisher wußten wir, daß es mit Eintritt des Hypnosezustandes zu einer Verschiebung der elektrischen Gehirnaktivitäten von der linken zur rechten Gehirnhälfte kommt. Nun hatten wir den Nachweis für den eigentlichen Ort der erhöhten Aktivitäten im Hypnosezustand – seitlich am Hinterhaupt rechts. Der Hypnosezustand ist also keine hypothetische Vorstellung mehr, wie noch manche Autoren zu glauben wünschen, sondern ein wissenschaftlich nachgewiesener und meßbarer Vorgang in unserem Gehirn, der im engen funktionellen Zusammenhang mit den Cerebralen Dominanzen steht.

9 Hypnose aus kybernetischer Sicht

Vor meiner Entdeckung der Cerebralen Dominanzen bediente ich mich einer anderen Betrachtungsweise, um die Hypnose besser zu verstehen. Ich sah sie aus kybernetischer Sicht, die auch heute noch ihre Gültigkeit hat und die ich dem Leser nicht vorenthalten möchte.
Zunächst: Was ist Kybernetik bzw. eine kybernetische Betrachtungsweise? Kybernetik ist die Wissenschaft von der Informationsverarbeitung und der Steuerung abstrahierter, d. h. verallgemeinerter Systeme, die bestimmte wesentliche allgemeine Eigenschaften und Verhaltensweisen realer Systeme der verschiedensten Bereiche der Wirklichkeit widerspiegeln (siehe auch Kapitel III). Begriffe wie Information und Steuerung gehören zum Grundkonzept. Die in den kybernetischen Systemen ablaufenden Prozesse werden vorzugsweise unter dem Gesichtspunkt der Aufnahme, Übertragung und Nutzung von Informationen betrachtet, während sie von den zugleich beteiligten Vorgängen materieller und energetischer Art abstrahiert werden. Damit zusammenhängende Begriffe sind die des Signals, der Kodierung und der Modulation.
Auch beim Ablauf der Hypnose finden wir diese Begriffe in gleicher oder ähnlicher Form wieder. Vom Hypnotisierenden heißt es hin und wieder, daß seine Kraft eine bestimmte Energie auf den Probanden übertrage. Diese Einstellung hat ihre Anhänger und ihre Gegner. Viele meinen, nur die Suggestion allein wirke und alles andere sei Okkultismus (dieser Begriff meint die Lehre von vermutlich

90

übersinnlichen, nach Naturgesetzen bisher nicht erklärbaren Kräften).

Wir wollen die Sachlage einmal untersuchen. Schon mein Vater stellte durch seine mehr als vierzigjährige Praxis als Hypnosearzt (er war ursprünglich Chirurg und Gynäkologe) fest, daß es bestimmte Schwingungen zwischen den Menschen gibt. Er hatte es sich zur Gewohnheit gemacht, vor Beginn jeder Hypnosebehandlung die Schwereübung des autogenen Trainings nach I. H. Schultz durchzuführen. Er machte das mit allen Patienten, die er zu einer Therapiegruppe zusammenstellte. Dieser entspannenden Übung folgte die Einzeltherapie. Nun kam es vor, daß sich Besucher – insbesondere Journalisten – bei meinem Vater über die Hypnosetherapie informieren wollten. Darunter auch einmal eine Journalistin, die ihm, nachdem sie an mehreren Sitzungen als Zuschauerin teilgenommen hatte, eines Tages erklärte, sie fühle sich nach diesen Besuchen wie umgewandelt. War sie vorher matt und erschöpft, so spürte sie danach ein körperliches Hochgefühl und Wohlbehagen.

Solche Phänomene habe ich auch beobachtet, und sie brachten mich zu der Überzeugung, daß es eine Energieübertragung zwischen Hypnotisierendem und Hypnotisiertem gibt. Mehr noch, es gibt eine vom Gehirn ausgehende sogenannte Mentalsuggestion, die – wie wir aus Kapitel III wissen – genauso wirksam sein kann wie eine direkte verbale suggestive Beeinflussung.

10 Zweisprachige Hypnose

Vor etwa dreißig Jahren entdeckte ich ein seltsames Phänomen: Ich hatte einem Patienten, der mit Sicherheit die Bedeutung medizinischer Fachausdrücke nicht kannte, während des Hypnosezustandes die Suggestion gegeben,

es käme jetzt zu einer »Dilatation der Gefäße« der rechten Hand. Das bedeutet schlicht, daß sich die Gefäße der rechten Hand erweitern. Tatsächlich trat eine sichtbare Erweiterung der Gefäße, aber auch eine massive Rötung der Handoberfläche mit einer geringfügigen Erwärmung ein. Der Patient folgte einer Suggestion, deren Inhalt und Sinn ihm im Tagesbewußtsein völlig unzugänglich war. Das ging schon daraus hervor, daß er mich nach der Hypnosesitzung fragte:»Herr Doktor, was ist eine Dilatation?«
Ich habe dieses Phänomen – das mir wieder einmal »Oberassistent Zufall« zugespielt hatte – dann systematisch untersucht und festgestellt: Die Versuchspersonen reagieren auf Suggestionen aus Worten aus ihnen völlig fremden Sprachen, ohne im Tagesbewußtsein überhaupt eine Ahnung von dem Inhalt der Suggestionen zu haben. Wir starteten eine Testreihe, wobei wir deutsche medizinische Fachausdrücke ebenso verwandten wie türkische, russische, polnische und französische Begriffe. Der Inhalt der Ausdrücke war so gewählt, daß diese Suggestionen Reaktionen nach sich ziehen müßten: Weinen, Durstgefühl, Juckreiz und andere. Die Suggestionen verursachten Reaktionen, die alle über das autonome Nervensystem abliefen und dem bewußten Willen weitgehend entzogen waren. Unsere Ergebnisse waren so überraschend, daß wir in Zusammenarbeit mit Professor F. Granone und seinen Mitarbeitern vom Hypnoseinstitut der Mailänder Universität einen Hypnose-Demonstrationsfilm mit dem Titel »Ipnosi bilingue« (die zweisprachige Hypnose) drehten. Dieser Film zeigt deutlich, daß Probanden Suggestionen in ihnen unbekannten Sprachen genau befolgen.
Von ähnlichen Experimenten berichtete der russische Professor und Wissenschaftler L. L. Wassiliew in seinem Buch »Experimentelle Untersuchungen der Mentalsuggestion«. Wassiliew machte Experimente, in denen Probanden im Zustand der Hypnose verharrten und in einer fremden

Sprache oder nonverbal (aber auch in einer fremden Sprachen gedacht) den Auftrag erhielten, eine ihnen aufgegebene Tätigkeit – wie etwa das Anheben einer Körperextremität – in eine sichtbare Aktion umzusetzen. Es waren Handlungen, die von der Skelettmuskulatur ausgeführt werden mußten und über das bewußt gesteuerte Nervensystem liefen.

Meine weiteren Experimente waren komplizierter und schwieriger. Meine Probanden bekamen einen posthypnotischen Auftrag. Sie wurden danach aus dem hypnotischen Zustand herausgeholt, um in der Zwischenzeit andere Dinge zu tun, bis die Postsuggestion wirksam wurde und sich erfüllte. Dabei wurden sie jedoch ständig von Pflegern der Pfälzischen Nervenklinik, in der ich damals als Arzt tätig war, bei ihren Tätigkeiten bis zur Verwirklichung der posthypnotischen Suggestion unauffällig beobachtet. Die Ergebnisse waren frappierend: Die Patienten führten genau nach angegebenem Zeitplan – also 20 oder 30 Minuten oder eine Stunde nach der gegebenen Suggestion – den posthypnotischen Auftrag aus, der ihnen in einer ihnen fremden, unbekannten Sprache vorgegeben wurde. Sie bekamen also etwa nicht nur Durst, sie bekamen diesen Durst auch genau zu dem ihnen vorgegebenen Zeitpunkt.

Ich erinnere mich an einen Patienten, der nach abgelaufener Zeit in sein Zimmer lief und eine Flasche Sprudelwasser mit einem Zug austrank. Ich fragte ihn, was denn los sei, und er antwortete mir, er könne sich nicht erinnern, jemals einen solchen Durst gehabt zu haben.

Solche Beispiele gibt es viele. Selbstverständlich ist natürlich, daß das Klinikpersonal über Wesen und Inhalt der Testsuggestionen nicht informiert war. Sie waren lediglich beauftragt, darüber Protokoll zu führen, was die Probanden in der entsprechenden Zeit taten.

Anhand dieser Experimente können wir nachweisen, daß

Suggestionen – im veränderten Bewußtseinszustand der Hypnose in Auftrag gegeben (Posthypnose) – mit an Sicherheit grenzender Wahrscheinlichkeit den Empfänger, das Organ oder das Organsystem erreichen. Bedenken wir: Die Informationen mußten von den Patienten während der Hypnosesitzung aufgenommen und gespeichert werden, sie mußten gespeichert bleiben und sollten sich erst nach einem bestimmten Zeitablauf in Aktion setzen. Ein Vorgang, der sich aus kybernetischer Sicht relativ leicht verstehen läßt. Der medizinisch-wissenschaftliche Wert dieser Beobachtungen muß selbst bei sehr kritischen Betrachtern darin gesehen werden, daß es im Hypnosezustand zu Speicherungen von Informationen kommt – und zwar auch im vegetativen Bereich, den wir von unserem Bewußtsein aus nicht erreichen können.

Wie wir eingangs gesagt haben, werden im kybernetischen System ablaufende Prozesse vorzugsweise unter dem Gesichtspunkt der Aufnahme und Übertragung von Informationen betrachtet. In unserem Fall kam es in der Hypnose zu einer Speicherung von Informationen, deren Inhalt die betreffende Person bewußt und verstandesgemäß nicht erfassen konnte und die doch in irgendeiner Form decodiert (entschlüsselt) wurde und beim Organ des Empfängers eine Aktion auslöste. Es kommt also tatsächlich zu einer Steuerung eines Organs bzw. Organsystems. Was mir besonders dabei auffiel, war der Umstand, daß ich diese Hypnose-Erfolge nur erreichen konnte, wenn ich mich im Vollbesitz meiner Kraft fühlte. Ließ meine Konzentration nur etwas nach, waren die Erfolgsquoten gleich geringer.

Untersuchen wir nun, wie es zu diesen Übertragungen kommt, wie es möglich ist, daß unverstandene Informationen auf einer bestimmten Ebene in uns doch verstanden, sozusagen umgewandelt und dann ausgeführt werden: Unsere Informationssysteme sind Nerven und entsprechende Hirnregionen. Jeder von außen einwirkende Reiz auf den Organismus wird in elektrische Signale umgesetzt, deren Zeitmuster für das Gehirn verständlich sind. Einerseits empfängt der Mensch Informationen aus seiner Umwelt (Input) und reagiert andererseits auf seine Umwelt (Output). Dazwischen spielt sich alles ab, was den Menschen ausmacht: Wahrnehmungen, Gedanken, Emotionen und vieles mehr. Unser Gehirn ist mit seinem Informationsverarbeitungs- und Speichersystem mit direkten Zwischen- und Seitenschaltungen einem Computer vergleichbar (Abb. 3).

Wie jeder Vergleich hinkt aber auch dieser; denn Elektronengehirne werden nicht rot vor Zorn. Einem Computer schlägt eine Falschmeldung nicht auf den Magen! Betrachten wir die Hypnose als Instrument, als einen kybernetischen Vorgang im Sinne der ursprünglichen Definition, die ich vorgestellt habe. Nun stellen wir Parallelen und Analogien zwischen einem lebendigen Organismus und einer Maschine her. Wir können dann zunächst sagen, daß der Hypnotisierende als Sender fungiert – wie bereits beschrieben –, nachdem er sich zuvor in seinem Gehirn eine genaue Vorstellung des von ihm zu übertragenden Vorstellungsbildes in Form eines Befehles (Suggestion) gemacht hat. Nach I. H. Schultz hat jede feste Vorstellung die Tendenz, sich zu verwirklichen. Das gilt nicht nur für das autogene Training, sondern erst recht für die Hypnose. Der Sender (Hypnotisierender) gibt Signale weiter, die vom Empfänger (Proband) aufgenommen werden. Auch dies sind wesentliche Begriffe des kybernetischen Systems.

Ein Beispiel hierzu: Der Proband sitzt an einem Tisch, auf dem ein Buch liegt, das er posthypnotisch holen soll. Im Sender (Hypnotisierender) entsteht ein genaues Vorstellungsbild von den Bewegungen, die erforderlich sind, um das Buch zu greifen. Mit all seinen Sinneswahrnehmungen imaginiert er den Handlungsablauf. Dieses innere Bild übermittelt er, möglicherweise auf für uns bis heute noch unvorstellbaren Wellen, nonverbal als Mentalsuggestion dem Empfänger. Das Informationsmuster wird in elektrische Signale umgesetzt, es entsteht beim Empfänger zunächst ein geistiges Bild mit dem Wunsch, das Buch zu nehmen.

Ähnlich stellt sich der Ablauf vieler hypnotischer Anweisungen dar. Immer ist es der Hypnotisierende, der sich als erster ein Vorstellungsbild vom Ablauf eines Geschehens macht. Dieser Vorstellungsablauf wird verbal in Form einer Suggestion oder nonverbal in Form einer Mentalsuggestion weitergeleitet und beim Probanden umgesetzt.

11 Uri Geller wird genarrt

In den siebziger Jahren machte ich auf dem internationalen Parapsychologie-Kongreß in Genua meine »nonverbale Bekanntschaft« mit dem Showmaster parapsychologischer Experimente Uri Geller. Es war ein Abend, an dem ich zu Späßen aufgelegt war, sonst wäre ich nicht auf den Gedanken gekommen, Herrn Geller auf meine Art narren zu wollen.

Herr Geller stand mit verbundenen Augen auf der großen Bühne des Kongreßhauses. Er war anläßlich dieses Kongresses zur Vorführung seiner Begabungen eingeladen worden. Man hatte ihm zur Rechten und zur Linken zwei strenge Beobachter als Aufpasser postiert. Seine erste Aufgabe bestand darin, mit verbundenen Augen die Farben des Kleides einer Dame aus dem Publikum zu nennen. Schon diese erste Demonstration sollte ihm nicht gelingen! So jedenfalls dachte ich und gab ihm mentalsuggestiv falsche Farben ein. Doch mein Störmanöver gelang mir noch nicht überzeugend: trotz meiner Beeinflussung gelang es ihm, eine von sechs Farben richtig zu nennen.

Seine nächste Vorführung sollte mir eine bessere Gelegenheit bieten. Eine Dame aus dem Publikum erhielt den Auftrag, ein Tier groß und deutlich auf eine Schultafel, die ca. drei bis fünf Meter hinter Uri Geller aufgestellt war, zu zeichnen. Herr Geller stand mit verbundenen Augen in der Mitte des vorderen Abschnittes der Bühne, seine Kontrolleure wieder zu beiden Seiten. Die Dame zeichnete auftragsgemäß ein Tier: es war eine große, deutlich erkennbare Weinbergschnecke.

Uri Geller begann Bild und Form des gemalten Tieres zu erfassen. Jetzt spielte ich ihm meinen Streich; mental sagte ich zu ihm: »Du siehst jetzt keine Schnecke! Was du siehst, ist eine Mücke, nichts als eine Mücke kannst du wahrnehmen! Eine Mücke siehst du, nichts als eine Mücke!« Ich konzentrierte mich intensiv auf die Mücke, die Uri Geller sehen sollte. Tatsächlich zeigte Uri Geller mittlerweile etwas Hilflosigkeit, denn er hatte bereits seine übliche Zeit, die Dinge zu benennen, überschritten und kommentierte mit den Worten: »I'm sorry, I don't get it«, »Es tut mir leid, ich bekomme es nicht«. Kurze Zeit später sagte er auf deutsch: »Was ich sah, war ein Insekt.« Diesmal war es mir gelungen, ihn vollkommen zu narren.

Jetzt kam ich erst richtig in Fahrt und ganz gleich, ob es um das Schlüsselverbiegen ging oder um stehengebliebene Uhren, die er wieder zum Laufen bringen wollte – nichts gelang ihm! Erst durch das Eingreifen meiner Frau, die neben mir saß, ließ ich von meinem Tun ab.

Vor einigen Jahren traf ich Uri Geller auf einem internationalen Kongreß wieder, wir erinnerten uns beide an die »skandalöse Vorführung« in Genua und amüsierten uns köstlich.

Diese Vorgänge sind wissenschaftlich noch nicht verifizierbar, weil es uns gegenwärtig noch an entsprechenden Meßeinrichtungen fehlt. Aber es sind Fakten, die nicht von der Hand zu weisen sind.

12 Das Filtersystem im Gehirn

Ohren und Augen sind die klassischen Empfangspforten zu unserem Bewußtsein und damit auch zum Analysefilter des sogenannten Zensors der linken Gehirnhemisphäre. Der Input – das sind sowohl die die Hypnose auslösenden Informationen als auch die in der Hypnose programmierten Informationen – fließt zur Kontrolle in die linke Hemisphäre des Bewußtseins ein (Zensor). So werden scheinbar brauchbare und nicht brauchbare Informationen nach den Prinzipien von Verstand, Vernunft, aber auch den allgemeinen Erfahrungen im Bewußtsein ausgefiltert und damit einer Gedächtnisspeicherung ferngehalten. Dies geschieht immer dann, wenn die Maschen des Rastersystems, also des Analysefilters, sehr eng gestellt sind. Und dies ist im Zustand des normalen Bewußtseins immer der Fall.

Schon hier möchte ich bemerken, daß nicht nur die einfließenden Informationen diesem Kontrollsystem unterworfen sind, sondern ebenso die aus dem Gehirn, aus unserem Speichersystem Gedächtnis und Kreativität der rechten Hemisphäre ausfließenden Inhalte und Informationen (Output). In der Hypnose ist im Gegensatz zum Normalbewußtsein (Tagesbewußtsein) dieses Kontrollsystem der linken Hemisphäre durch eine weitgehende Inaktivität in seinen Maschen weitgestellt, d. h. Verstand, Vernunft und Logik sind bis auf ein Minimum reduziert. Nur so wird eine direkte Kommunikation mit allen Bereichen des menschlichen Gehirns in der Hypnose verständlich. Ich habe dies auf dem von mir entwickelten Modell Abb. 3 dargestellt. Im Zustand der Hypnose besteht also praktisch ein uneingeschränkter Informationsfluß vom Hypnotisierenden zum Gehirn des Hypnotisierten, der auch unbehindert in die rechte Hemisphäre gelangen und hier ins Unterbewußtsein integriert, gespeichert und bei Bedarf reaktiviert werden kann.

98

13 Wie und wann verschwindet eine Warze?

Was passiert, wenn ein Patient zu mir kommt, auf eine lästige Warze auf seinem Handrücken deutet und sagt, ich möge ihm diese doch bitte »wegmachen«? Nehmen wir an, es handelt sich bei dem Patienten nicht nur um eine geistig sehr aufgeweckte, sondern auch leicht dem Zweifel zugeneigte Persönlichkeit. Ich will damit sagen, daß seine Maschen im Filtersystem der linken Hemisphäre relativ eng gestellt sind. Wenn ich letztgenannte Tatsache nicht beachte, seine Vigilanz nicht verändere (ich belasse ihn im normalen Tagesbewußtseinszustand) und ihm erkläre, daß seine Warze binnen 14 Tagen verschwinden wird, wird mit an Sicherheit grenzender Wahrscheinlichkeit auch nach 14 Tagen mit der Warze nichts passiert sein; denn diese suggestive Information wird von seinem Filtersystem in der linken Gehirnhemisphäre als unlogisch abgeschmettert. Die Information kommt erst gar nicht ins Gehirn und schon gar nicht ins Unterbewußtsein. Hier kann also kein »heilendes« Gehirn aktiv werden.

Versetze ich dagegen diesen Menschen in den veränderten Bewußtseinszustand der Hypnose, so ändert sich das Rastersystem: Die Maschen werden weit und die gleiche Information kann jetzt durch den Filter der linken Hemisphäre bis ins Unterbewußtsein vordringen, integriert, gespeichert und wirksam werden. Das bedeutet, daß die linke Hemisphäre, also Verstand, Vernunft und Logik, in der Hypnose vollkommen durchlässig ist. Die Informationen dringen so in unser Unterbewußtsein ein und entfalten ihre Wirkung. In diesem Fall ist die Warze zweifellos nach 14 Tagen tatsächlich verschwunden. Dieser Vorgang ist nicht nur das Grundprinzip aller Heilungsabläufe im Hypnosezustand, sondern er ist das Modell zu allen anderen nichtmedizinischen Interventionen.

14 Gezielte Kommunikation mit dem Gehirn

Die Hypnose ist das einzige natürliche Verfahren, das wir
kennen, das eine direkte und gezielte Kommunikation mit
dem menschlichen Gehirn ermöglicht. Dies zeigt sich im
Hypnosezustand nicht nur beim Einbringen der Informationen in die rechte Hemisphäre, sondern auch bei den
verschiedensten Reproduktionsvorgängen aus der rechten
Hemisphäre, sei es aus dem diesseitigen Leben, aus Erbinformationen oder Reinkarnationen. Zum Output gehören
außer der Reproduktion der Dialog und der Feedback-
effekt (Abb. 3).
Viele Menschen sind der irrtümlichen Meinung, ein in Hypnose befindlicher Mensch sei eher mit einem Roboter,
der nur auf Befehle reagieren kann, vergleichbar, er könne
sich nicht selbständig mitteilen. Das ist nicht so. Nur im
Isolierrapport ist ein Hypnotisierter nur mit seinem Hypnotisierenden kommunikationsfähig. Hier handelt es sich
um eine Suggestion des Hypnotisierenden an den Probanden, der Rapport bestehe ausschließlich mit ihm und die
Umwelt sei ausgeschaltet.
Im »normalen« Rapport kann – wie ich es bereits beschrieben habe – der Hypnotisierende den Kommunika-
tionsbereich sogar auf andere anwesende Personen erweitern und es sind durchaus Diskussionen, Fragen und Antworten mit dem Hypnotisierten möglich. Eine sich in Hypnose befindliche Person kann – ähnlich wie beim
Brainstorming –, im erhöhten Bewußtseinszustand der
Hypnose sogar sehr viel exakter und dadurch mit enorm
erhöhter Kreativität und Aktivität der rechten Hemisphäre
nicht nur an einer Diskussion oder Fragerunde teilnehmen, sondern ganz aktiv seine kreativsten Erkenntnisse
einbringen. Daraus sehen wir: Hypnose beinhaltet immer
auch eine gewisse Dynamik.

15 Zugang zum impliziten Zustand

Hypnose eröffnet Empfangskanäle in die verschiedensten Richtungen. Sie ermöglicht uns u.a. den Zugang vom expliziten in den impliziten Zustand. Der englische Quantenphysiker und Philosoph D. Bohm versteht unter dem expliziten Zustand die entfaltete Ordnung unserer Realität in ihrer materiellen Gestalt, wie wir sie mit unseren Sinnen wahrnehmen können. Demgegenüber stellt er seine implizite oder eingefaltete Ordnung. Hier sind Raum und Zeit nicht mehr die ausschlaggebenden Faktoren, die die Beziehung zwischen den verschiedenen Elementen in ihrer Abhängigkeit und Unabhängigkeit voneinander bestimmen. Alles Materielle ist abstrahiert. Mit anderen Worten heißt das, hinter der uns sichtbaren Welt steht eine wesentlich größere unsichtbare Welt.

Quantenphysiker Burkhard Heim zur Hypnose

Ähnlich sieht es auch der mit mir befreundete Quantenphysiker und Verfasser mehrerer Bücher (z. B. »Einheitliche Beschreibung der materiellen Welt«, »Der kosmische Erlebnisraum des Menschen« und »Die Struktur der physikalischen Welt und ihre nichtmaterielle Seite«). Während der Entstehung des zuletzt angeführten Buches ist es Heim gelungen, erstmals den Nachweis einer nicht sichtbaren Welt zu erbringen. Hier liegt auch eine weitere Domäne der Hypnose, die nach den Überlegungen des amerikanischen Gehirnforschers Karl Bribram und des englischen Physikers Professor David Bohm und denen von Heim Zugang zur impliziten Ordnung bzw. Hyperraumdynamik verschaffen kann. Die Dynamik der Hypnose als Instrument reicht also von der einfachen Umsetzung einer Suggestion bis zum Zugang zur impliziten Ordnung und Hyperraumdynamik eines B. Heim.

Heim und andere Autoren stellen die Funktion des Gehirns als eigentlichen Produzenten von Gedanken und Informationsprodukten in Frage und sehen in ihm, insbesondere in der rechten Hemisphäre, mehr eine Art Transformator kosmischer Informationen aus der Hyperraumdynamik. Nach Heim ist die Hyperraumdynamik ein weit über Zeit und Raum hinweggestreckter Bereich.

Hierzu eine ausführlichere Erklärung zum besseren Verständnis:

Der dreidimensionale Raum, also die Abmessungen (Dimensionen) Länge, Breite und Höhe, ist jedem ein Begriff. Einstein hat diesem Raum, unserem Bezugsraum, noch die Zeit hinzugefügt und damit den vierdimensionalen Raum entdeckt. Nimmt man hierzu noch zwei weitere Dimensionen, läßt sich das nunmehr sechsdimensionale Raumgebilde, das sich unserer Vorstellungswelt entzieht, nur noch mathematisch erfassen und verstehen: Ein mathematisches Gesetz weist darauf hin, daß der vierdimensionale Raum nicht vollständig ist und noch zwei weitere Dimensionen fehlen. Die wahre Zahl ergibt die Zahl 6 für die sechs Dimensionen der materiellen Welt.

Diese sechs Dimensionen ergeben sich aus dem Energieprinzip der Erhaltungssätze, sie sind also energetisch bedingt.

Das Dimensionsgesetz wiederum erschließt aber bei sechs Dimensionen noch weitere sechs Dimensionen nichtmaterieller Art – Heim nennt diesen sechsdimensionalen Raum die nichtmaterielle Seite unserer Welt – und liefert somit die Zahl 12. Ein zwölfdimensionaler Raum ist auf unsere Welt bezogen ein Hyperraum. Der vierdimensionale Raum ist in dem sechsdimensionalen Raum enthalten, und der sechsdimensionale Raum ist in dem zwölfdimensionalen Raum enthalten.

Wenn auch keine Energie definiert ist, wirkt der sechsdimensionale Bereich nichtmaterieller Art drastisch auf unser Geschehen ein.

Von den Physikern so genannte »Wahrscheinlichkeitswellen« (die auch die Grundlage der quantentheoretischen Wellenmechanik bilden) steuern unsere Welt aus dem zwölfdimensionalen Hyperraum durch eine Abbildungskette ohne jeden Energieaufwand. Diese Wahrscheinlichkeitswellen werden in den von Einstein entdeckten vierdimensionalen Raum projiziert und steuern von dort aus unser Geschehen (»Mikrogeschehen«).

Wie wir wissen, wird im veränderten Bewußtseinszustand der Hypnose ein Übergang in den nichtmateriellen Bereich hergestellt. Es liegt also nichts näher, als davon auszugehen, daß der veränderte Bewußtseinszustand der Hypnose offensichtlich eine Kommunikationsbeziehung mit dem Hyperraum herstellen kann. Hinweis hierfür bieten die typischen Phänomene unter Hypnose, wie das Wegfallen des Zeitgefühls, und erhöhte Bewußtseinssituationen wie Hellsehen, Reinkarnation und parapsychologische Phänomene.

So bewirkt die Hyperraumdynamik, daß wir nicht nur aus dem Hyperraum gesteuert werden, sondern auch im veränderten Bewußtseinszustand der Hypnose Signale bzw. Gedanken mit Fragen und Problemen in den Hyperraum schicken und Antworten zurückerhalten. Solch ein Feedback nennen wir dann Intuition.

Tatsächlich können uns nach Heims Überlegungen viele Phänomene, die wir aus der Hypnose kennen, leichter verständlich werden.

Die immaterielle Seite fängt mit Eintritt der Gleichzeitigkeit verschiedener Ereignisse im Zustand der Hypnose an. Sie findet ihren funktionellen Höhepunkt in der Intuition. Die Intuition, die unseren Lebensverlauf beeinflußt, kann durch entsprechende Übungen sowohl in Hypnose als auch im Tagesbewußtsein trainiert werden.

16 Transformationen – Aktionen

Sie kennen jetzt die Hypnose aus der Sicht der Cerebralen Dominanzen und zum anderen Hypnose aus kybernetischer Sicht. Beide Perspektiven können jetzt zum besseren Verständnis der Ausführungsreaktion beitragen.

Betrachtet man die Hypnose aus der Sicht der Cerebralen Dominanzen, also der Umschaltung der elektrischen Aktivitäten von der linken zur rechten Hemisphäre, so können z. B. die Transformationen von Informationen verschiedenster Art (z. B. Kreativität) aus der rechten Hemisphäre über das weitgestellte Raster der Filteranalyse von Verstand, Vernunft und Logik der linken Hemisphäre als Output in Sprache, Gestik und Handlungen umgesetzt werden, d. h. wir können sie aus dem Informationspool des Unterbewußtseins ungehindert abrufen. Im umgekehrten Fall können Informationen von den Empfangsorganen Augen, Ohren etc. in Form eines Inputs durch den weitgestellten Filter der Hypnose zur rechten Hemisphäre ins Unterbewußtsein gelangen (Abb. 3, 16).

Es ist also der Hypnosezustand, der die Voraussetzung in der linken Hemisphäre schafft, indem er das Bewußtsein, den Verstand, die Vernunft und Logik so verändert, daß lebens- und persönlichkeitswichtige Informationen sowohl ins linke Gehirn einfließen als auch aus der rechten Hemisphäre, dem Unterbewußtsein, dem Informationspool all unserer gespeicherten Informationen einerseits und unserer kreativen Aktivitäten andererseits, ungestört zum Erfolgsorgan kommen können.

Nehmen wir noch einmal das Beispiel mit der Warze, die verschwinden soll. Befindet sich die Person mit der Warze an der Hand nicht im Hypnosezustand, wird die Information in Form des Inputs, die Warze solle verschwinden, im Bewußtsein unter der Kontrolle von Verstand, Vernunft und Logik – also der Filteranalyse – hängenbleiben bzw.

wird sogar aufgrund von vorliegenden Verstandes- und Vernunftinformationen abgeschmettert – und es passiert nichts.

Anders ist die Situation im Hypnosezustand. Hier kann die Information über das Empfangsorgan des Hörens als Input jetzt durch die weitgestellten Raster der Filteranalyse von Verstand, Vernunft und Logik der linken Hemisphäre ungehindert zur rechten Hemisphäre transformiert werden und damit zum Erfolgsorgan, in diesem Fall der Haut. Die Information, daß die Warze zu verschwinden habe, wird ins Unterbewußtsein integriert und als Information so eingepaßt, wie wir es von den verschiedensten Varianten des heilenden Gehirns in der Hypnose kennen. Es scheint die zurückfließende Information zum Erfolgsorgan so verwandelt zu sein, daß das Filtersystem der linken Hemisphäre die Information des Verschwindens der Warze als sein eigenes Produkt ansieht, sie also als das Produkt des Empfängergehirns identifiziert und als Output zum Erfolgsorgan – die Haut – freigibt. Ohne die Voraussetzung der Hypnose kommt es nicht zu einem Verschwinden der Warze.

Betrachten wir diesen Vorgang aus kybernetischer Sicht, so können wir den soeben geschilderten Prozeß als den erweiterten Prozeß zwischen Hypnotisierendem als Sender und dem Hypnotisierten als Empfänger beleuchten. Auch hier sprechen wir von einem Output, verstehen aber hierunter in diesem Fall die Information bzw. das Erregungsmuster oder Vorstellungsmuster, das als Vorstellungsbild vom Gehirn des Hypnotisierenden ausgeht und unter den besonderen Bedingungen eines Hypnosezustandes mit dem Inhalt, »daß die Warze auf dem Handrücken verschwindet«, nach den zuvor beschriebenen Abläufen der Cerebralen Dominanzen im Gehirn des Hypnotisierten aufgenommen und umgesetzt wird.

17 Vogtsches Experiment: Wurmstichiger Apfel, oder ...?

Ein typisches Beispiel sei hier aus der Geschichte der Hypnose und der Hypnoseforschung erwähnt. Der bekannte Hypnoseforscher O. Vogt wollte eines Tages im Jahr 1895 wissen: Was ist eine Neurose und was ist eine Hypnose?

Er hatte die geniale Idee, einem seiner Patienten eine Schale Äpfel hinzustellen und ihn vor Behandlungsbeginn zu fragen, ob er, der Patient, gerne Äpfel esse. Der Patient antwortete, er esse sehr gerne Äpfel. Vogt versetzte diesen Patienten nun in einen Hypnosezustand. Er gab ihm im ersten Abschnitt dieser Hypnosebehandlung die Suggestion, die Äpfel in der Schale seien wurmstichig, man könne sie nicht essen, sie seien ekelhaft, sie seien voller Würmer. Hierauf führte Vogt seinen Patienten wieder in den normalen Bewußtseinszustand zurück und bot ihm die Äpfel an. Sonderbarerweise verneinte der Patient das Angebot nicht mit den Worten, diese Äpfel seien wurmstichig, die könne man nicht essen, sondern er erklärte, es sei ihm nicht gut, er habe nicht gut gefrühstückt, möglicherweise sei auch sein Magen nicht ganz in Ordnung und er möge deshalb kein Obst essen. Vogt akzeptierte diese Erklärung zunächst, versetzte den Patienten wieder in den Hypnosezustand und fragte: »Warum können Sie die Äpfel nicht essen?« Daraufhin erklärte der Patient im Hypnosezustand, diese Äpfel seien voller Würmer, sie seien wurmstichig, das sei ekelhaft, so etwas könne man nicht essen.

Vogt erklärte dem Patienten nun in eben diesem veränderten Bewußtseinszustand der Hypnose, das sei nur ein Experiment gewesen – selbstverständlich könne man die Äpfel essen. Man könne ihnen auch ansehen, daß sie einwandfrei wären. Nun führte Vogt den Patienten in den normalen Bewußtseinszustand zurück und bot ihm nochmals die Äpfel an. Jetzt konnte der Patient mit großem Genuß einen Apfel essen.

Dieses Experiment habe ich in hundertfacher Form als Parameter für die Untersuchung der Interaktion von Psychopharmaka und Hypnose mit Erfolg als Test angewandt (hierzu siehe Kapitel VI). Nach dem von mir entwickelten Modell »Hypnose aus der Sicht der Gehirndominanzen« sind diese Phänomene, die Vogt bei seiner Nachforschung zum Thema »Hypnose – Neurose« beobachtet hatte, relativ leicht zu erklären: Es war Vogt ein Leichtes, einem in Hypnose befindlichen Probanden Informationen in sein Gedächtnis einzubringen, nachdem das Zensorsystem eben durch diese Hypnose reduziert war. So konnte über die rechte Hemisphäre in einem gewissen Sinne auch diese unwahrhaftige Information ins Gedächtnis eingebracht werden (Abb. 13).

Nachdem Vogt jedoch den veränderten Bewußtseinszustand der Hypnose wieder aufgehoben hatte und die linke Hemisphäre wieder in den normalen Bewußtseinszustand als Zensor zurückkehrte, trat das ein, was M. Gazzaniga, ein Mitarbeiter von R. Sperry, so ausdrückte: Die linke Hemisphäre konstruiert immer eigenständig. D. h. die linke Hemisphäre lieferte in diesem Fall eine rationale Ausrede. Es gab zwar im Gedächtnis des Patienten eine Information, daß etwas nicht ganz stimmt, und diese konnte in einer gewissen Form auch auf die linke Hemisphäre Einfluß nehmen. Die linke Hemisphäre konnte jedoch nicht erkennen, was die Ursache des eigentlichen Nichtessens oder Nichtessen-Könnens der Äpfel war, sondern sie konstruierte sich ihr eigenes Bild. So kam es, daß der Patient im normalen Bewußtseinszustand eine der Information nicht entsprechende Ausrede erfand. Erst nachdem wieder die Aktivitäten der linken Hemisphäre im Zustand der Hypnose reduziert wurden, konnte die Information, die über die rechte Hemisphäre funktionell gelaufen war, wieder in die linke Hemisphäre transformiert und so wieder bewußt gemacht werden.

18 Posthypnose – ihr Programmierungseffekt

Die Posthypnose gehört mit zu den wichtigsten Elementen der Hypnose, da sie den sichersten Gradmesser (Parameter) für eine vorausgegangene Hypnose darstellt. So habe ich bei den meisten meiner wissenschaftlichen Experimente – sei es die Interaktion von Hypnose und Psychopharmaka oder die Austestung des von mir entwickelten Multihypnophons (Abb. 2) – die Posthypnose als den sichersten Garanten eines vorausgegangenen Hypnosezustandes eingesetzt.

Was versteht man unter einer Posthypnose? Das Wort »post« kommt aus dem Lateinischen und heißt zu deutsch »nach« im Sinne von danach. Es ist also die »Danachhypnose«. Es ist der hypnoide Zustand, der sich im eigentlichen Hypnosezustand suggestiv einprogrammieren läßt. Ein einmaliges Phänomen, das der Hypnose eigen ist und die Palette der Effizienz der Hypnose ganz erheblich erweitert.

Praktisch läuft jede erfolgreiche Heilung im Hypnosezustand letztendlich über die Posthypnose. Man setzt die entsprechenden Suggestionen im eigentlichen Hypnosezustand, wobei es zu dem – in diesem Buch mehrfach beschriebenen – Programmierungseffekt im Unterbewußtsein, d. h. in der rechten Hemisphäre kommt. Die Zeitgabe von Minuten bis zu Stunden und Tagen, aber auch Wochen und Monaten zur Umsetzung des programmierten Inhaltes in Form der bereits beschriebenen Ausführungsreaktionen kann mit eingegeben werden (Abb. 3).

Die Posthypnose ist also im Prinzip nichts anderes als eine im Hypnosezustand programmierte und im Gehirn gespeicherte nachfolgende Aktion. Praktisch wird so vorgegangen, daß der Hypnotisierte im Hypnosezustand eine bestimmte Information oder einen bestimmten Auftrag suggeriert bekommt und nach der Programmierung und deren Speicherung im Gehirn in den normalen Bewußtseinszustand zurückgeführt wird. Er wird also wieder »geweckt«, wie der Volksmund es so gerne zu nennen pflegt. Der Hypnotisierte, der jetzt ein bestimmtes Programm in sich trägt, ist wieder vollkommen im normalen Tagesbewußtsein, ganz normal ansprechbar, man kann sich mit ihm unterhalten. Er kann aber auch eigenständig Dinge tun, sich frei bewegen, herumlaufen, Entscheidungen treffen, ja sogar Auto fahren. In der Phase zwischen dem primären, also dem vorausgegangenen Hypnosezustand und der Reaktion auf eine posthypnotische Suggestion ist der Träger eines posthypnotischen Befehls offensichtlich ganz frei und selbständig, wie jeder normale Mensch. Erst mit Eintritt der Posthypnose bis zum Abschluß der Aktion, wie sie das eingegebene Programm vorschreibt, ist der Hypnotisierte wieder in einem intensiven veränderten hypnoiden Bewußtseinszustand. In diesem Zustand verhält er sich für ganz kurze Zeit wieder genauso wie bei der Primärhypnose. Nach Abschluß des posthypnotischen Auftrags kehrt der Hypnotisierte automatisch wieder in das normale Bewußtsein zurück. Oft weiß er nicht, was er zwischenzeitlich getan hat. Allerdings kann die Erinnerung nach relativ kurzer Zeit zurückkehren, es sei denn, man habe ihn in seiner Erinnerung blockiert.

Ein Beispiel soll die Effizienz und die Macht der Posthypnose darstellen: Bei einem Vortrag vor einer Ärzteschaft des Saarlandes sollte mein Vater den anwesenden Kollegen den posthypnotischen Effekt vorführen. Er gab dem hypnotisierten Probanden den posthypnotischen Auftrag, den Saal zu verlassen, nach zwanzig Minuten zurückzukehren und sich offiziell von dem Vorsitzenden zu verabschieden. Vorsichtshalber hatte man dem Hypnotisierten seine Uhr abgenommen. Er sollte ohne wissentliche Zeitorientierung eine posthypnotische Reaktion demonstrieren. Weder im Saal noch außerhalb des Saales war eine Uhr vorhanden und die kritischen Kollegen ließen diesen posthypnotisch programmierten Mann nicht aus den Augen.

Nachdem mein Vater dem Hypnotisierten den posthypnotischen Auftrag gegeben hatte, führte er ihn in den normalen Bewußtseinszustand zurück. Der Proband verließ automatisch den Vortragsraum. Mein Vater setzte seinen Vortrag fort, als sei nichts geschehen. Nach ca. 20 Minuten kam es an der Saaleingangstür zu einem heftigen Tumult. Der posthypnotisch programmierte Proband versuchte mit Gewalt und Aggression, sich den Weg in den Saal freizubahnen, indem er schrie: »Ich muß jetzt da hinein, weg hier!« Man hatte versucht, ihm den Weg in den Saal zu versperren, vielleicht ein Akt der Türsteher oder neugieriger Ärzte, die gespannt waren, ob das Experiment auch wirklich durchgesetzt würde. Der Proband drückte und schob die ihn behindernden Türsteher und Ärzte beiseite, marschierte spontan auf den Vorsitzenden zu und verabschiedete sich – seinem posthypnotischen Auftrag entsprechend – mit Handschlag.

Die Posthypnose hat also nicht nur eine hohe Effizienz in ihrer Ausführung, sondern ist auch – wie Sie sehen konnten – sehr energiegeladen. Sie ermöglicht uns sowohl in der ärztlichen Praxis wie auch bei Persönlichkeitsentwicklungen in privaten und beruflichen Bereichen, aber auch im Sport und in der Kunst erfolgreich zu intervenieren.

Offen bleibt noch die Frage, wie die Zeit zwischen der Rückführung aus dem primären Hypnosezustand bis zum Eintritt der posthypnotischen Reaktion genau aussieht.

Eine Frage, die ihre Berechtigung hat, denn diese Zeitspanne kann, wie wir wissen, sehr lange dauern, also nicht nur Minuten oder Stunden, sondern auch Tage und Wochen. Die Zeit kann in der posthypnotischen Suggestion enthalten sein, aber auch durch ein zuvor in der Primärhypnose vereinbartes Signal von außen gesteuert werden. So ist es z. B. denkbar, daß ein posthypnotischer Effekt erst im Zusammenhang mit einem vorgegebenen Signal oder einer vorgegebenen Situation ausgelöst wird.

Der Zwischenzustand bis zum Inkrafttreten der posthypnotischen Suggestion scheint unseren Forschungsergebnissen, insbesondere unseren Brainmapping-Beobachtungen zufolge, zumindest in der ersten Stunde eher ein unterschwellig hypnoider Zustand zu sein als ein ganz normaler Bewußtseinszustand. Und dies, obwohl keinerlei äußerliche Anzeichen eines veränderten Bewußtseinszustandes erkennbar sind.

Grundsätzlich gilt alles, was über den Hypnosezustand gesagt wurde, auch für den posthypnotischen Zustand. So sind der Posthypnose bei genauerem Hinsehen praktisch alle im Hypnosezustand erzielten Dauereffekte, sei es in der Medizin, im Beruf oder Sport, zuzuschreiben. Alle programmierenden Informationen fließen über die linke in die rechte Hemisphäre ein und werden von dort so umgesetzt, als seien es die Eigenprodukte des Gehirns des Probanden und nicht die des Hypnotisierenden.

19 Hypnosepotential, ein erlerntes Kapital

Das Hypnosepotential stellt eine Vorleistung der Hypnotisierbarkeit eines Menschen auf Lebenszeit dar. In nicht seltenen Fällen erfordert das Erlernen des Hypnotisiertwerdens eine lange Vorbereitungszeit. Ein Mensch jedoch, der einmal gelernt hat, hypnotisiert zu werden, hat eine Vorleistung erbracht, die ihm im Bedarfsfall die Möglichkeit eröffnet, sofort in jede Art von Hypnosebehandlung einzusteigen und sich damit diese Vorbereitungszeit zu ersparen. Das »Hypnosepotential« beruht auf den insgesamt über siebzigjährigen ärztlichen Erfahrungswerten von meinem Vater und mir mit der Hypnosetherapie. Auf dem internationalen Kongreß für Hypnose im April 1993 in Mailand berichtete ich zum ersten Mal von unseren Entdeckungen und langjährigen Beobachtungen, die den Verwendungswert der Hypnose und ihre Rentabilität in ein neues Licht stellen, unter dem Titel »Hypnosis as an advanced therapy for lifetime« (»Hypnose als eine vorausgeschrittene lebenslange Therapie«). Erfahrungen mit einer Reihe von Patienten, die sich im Laufe vieler Jahre wegen der verschiedensten Beschwerden einer Hypnosetherapie bzw. einem Hypnotraining unterzogen haben, zeigen eindeutig, daß sich bei allen weiteren Behandlungen, die nach der Erstbehandlung folgten, die Vorbehandlungszeit des Erlernens des Hypnotisiertwerdens erübrigte (Abb. 4). Diese erworbene Fähigkeit hält unvermindert ihr ganzes Leben lang bis ins hohe Alter an.

Die Kostenreduzierung

Man kann also sofort mit der eigentlichen Behandlung beginnen. Dies bedeutet eine Zeiteinsparung von mindestens vier Wochen. Da Zeit aber auch Geld ist, ist damit automatisch eine erhebliche Kostenreduzierung verbunden.

Allerdings ist der Proband, der einmal gelernt hat, hypnotisiert zu werden, für jede Hypnose offen. Dies ist auch der Grund, warum wir jeden von uns hypnotisierten Menschen durch eine entsprechende Blockierungsformel gegen ein unerwünschtes Hypnotisiertwerden von Nichtbefugten schützen müssen.

Eine Schutzformel folgenden Inhalts etwa ist vor dem »Weckvorgang« jeder erfolgreichen Hypnosesitzung einzuprägen: «Nur ein anerkannter Hypnosearzt oder ein in Hypnose ausgebildeter klinischer Psychologe ist in der Lage, Sie wieder in den veränderten Bewußtseinszustand der Hypnose zu versetzen. Sonst reagieren Sie nicht, sondern sind Hypnose gegenüber völlig immun.« Ich konnte diese Schutzformel bei einer Reihe meiner Patienten in ihrer Wirksamkeit gegenüber Showhypnotiseuren austesten und ihren sehr erfolgreichen Effekt persönlich miterleben.

Noch ein Beispiel für das Hypnosepotential: Im Alter von 20 Jahren kam ein Patient infolge einer neurotischen Fehlentwicklung für längere Zeit in meine Hypnosebehandlung. Er hat dabei gelernt, hypnotisiert zu werden (Abb. 6). Mit 25 Jahren zog er sich beim Fußball eine Sportverletzung zu. Im Normalfall käme es nicht nur zum Ausfall als Spieler, sondern u. U. auch zur vorübergehenden Berufsunfähigkeit infolge einer Bänderzerrung. Er jedoch hatte ja bereits gelernt, hypnotisiert zu werden, und dank dieses Potentials konnte seine Bänderzerrung schnell und sicher ohne lange Vorbereitungszeit mit Hypnose behandelt und vollkommen ausgeheilt werden.

Im Alter von 35 Jahren mußte dieser Patient zum Zahnarzt. Er hatte Angst. Aber er hatte zum Glück sein Hypnosepotential im Hintergrund. Auch hier kann im Bedarfsfall ein in Hypnose ausgebildeter Zahnarzt sofort mit seiner Behandlung beginnen und es bedarf keiner größeren Anlaufzeit. Im Notfall könnte auch hier ein in Hypnose ausgebildeter Humanmediziner die entsprechende Hypnosevorbereitung für die Zahnbehandlung vornehmen.

Man könnte das Spiel beliebig ausdehnen. Der Patient könnte die verschiedensten Trainingsarten in Hypnose absolvieren, sei es im Sport, im Berufsleben oder in der Kunst, im Singen, im Malen. Überall steht das Hypnosepotential bei entsprechender Sachkenntnis zur Verfügung.

Sogar im fortgeschrittenen Alter von 70 oder 80 Jahren könnte man bei einem in Hypnose trainierten Menschen z. B. einen Schlaganfall mit Lähmungserscheinungen durch entsprechende Suggestionen in der Wiederaktivierung wesentlich und sehr schnell behandeln. Das Hypnosepotential stellt also eine Kapitalanlage für ein ganzes Leben dar und kann in den verschiedensten Situationen zum Einsatz gebracht werden. Es lohnt sich für jeden, sich durch den Erwerb eines Hypnosepotentials auf die Stunde – wie es einmal Raikov zum Ausdruck brachte – der täglichen Hypnose vorzubereiten.

Wie wichtig und lebensrettend ein Hypnosepotential sein kann, zeigt mein nächstes Beispiel: Zu Beginn meiner Forschungsreisen 1968 war ich mit einem Tragflächenboot von Hongkong nach Macao unterwegs. Plötzlich stoppte das Boot mitten im Gelben Meer im rotchinesischen Hoheitsgebiet, vier U-Boote umzingelten uns. Angst ging durch die Reihe der Passagiere. Einer machte sogar die Bemerkung: »Wenn die jetzt ein Torpedo loslassen, sind wir vergessen.«

Eine Dame neben mir hatte so starke Angst, daß eine schwere lebensbedrohliche Hyperventilationstetanie auftrat. An Bord gab es weder eine Kalziumspritze noch sonst ein Mittel, um der Frau zu helfen. Aus den Erfahrungen meiner klinischen Tätigkeit sah ich kurz entschlossen in der Hypnose die einzige Chance, der Frau zu helfen. Der Erfolg stellte sich auch spontan bei ihr ein. Wie sich später herausstellte, war sie bereits früher einmal hypnotisiert worden und hatte somit ein Hypnosepotential.

VI Welche Anwendungsmöglichkeiten bietet die Hypnose?

1 Drei Varianten der Hypnose

Eine Variante der praktischen Anwendungsmöglichkeit der Hypnose – das vorsorgliche (prophylaktische) Hypnosepotential – haben wir im letzten Kapitel kennengelernt. Ich möchte nun zwei weitere Anwendungsmöglichkeiten vorstellen. Es handelt sich um die positiv programmierende Suggestionshypnose und die aufdeckende Hypnoanalyse.

Die positiv programmierende Suggestionshypnose nannte man früher auch die »zudeckende« Hypnose. Dieser Begriff ist jedoch veraltet. Man ging in früheren Vorstellungen davon aus, daß die Hypnose ein psychisches Verfahren sei, welches ermöglicht, irgendwelche unangenehmen Symptome oder Krankheitssymptome, aber auch Affekte wie Angst durch entsprechende Suggestionen in ihrer Wirksamkeit zu »überdecken« und somit wirkungslos zu machen. Eine Überlegung, die mittlerweile in verschiedener Hinsicht nicht mehr haltbar ist. So läßt sich eine Angstneurose ebensowenig »zudecken« wie der größte Teil der Schmerzen oder etwa eine Bänderzerrung. Man hat den Begriff »zudeckende« Hypnose im Gegensatz zu einer »aufdeckenden« Hypnose deshalb gern zur Anwendung gebracht, um das Analytische der Hypnoanalyse von der positiv programmierenden Hypnose zu trennen, denn beide Verfahren gehen auf die gleichen Ursprünge zurück.

In der Hypnoanalyse findet primär keine positive Programmierung statt. Hier wird der Proband im veränderten Bewußtseinszustand der Hypnose durch eine entsprechende Befragungstechnik aufgefordert, die in ihm gespeicherten Informationen und Inhalte aus seinem Unterbewußtsein freizugeben und verbal zu reproduzieren. Mit anderen Worten, er ist aufgefordert (ohne daß der Zensor der linken Hemisphäre eingreifen kann) über die Dinge zu reden, die ihn belasten, bewegen und gegebenenfalls sein Krankheitsbild verursachen.

Beide Varianten, die positiv programmierende Suggestionshypnose wie auch die Hypnoanalyse, können bei entsprechend richtiger Entscheidung sowohl bei einem Heilungsprozeß wie auch bei anderen Interventionen im Hypnosezustand zu großen Erfolgen führen.

2 Schmerzlinderung durch Hypnose

Die Hypnose ist seit über hundert Jahren traditionell mit der Schmerzbekämpfung verbunden. Meist ist der Schmerz ein Alarmsignal des Körpers. Dies trifft besonders für den akuten Schmerz zu. Der Akutschmerz ist die Bewußtseinserscheinung eines körperlichen Schmerzes, die unmittelbar und heftig auftritt wie z. B. der Stich einer Nadel oder plötzliche Zahnschmerzen. Der Schmerz ist eine Bewußtseinserscheinung, die sowohl von der körperlichen Seite her, also mit Pillen, Spritzen usw., als auch psychisch wie z. B. mit Hypnose beeinflußt werden kann. Er ist ein Phänomen, das lokalisiert erlebt wird.

Ein weiteres wichtiges Phänomen des Schmerzes ist die bemerkenswerte Eigenschaft, sehr variabel zu sein. Nicht nur unter verschiedenen Menschen, die jeweils die gleiche Einwirkung auf ihre Haut erfahren, ist das Schmerzerlebnis ganz unterschiedlich, sondern es ist auch bei ein und demselben Menschen unter verschiedenen Situationen unterschiedlich stark. Jeder kennt die Beobachtung, daß ein heftiger Zahnschmerz vergeht, wenn der Patient im Wartezimmer des Zahnarztes sitzt. Da wird das Schmerzerlebnis seelisch so abgeändert, daß es kein Schmerz mehr ist. Diese Tatsache ermutigt uns auch, die Modifizierbarkeit (Veränderlichkeit) des Schmerzes im Hypnosezustand voll zur Anwendung zu bringen.

Schmerz kann von sehr verschiedenen oder fast allen Einwirkungsarten ausgelöst werden. Entscheidend ist lediglich ihre Intensität. Es kann strahlende Energie sein, es kann Wärme oder mechanische oder chemische Energie sein, die auf den Körper einwirkt. Sie wirkt somit auch auf die Nerven bzw. Nervenenden in den Weichteilen, in den Knochen und der Schleimhaut. Wenn es mit Sicherheit auch keinen physikalischen, chemischen oder naturwissenschaftlich definierbaren, spezifischen Schmerz gibt, so gibt es doch keine spezifischen Schmerzrezeptoren, also Schmerzempfänger. Jeder Rezeptor ist lediglich auf eine bestimmte Energieform eingestellt. Den verschiedenen Einwirkungen bzw. Reizen ist lediglich die Gewebeschädigung gemein. Sie tritt ein, wenn ein mechanischer, ein elektrischer oder thermischer Reiz so stark auf das Gewebe wirkt, daß Zellen geschädigt werden. Durch die allen starken Reizen gemeinsame Gewebeschädigung werden Stoffe freigesetzt, die das sogenannte nozizensorische System erregen. Es hat die Aufgabe, den Körper vor Schäden zu schützen.

Außer dem akuten Schmerz gibt es noch den chronischen, den sich langsam entwickelnden und langsam verlaufenden Schmerz. Ein Beispiel hierzu sind die ewig quälenden Rheumaschmerzen. Chronische Schmerzen sind oft psychisch überlagert, d. h. neben dem eigentlichen Schmerz, der auf einer Gewebeschädigung beruht, gibt es noch einen seelischen Schmerz. Dieser zweite Schmerz hat entweder direkt mit der Erkrankung zu tun, wie z. B. eine durch ein langes Leiden bedingte Depression. Es kann aber beim Schmerzpatienten zugleich noch eine weitere, völlig andere Ursache mit in das Schmerzerlebnis hineinspielen.

Grundsätzlich läßt sich sowohl der akute Schmerz wie auch der chronische Schmerz im Hypnosezustand erfolgreich behandeln. Was den akuten Schmerz betrifft, so bietet die Zahnmedizin (hierzu Kapitel VI und VIII) ein weites Feld. Aber auch in der klassischen Humanmedizin findet die Hypnose zusehends mehr Verwendung.

Der einfachste Weg, eine Körperregion schmerzunempfindlich zu machen, ist die Suggestion, daß z. B. die Armregion, die man zuvor mit einem Markierungsstift abgrenzt hat, innerhalb dieser Abgrenzung völlig unempfindlich ist. Diese Suggestion kann man noch verstärken mit der Erklärung: »Dieses abgegrenzte Gebiet ist vollkommen taub, pelzig (wie Sie das z. B. vom Zahnarzt her kennen). Man kann hier stechen, schneiden. Sie nehmen weder einen Stich noch einen Schmerz wahr.«

Diese Schmerzunempfindlichkeit läßt sich zusätzlich zeitlich und auch posthypnotisch bestimmen und begrenzen. Nach diesem Prinzip laufen die meisten akuten Schmerzbehandlungen im Hypnosezustand ab.

Mit Hilfe einer Abwandlung dieses Prinzips mit entsprechenden posthypnotischen Suggestionen kann auch ein chronischer Schmerz angegangen werden. Allerdings muß bei einer chronischen Schmerzbehandlung eine wesentlich längere und kontinuierliche Behandlungszeit veranschlagt werden. Es hängt vom Können und der Erfahrung des hypnotisierenden Arztes ab, wie geschickt und treffend er seine Suggestionen in dem großen Feld der

118

Schmerzbekämpfung setzt. Sie müssen dem Krankheitsbild entsprechend auf das Gegenteil im Gesunden zugeschnitten sein. Bei Migräne z. B. heißt es, daß sich die Verkrampfungen im Kopf und im Gehirn lösen, sich der Gefäßtonus normalisiert und das Druck- und Spannungsgefühl im Kopf, der Kopfschmerz restlos verschwindet und nicht wieder auftritt.

Nach diesem Muster sind viele chronische Schmerzen gut anzugehen. Bei zusätzlich schmerzauslösenden psychischen Problemen kann ein hypnoanalytisches Verfahren weiterhelfen. So kann die Hypnose bei Schmerz u. U. gleich zweimal angezeigt sein.

3 Hypnose in der Chirurgie

Es ist eine langjährige Tradition, daß die Interventionen im Gesundheitsbereich sowohl bei körperlichen als auch seelischen Erkrankungen auf der Indikationsliste der Hypnose ganz oben stehen. So hat der Vater und Namensgeber der Hypnose, J. Braid, erstmals die Hypnose zu Behandlungszwecken empfohlen und sie selbst in vielfacher Form zum Einsatz gebracht. Seither hat sich das Feld der körperlichen Beeinflußbarkeit im Hypnosezustand immer mehr erweitert; zuletzt im Jahre 1996 durch die erfolgreiche Behandlung der weit verbreiteten Autoimmunerkrankung »rheumatische Polyarthritis«. Die medizinische Indikationsliste für eine Hypnosetherapie weist rund 160 körperliche und psychische Krankheitsbilder auf, wobei die ca. 15 zahnmedizinischen Indikationen nicht einbezogen sind.

Da dies kein medizinisches Lehrbuch zur Hypnose ist, will ich den medizinischen Teil so kurz wie möglich halten und nicht jedes Fachgebiet mit einem Beispiel belegen. Ich setze die Chirurgie an den Anfang, da die Hypnose als Heil-

119

behandlung in einer ärztlichen Praxis zuerst von J. Braid –
und er war ein Chirurg – eingesetzt wurde. Und es waren
auch wieder die Chirurgen, die die Hypnose nach ihrem
Siegeszug um 1900 zum Sturz brachten. Sie waren über
die Verwendung der Hypnose als Anästhetikum ent-
täuscht, und zu dieser Zeit hielt die Pharmakologie
(Anästhetikum) ihren großen Einzug. In den letzten Jahren
allerdings kommt es offensichtlich auch in der Chirurgie
wieder zu einer Renaissance der Hypnose. Dabei spreche
ich nicht von den Operationen im Hypnosezustand, die
mein Vater bereits vor ca. 60 Jahren z. B. bei Blinddarm-
oder Schilddrüsenoperationen erfolgreich durchführte. Dr.
Heinrich Bick war nicht nur ein exzellenter Chirurg, sondern auch Assistent des berühmten deutschen Chirurgen
Professor E. F. Sauerbruch.
Im Anschluß möchte ich Ihnen einige Beispiele geben, wie
man Hypnose in der Medizin anwenden kann.

Unheilbares Unterschenkelgeschwür

Herr E., 26 Jahre alt, stammt aus gesunder Familie und ist
selbst nie ernstlich krank gewesen. Organisch war er völlig gesund. 14 Tage bevor er sich zu uns in ärztliche Behandlung begab, war er vom Rad gestürzt und kam dabei
mit dem linken Schienbein auf eine Eisenkante. Als Folge
dieses Unfalls entstand ein typisches Unterschenkelgeschwür. Er machte zu Hause zwar Verbände und Um-
schläge, die Entzündung und das Geschwür wurden jedoch immer schlimmer und größer.
Mit seinem Einverständnis versuchte mein Vater, durch eine tägliche Hypnosebehandlung die Wunde zu beeinflussen. Äußerlich wurde sie nur mit Kochsalz-Verbänden behandelt, um ein Verkleben mit dem auf der Wunde befindlichen Mull zu verhindern. Die Wirkung stellte sich
bald ein.

Bei Beginn der Behandlung zeigt die Wunde ein typisches traumatisches Unterschenkelgeschwür, das durch äußeren Einfluß entstanden ist, mit einem sich stark ausbreitenden Entzündungsprozeß.

Nach fünf Behandlungstagen sieht man bereits einen Erfolg. Man sieht eine deutliche Granulation an den Wundrändern und eine Organisation des gesamten Wundgeschehens.

Einige Tage später zeigt sich schon deutlich, wie die Granulation voranschreitet und die Wunde sich immer mehr schließt.

14 Tage später ist die ursprüngliche Wunde vollkommen abgeheilt.

Soviel zu einer Pionierleistung in der Chirurgie durch Hypnose.

Bei Hauttransplantationen hat sich – ähnlich wie bei der Wundbehandlung – die Hypnose ebenfalls als ein äußerst exzellentes und probates Mittel gezeigt. Ich habe die Hypnose im chirurgisch-orthopädischen Bereich in den verschiedensten Fällen eingesetzt, auch z. B. bei der Behandlung von Bänderzerrungen und Bänderrissen. Ursprünglich von Kollegen terminierte Behandlungszeiten konnte ich durch Hypnose fast um die Hälfte reduzieren. Voraussetzung zu diesen Erfolgen sind gute Sach- und Fachkenntnisse im Bereich der Hypnosetherapie und in der Medizin. Wichtig ist, daß jede Suggestion – wie ich bereits im Vorangegangenen berichtete – im Gehirn des Hypnotisierten aufgenommen und umgesetzt werden kann, also akzeptiert wird.

Haut

Eine besondere Domäne der Hypnosebehandlung ist die Haut sowohl im kosmetischen als auch im hautärztlichen Bereich. Die Haut als ein sehr ausgedehntes Organ, das die äußere Oberfläche unseres Körpers bedeckt, variiert in ihrem Aufbau je nach Körperstelle und weist eine hohe Sensibilität auf. Insbesondere sei hier auf die vielen Blutgefäße, Nerven und Nervenendigungen hingewiesen. Jeder kennt die hohe Empfindlichkeit unserer Haut gegenüber Druck, denken wir hier nur an unseren Fühl- und Tastsinn. Aber auch die Temperatur wird uns über die Haut mitgeteilt.

So ist es gerade die Haut, die uns sowohl wohltuende Berührungen (Streicheleinheiten), also ein Gefühl der Freude und des Glücks meldet, wie auch bei Schmerzen und Bestrafung das Leid. Umgekehrt zeigt die Haut unsere innere seelische Verfassung durch ihre entsprechenden Reaktionen nach außen. Es ist kein Geheimnis, daß ein Großteil der Hauterkrankungen auf seelische Fehlentwicklungen oder Traumen zurückzuführen ist. Dies demonstriert auch der große Erfolg, der sich bei Hauterkrankungen durch Hypnose erzielen läßt. Mit guten Sach- und Fachkenntnissen lassen sich so nicht nur Ekzeme und Allergien, sondern auch Neurodermitis und andere Hautleiden bis hin zu bösartigen Entartungen erfolgreich behandeln.

Das einfachste Beispiel, das ich bereits erwähnte, ist die Behandlung von Warzen, die – wie wir wissen – auf einer Virusinfektion beruhen. Ein viel schwierigeres Krankheitsbild stellt der Herpes zoster (Gürtelrose) dar. Auch hier handelt es sich um eine Virusinfektion, die erfolgreich in kürzester Zeit behandelt werden kann. Mein Vater H. Bick legte hier mit seinen zahlreichen Publikationen über erfolgreiche Hypnosebehandlungen bei Hauterkrankungen, Allergien, Ekzemen bis zum Muttermal (Naevus) einen entscheidenden Grundstein. Seine Forschungsarbeiten und die daraus resultierenden Erfolge bei Hauterkrankungen hinterließen 1965 auf dem internationalen Kongreß für Hypnose in Paris ein so nachhaltiges Echo, daß ein englischer Kollege und Dermatologe nach dem Vortag meines Vaters wörtlich zu mir sagte: »Your father is very couraged«, »Ihr Vater ist sehr mutig«. Auf diesem Kongreß sprach man meinem Vater eine hohe Anerkennung aus.

Hartnäckiges Ekzem

Frau T., 41 Jahre alt, im frühen Kindesalter Milchschorf, mit 10 Jahren Diphtherie, mit 23 Jahren Mittelohroperation, sonst nie ernstlich krank gewesen. Sie hatte jedoch seit ihrer Kindheit zunehmend mit ekzematösen Entzündungen zu tun. Am stärksten zeigten sich die Entzündungserscheinungen im Gesicht, am Hals und an den Armen. Die Patientin war bei mehreren Spezialisten und einigen Universitätskliniken erfolglos in Behandlung gewesen. Nun, im Alter von 41 Jahren, erfuhr sie, daß man ihr mit Hypnose helfen könne – und die Hypnosebehandlung führte tatsächlich zum Erfolg. Der Juckreiz verschwand und die teilweise starken Entzündungen mit so ausgeprägten Schuppungen, daß sie teilweise mit der Kehrschaufel zusammengekehrt werden mußten, bildeten sich völlig zurück. Ein Rückfall trat nicht mehr ein.

Krebsartige Geschwulst

Der nächste Fall ist einer der berühmtesten Fälle meines Vaters, und er bedurfte tatsächlich des ganzes Mutes, den der englische Kollege ihm auf dem Ärztekongreß in Paris zugesprochen hatte. Herr S., 52 Jahre alt, litt an einem langjährigen Herzklappenfehler, war sonst aber nie ernstlich krank gewesen. Wegen einer Geschwulstbildung über der Augenbraue kam er zu uns in die Sprechstunde. Er hatte dem Krankheitsprozeß zunächst keine besondere Beachtung geschenkt. Die Geschwulst vergrößerte sich jedoch und so entschloß er sich zu einer hypnotherapeutischen Behandlung. Der Tumor war etwa kirschgroß und zeigte eine ziemlich feste Konsistenz. Er saß auf der Unterfläche fest und war kaum verschiebbar.

In diesem Fall erfolgten im veränderten Bewußtseinszustand der Hypnose laufend Suggestionen, daß sich der Tumor zurückbilden und das Tumorgewebe nicht mehr genügend ernährt würde. Dieses »Verhungernlassen« des Tumorgewebes ist inzwischen auch in der Krebsmedizin üblich, jedoch nicht durch Hypnosebehandlungen, sondern durch die Gabe spezieller Medikamente, wie es auf einem internationalen Krebskongreß in Wien 1996 propagiert wurde. Man sieht, wie weit H. Bick der Zeit voraus war.

Aber kehren wir zu unserem Tumorpatienten zurück. Nachdem der Tumor unter dem Einfluß der Hypnosebehandlung kleiner geworden war, schnitt mein Vater ein Stück heraus und schickte es an das pathologische Institut eines städtischen Krankenhauses. Der Befund ergab ein Basalzellenkarzinom vom Typ Crompecher, ein bösartiger Tumor, der ganz selten metastasiert, weder regionär lymphogen (über die Lymphbahnen) noch hämatogen (über die Blutbahnen). Wir behandelten den Patienten bis zum völligen Verschwinden des Tumors.

Die beiden soeben berichteten Fälle zeigen, wie erfolgreich eine Hypnosetherapie bei sach- und fachgerechtem Vorgehen auch bei kritischen Krankheitsbildern sein kann. Die Indikationsliste für Hypnosetherapie im Anhang dieses Buchs zeigt auch die in der inneren Medizin zahlreichen Anwendungsmöglichkeiten.

Ein blutender Magenstumpf ist heilbar

Im Magen-Darm-Bereich konnte ich große Behandlungserfolge verbuchen.

Ein behandelnder Kollege schickte mir Frau. H., 49 Jahre alt und in einem kritischen Zustand, mit einem Hilferuf zur

Behandlung. Sie litt an einem schwer heilbaren blutenden Magenstumpf. Alle bisherigen Maßnahmen zeigten keinen Erfolg. Aufgrund meiner Erfahrung hoffte der Kollege, daß ich mit Hypnose helfen könnte.

Unter einem Magenstumpf verstehen wir den Rest des Magens, den man nach einer Magenoperation gelassen hat. In diesem Rest kann es zu einer Lädierung der restlichen Magenschleimhaut und – wie bei einem ganz normalen Magengeschwür – zu Blutungen kommen. Wegen Verwachsungsgefahr und anderen möglichen Komplikationen operiert kein Chirurg gern an einem reduzierten Magen.

Die Patientin wurde die ersten Tage bei uns nur mit süßer Sahne – ein Mittel, das erfahrungsgemäß sehr hilfreich ist – ernährt. Zusätzlich erhielt sie täglich eine positiv programmierende Hypnosebehandlung. Schon nach wenigen Tagen ließ die Blutung nach, und sie konnte nach vier Wochen gesund nach Hause gehen.

In Amerika interessiert man sich schon seit langer Zeit für meine Arbeiten. So erschien im September 1976 – einige Jahre nach der geschilderten Magenbehandlung – John Cooke bei mir, ein namhafter Journalist einer der größten amerikanischen Zeitungen, dem »National Enquire«. Er interessierte sich für meine Behandlungserfolge und unter anderem auch für jene Dame mit dem blutenden Magenstumpf. Ich nahm in seiner Anwesenheit mit dem ehemals Frau H. einweisenden Kollegen telefonisch Kontakt auf, um mich nach ihrem Zustand zu erkundigen. Der Kollege lachte und erklärte mir: »Die hat sich soeben erst ein Rezept für ein Schnupfenmittel geholt. Ihr geht's blendend.« Der Journalist bat dennoch um einen persönlichen Kontakt mit Frau H., bei dem er dann erfuhr, daß sie nie wieder einen Rückfall hatte und im Magen-Darm-Bereich keinerlei Probleme.

Der konstante Blutdruck

Herr S., heute 77 Jahre alt, war vor 25 Jahren erstmals wegen einer Angstneurose bei mir in Behandlung. Nach erfolgreichem Abschluß verlor ich ihn für längere Zeit aus den Augen. Vor sieben Jahren suchte er mich wegen Schwindelproblemen auf. Im Verlauf der Behandlung bat er mich, seinen Blutdruck, der sehr unregelmäßig war, auf einen bestimmten Wert hypnotisch einzustellen. Er bestand auf einen Blutdruck von 140/70. Nach kurzen Bedenken wegen des physiologischen diastolischen Wertes von 80 mm/hg gab ich seinem eindringlichen Wunsch nach und stellte seinen oberen Wert – den systolischen – auf 140 mm/hg und seinen unteren Wert – den diastolischen – auf 70 mm/hg ein. Hierbei gestehe ich, daß ich damals nicht von der Möglichkeit einer lang anhaltenden Stabilität dieser Einstellung überzeugt war. Als ich ihn im Sommer dieses Jahres zufällig traf, erklärte er mir stolz, daß alle Ärzte erstaunt wären, wenn er behaupte, sein Blutdruck sei 140/70, und das Nachmessen dann tatsächlich diesen Wert immer wieder bestätigt hatte.

Wenn man bedenkt, daß sich selbst ein labiler Blutdruck im Hypnosezustand so exakt über viele Jahre einstellen läßt, so eröffnen sich – wenn man die Grundforschung meines Vaters, mit der er 1924 die Beeinflussung der Herztätigkeit in Hypnose im EKG nachgewiesen hat, hinzuzieht – ganz neue Anwendungsmöglichkeiten für die Hypnose im Herz-Kreislauf-Bereich.

Eine ungläubige Patientin

Der nächste Fall leitet in den psychosomatisch-psychiatrisch-neurologischen Bereich über: Frau M., 64 Jahre alt, hatte bei der Aufnahme in unserer Klinik gerade eine Gelbsucht überstanden. Nun litt sie unter häufigen Kopfschmerzen und klagte darüber, daß sie am Morgen nach dem Aufwachen immer todmüde sei. Außerdem hatte sie Magen- und Darmstörungen, starke Blähungen und häufig Durchfälle. Sie war stark nervös, leicht reizbar und depressiv.

Frau M. hatte bereits eine Reihe von Ärzten erfolglos konsultiert, und diese Erfolglosigkeit hatte sie darin bestärkt, daß ihr niemand helfen könne. Ihre Depressionen steigerten sich und so blieb es nicht aus, daß sie lebensmüde wurde. Sie versprach sich nicht viel von einer Hypnosebehandlung. Sie spürte auch nach den ersten acht Behandlungen keinen Erfolg und glaubte aufgeben zu müssen. Aber sie sah die Erfolge, die wir bei anderen Patienten hatten, und blieb.

Nach einiger Zeit und Geduld sprach Frau M. zufriedenstellend auf unsere Hypnose an. Nach sechswöchiger Behandlungszeit besserte sich ihr Zustand sichtlich. Die Verkrampfungen und Durchfälle verschwanden, die Kopfschmerzen gingen zurück und nach weiteren acht Tagen war sie von ihren Depressionen vollkommen frei.

Sie sehen, daß nicht jede Hypnose sofort zum vollen Erfolg führen muß. Im Gegenteil – wie bereits geschildert, muß der Patient oder Proband erst lernen, hypnotisiert zu werden.

Es heißt: Ist der Mensch seelisch krank, dann wird er auch organisch krank; ist der Mensch organisch krank, dann wird er auch an der Seele krank. Dies ist das weite Feld der Psychosomatik, einer ganzheitlich ausgerichteten Disziplin im Grenzbereich zwischen Medizin und Psychologie. Da es sich hier um die Wechselwirkungen zwischen Körper und Seele handelt, wird sie in der Psychosomatik nicht nur als ein körperliches Geschehen gesehen, sondern auch als eine durch die Umwelt mitbedingte seelische Auseinandersetzung. Oft sind es schwere und dauerhafte emotionale Beeinträchtigungen, die bei den Betroffenen zu nicht bewußten Konflikten führen, die dann wiederum über das vegetative Nervensystem körperliche Symptome bei bestimmten Organen oder in Organsystemen hervorrufen. Dabei ist es meistens der schwächste Punkt, also der Ort des geringsten Widerstandes im Körper, der bei solchen Beeinträchtigungen mit einem Krankheitsbild reagiert. Oft zeigt sich nur das äußere Erscheinungsbild in Form einer Krankheit wie Magen-Darm-Geschwüre, Bronchialasthma, Kreislaufstörungen, Allergien, Herzbeschwerden u.a. In Wahrheit stehen dahinter tiefgreifende Ängste persönlicher oder beruflicher Problematik.

Es liegt also nichts näher, als die für Körper und Geist prädestinierte Behandlungsmethode der Hypnose in solchen Fällen zur Anwendung zu bringen. Ich möchte aber in diesem Zusammenhang gleichzeitig davor warnen, bei noch so großer Sympathie und Vertrauen zur Hypnose, diese als ein Allheilmittel anzusehen. Hypnose eröffnet zwar viele Perspektiven in der Heilkunst, aber sie hat auch ihre Grenzen. In akuten Fällen jeglicher Art sollte eine komplette klinische Abklärung stattfinden, bevor die Hypnose eingesetzt wird.

Gesteuerte Medikamente

Daß sich Medikamente im Hypnosezustand in einem Medikamentenstrom zum Krankheitsherd steuern lassen, habe ich bereits in Kapitel I beschrieben. Diese Tatsache ist von unschätzbarem Wert, denn sie eröffnet entscheidende und erweiternde Möglichkeiten in der medikamentösen Behandlung und dies auch – wie gesagt, nach einer vollkommenen klinischen Abklärung – im Akutfall, falls der Proband bereits über ein Hypnosepotential verfügt oder aber zu den 25 Prozent der sofort Hypnotisierbaren gehört.

Ein Beispiel für die spontane Medikamentensteuerung bei einer Patientin mit Hypnosepotential: Die Patientin hatte

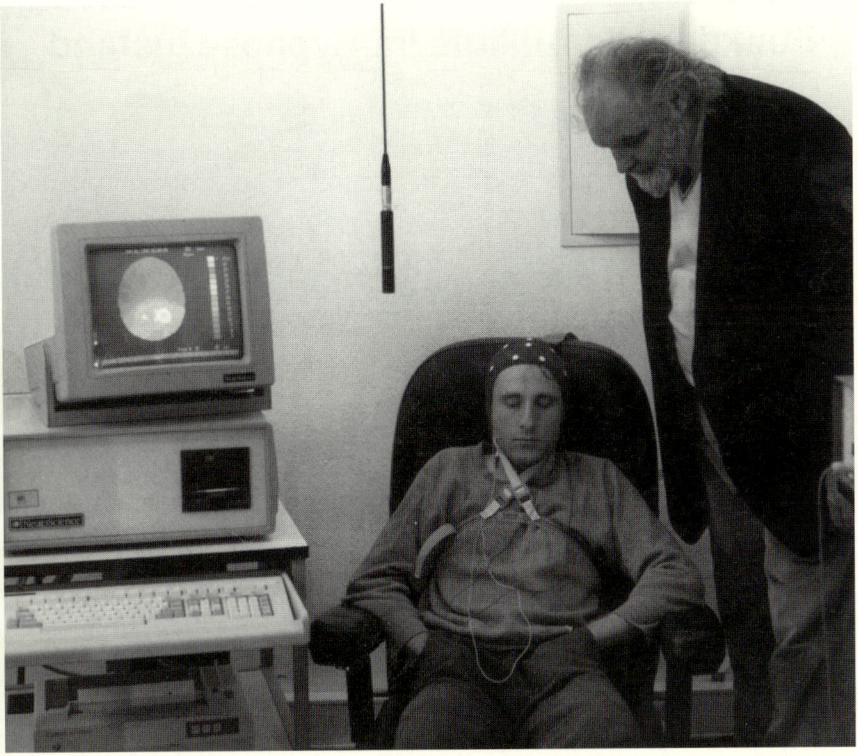

1 EEG-Brain-Mapping-Aufzeichnungen in Hypnose.
2 Hypnoseeinleitung und -behandlung durch Multihypnophon, ein elektronisches multifunktionelles Hypnosegerät unter der Kontrolle des EEG-Brain-Mappings mit 24 Elektroden.

Funktionelle Abläufe im Hypnosezustand

3

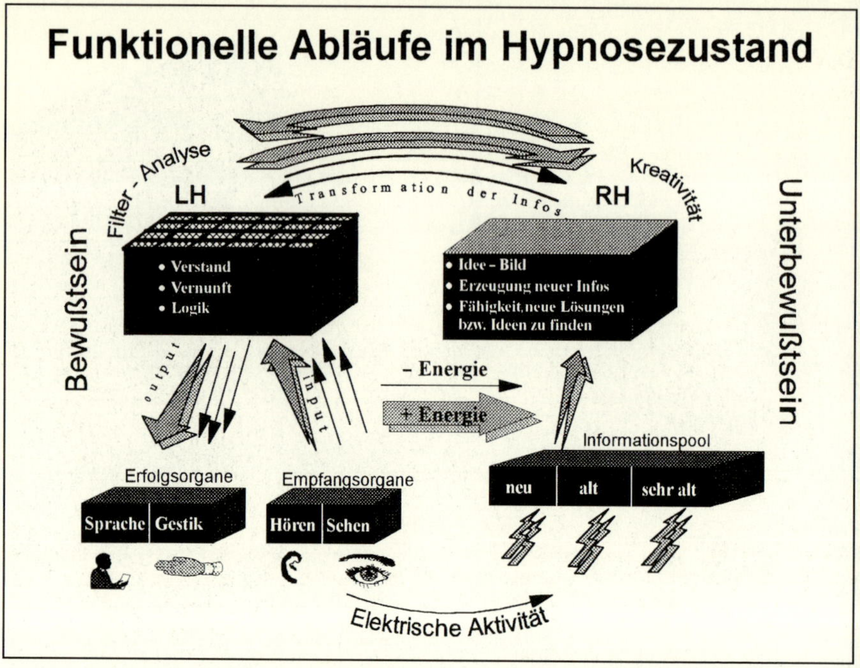

3 *Funktionelle Abläufe im veränderten Bewußtseinszustand der Hypnose.*
4 *Hypnosepotential für ein ganzes Leben am Beispiel verschiedener Krankheiten in bezug auf Zeit- und Kostenaufwand.*

Hypnosepotential für ein ganzes Leben

4

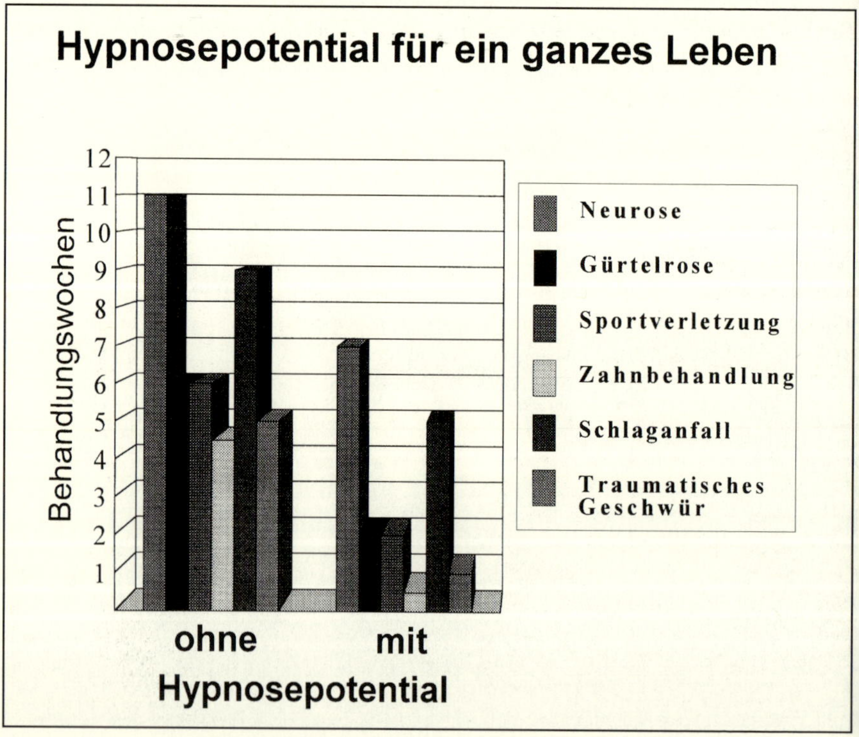

Das Sperry/Bick-Modell

Reizsynchronisierte Veränderungen der EEG-Spektren bei 25 Patienten

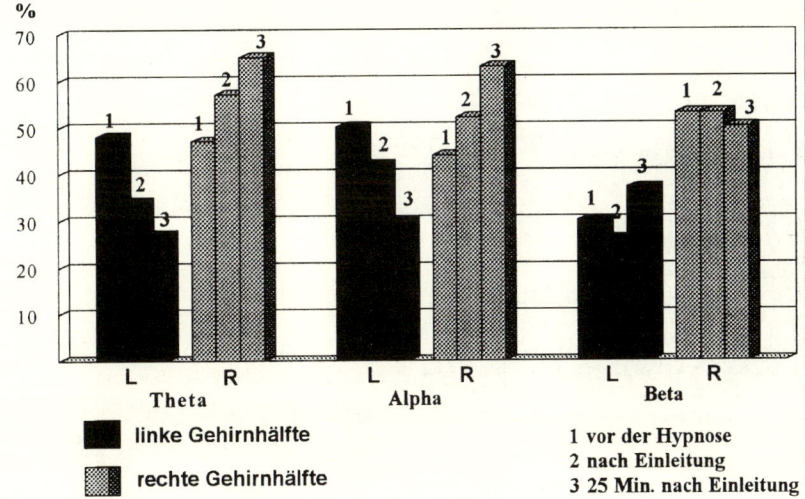

linke Gehirnhälfte
rechte Gehirnhälfte

1 vor der Hypnose
2 nach Einleitung
3 25 Min. nach Einleitung

Hypnose aus der Sicht der Cerebraldominanzen

Split brain-reizsynchronisierte Veränderungen der EEG-Spektren in Hypnose
(R.Sperry/ C.H.Bick)

Rechts	Links
Erleben des Hypnosezustandes	Zensor – wach
Selbst	Ich
Emotion	Verstand
Gefühl	Vernunft
Erlebtes	Erdachtes (Logik)
Visuelles – Bildhaftes (Pribram)	Abstraktes – Begriffe
Ganzheitliches	Elementarhaftes
Gleichzeitiges	Zeitliches
(Besonderer Wachheitszustand)	(Normaler Wachheitszustand)

5 *Die 1983 gelungene Entdeckung der Gehirndominanzen im Hypnosezustand.*

6 *Der Autor in einem Cateem-Kontrollraum. Das Cateem ermöglicht das Ablesen eines neurophysiologischen Fingerprints, ausgelöst durch pharmakologische oder psychische Effekte.*

6

7 *Professor Vladimir Raikow (neben dem Autor) während einer Aufzeichnung des russischen Fernsehens in seinem Institut für Präventivmedizin in Moskau.*

8 *Der russische Umweltminister Professor Dalajan Dalaninow im Gespräch mit dem Autor über die Umweltfreundlichkeit der Hypnose und der möglichen Kosteneinsparung in der medizinischen Versorgung durch Hypnose in Rußland.*

8

9

9 *Der Autor (erste Reihe, zweiter von rechts) im Kreise seiner Kollegen der Faculty of the American Academy of Medical Hypnoanalysts. In der ersten Reihe ganz rechts zu Gast der österreichische Hypnosewissenschaftler Professor Heinrich Wallnöfer aus Wien.*

10 *Professor Tadanobu Tsunoda von der Tokyo Medical-Dental University, der Entdecker des »japanischen Gehirns«, und der Autor und Veranstalter des 1. Internationalen Kongresses für Cerebrale Dominanzen 1988 in München im Gespräch über das gerade neu entwickelte Multihypnophon.*

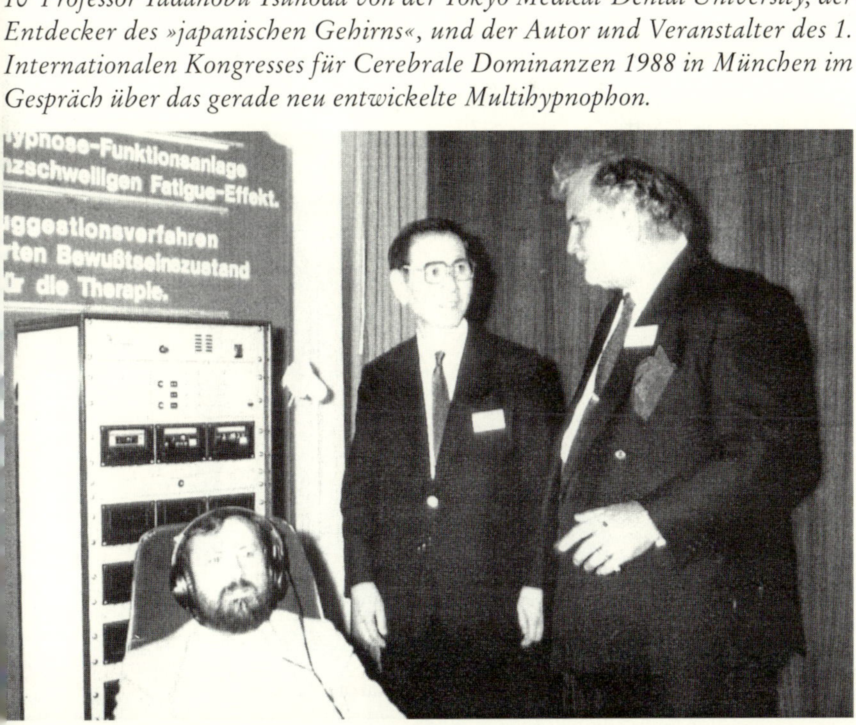

10

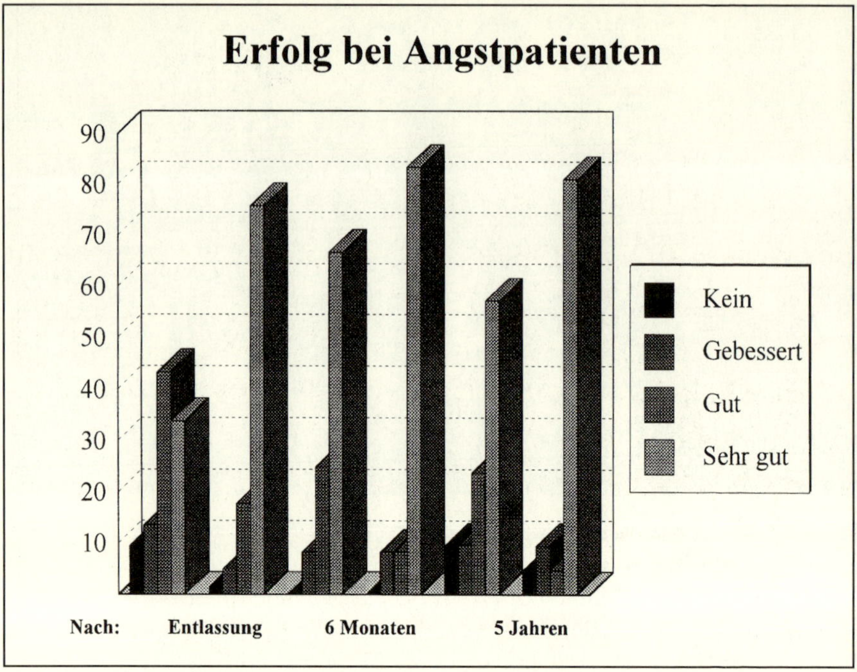
Erfolg bei Angstpatienten
90
80
70
60
50
40
30
20
10
Kein
Gebessert
Gut
Sehr gut
Nach:
Entlassung
6 Monaten
5 Jahren

11

11 Erfolgsstatistik bei 152 Angstpatienten. Die linke Hälfte der Säulen zeigt jeweils das subjektive Empfinden, die rechte Hälfte die objektive Befindlichkeit.

12 Erfolgsstatistik bei 52 Depressionspatienten. Die Säulen zeigen die objektive Befindlichkeit.

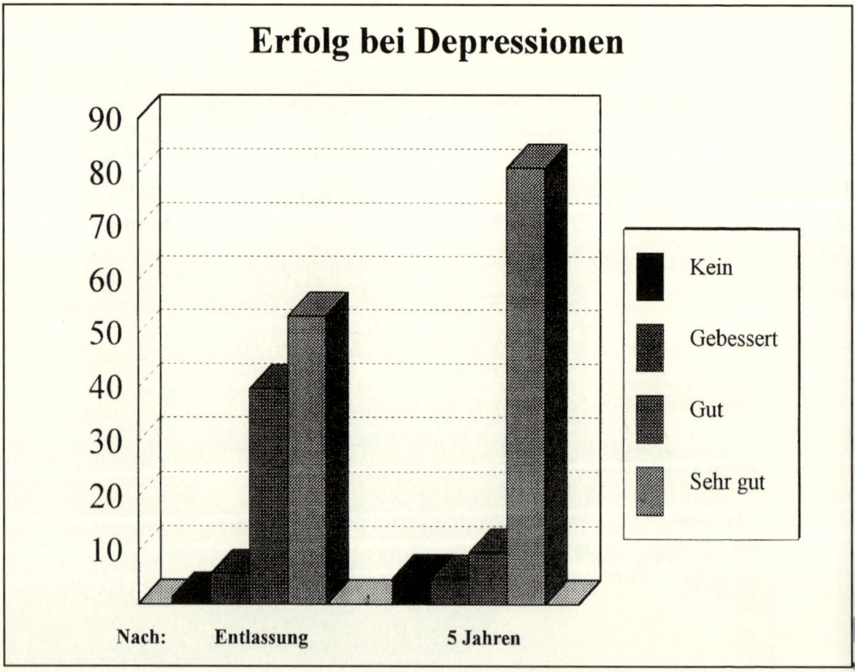
Erfolg bei Depressionen
90
80
70
60
50
40
30
20
10
Kein
Gebessert
Gut
Sehr gut
Nach:
Entlassung
5 Jahren

12

CEREBRALE DOMINANZEN

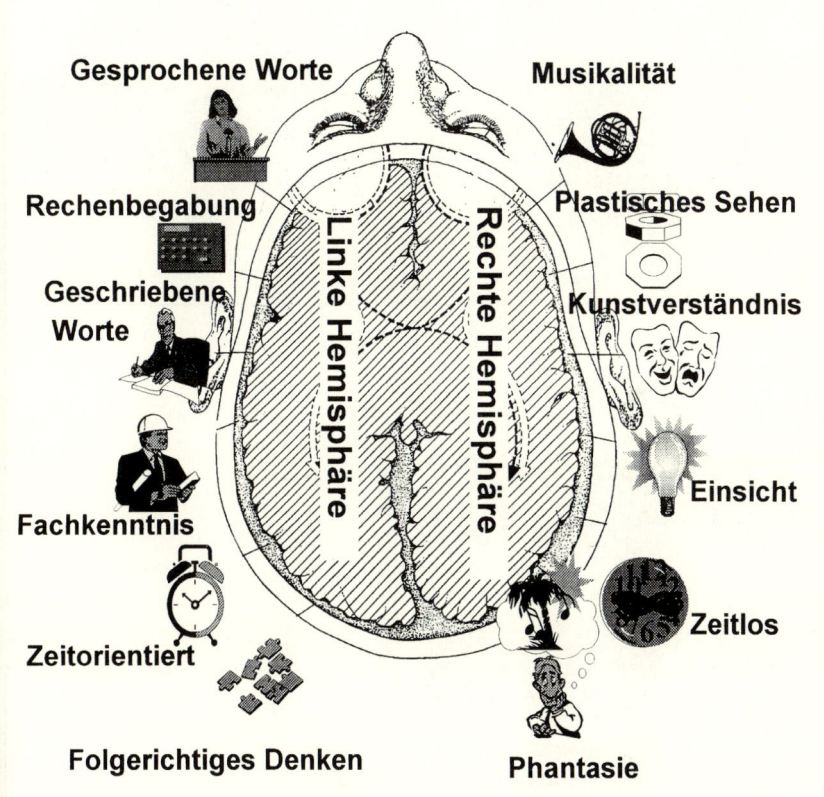

Gesprochene Worte

Musikalität

Rechenbegabung

Plastisches Sehen

Geschriebene Worte

Kunstverständnis

Linke Hemisphäre

Rechte Hemisphäre

Einsicht

Fachkenntnis

Zeitorientiert

Zeitlos

Folgerichtiges Denken

Phantasie

13

'3 *Funktionsvergleich zwischen der linken und der rechten Hemisphäre. Auf der rechten Hemisphäre sieht man deutlich die kreativen und künstlerischen Aktivitäten; auf der linken dagegen die auf Vernunft und Verstand aufgebauten Aktivitäten.*

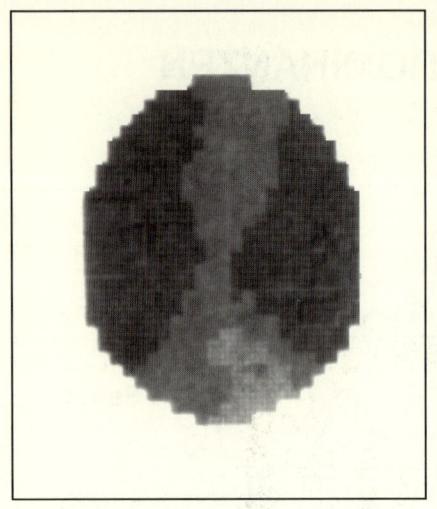

14

14 *Brain-Mapping im Alpha-Zustand* vor *der Hypnose.*

15 *Brain-Mapping im Alpha-Zustand* in *der Hypnose.*

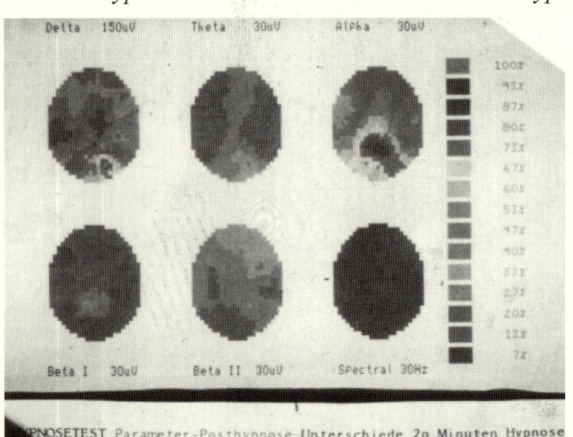

16

16 *Brain-Mapping 2C Minuten nach Einleitung des Hypnosezustandes. Der Hypnosezustand zeichnet sich deutlich durch die rechtsseitige Aktivität occipital ab (helle Felder; auf dem Farbmonitor: rot-gelb)*

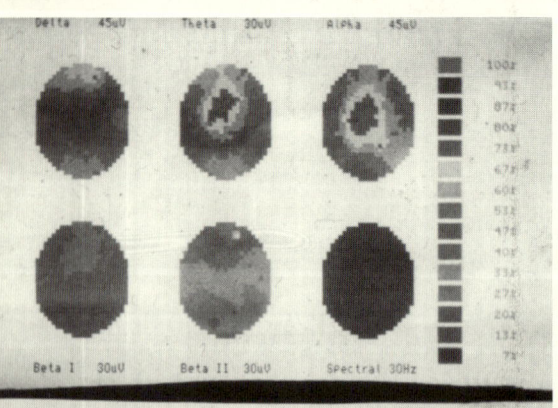

17

17 *Brain-Mapping 2C Minuten nach natürli chem Einschlafen. Di Hauptaktivität im Ge hirn liegt hier deutlich in der Mitte des Gehirn (helle Felder; auf den Farbmonitor: rot-gelb)*

schon vor Jahren gelernt, hypnotisiert zu werden, und sprach so auf die Hypnose sofort und gut an. Es war das erste Mal, daß ich versuchte, den Medikamentenstrom an den Krankheitsherd zu steuern. Und dies war darauf zurückzuführen, daß die Patientin selbst in ihrem lädierten Gesundheitszustand noch immer soviel Humor besaß, daß sie mir, als ich sie besuchte, kurz und bündig die Frage stellte: »Sie sind Hypnosespezialist. Wozu habe ich eigentlich gelernt, hypnotisiert zu werden? Ich fordere Sie jetzt auf, mir mit Ihrer Hypnose weiterzuhelfen.« Ich erklärte ihr, ich könne in diesem Fall nur versuchen, ihr durch eine Medikamentensteuerung zu helfen. Versprechen könne ich aber nichts. Und so geschah es. Eine halbe Stunde nach Verabreichung der Medikamente versuchte ich mit Hypnose, sie im Blutstrom zum eigentlichen Krankheitsherd zu steuern. Das Ergebnis war geradezu frappierend, aber auch faszinierend: Am gleichen Tag nach etwa fünf Stunden war die Schwellung nahezu weg, nach einer weiteren Behandlung nach Gabe der Medikamente am nächsten Tag war sie verschwunden.

Diese Medikamentensteuerung können wir nicht nur in der Zahnmedizin, sondern bei vielen Krankheitsbildern anwenden. Ein weiteres Beispiel, das sowohl die Medikamentensteuerung als auch die Heilungsbeschleunigung durch Hypnose zeigt: Herr S., 33 Jahre alt, hatte sich seinen linken großen Zeh so unglücklich gebrochen, daß er operiert werden mußte. Er geriet darüber in Panik, weil er als Verkaufsmananger in einer hohen Position eines amerikanischen Industriekonzerns in den nächsten 14 Tagen zu einer Besprechung nach Amerika sollte. Eine Absage hätte katastrophale Folgen für ihn gehabt.

Einige Tage nach der Operation trat eine Komplikation durch Vereiterung des Zehs ein. Zehn Tage vor seiner bevorstehenden Reise erklärte ihm der Chirurg, er müsse noch einmal operiert werden. Daraufhin meldete er sich bei mir und bat um Hilfe. Da ich ihn in früheren Zeiten schon mit Hypnose behandelt und zuletzt als Manager im Hypnotraining gecoacht hatte, er somit über ein Hypnosepotential verfügte, bat ich ihn, mich sofort aufzusuchen. Er kam am nächsten Tag und ich führte an diesem Tag innerhalb von sieben Stunden drei Hypnosen durch, in denen ich ihn visualisieren ließ, wie sein Zeh zusammenheilte, wie die Gewebefasern aufeinander zustrebten, wie der Medikamentenstrom vom ganzen Körper aus gesammelt dem Krankheitsherd zufloß. Anschließend ließ ich ihn visualisieren, wie er in Amerika seine Ankunft erlebt. Danach schickte ich den Mann nach Hause mit der posthypnotischen Suggestion, diese Visualisierungen immer wieder aufzugreifen und weiterzuführen.

Zwei Tage später rief mich Herr S. an. Er war bei dem Chirurgen gewesen, der völlig erstaunt über den Heilungsprozeß war. Er war so weit fortgeschritten, daß es für den Arzt nichts mehr zu tun gab. Sieben Tage später flog Herr S. nach Amerika.

Ein verabreichtes Medikament – ganz gleich in welcher Form, ob mit einer Spritze, als Tropfen, Kapseln, Tabletten o.a. – wird im Hypnosezustand mit den entsprechenden Suggestionen offensichtlich zum eigentlichen Krankheitsherd transportiert. Es besteht außerdem die Möglichkeit, die Menge eines Medikamentes einzusparen und den Körper vor unnötigen Vergiftungen zu bewahren.

Wenn es auch zur Zeit noch an größeren Untersuchungsstatistiken mangelt und es die Pharmaindustrie bisher abgelehnt hat, eine größere Untersuchungsreihe mitzufinanzieren, so kann sich der Leser nun selbst ein Bild darüber machen, wie gut eine Steuerung im Hypnosezustand möglich ist und welchen Erfolg sie nach sich zieht (siehe auch Kapitel I). Grundsätzlich lassen sich alle Heilungsprozesse im veränderten Bewußtseinszustand der Hypnose mit entsprechenden Suggestionen erheblich beschleunigen.

4 Beeinflussung des Immunsystems durch Hypnose

»Immun« kommt aus dem Lateinischen und heißt soviel wie »frei, verschont, unberührt, unempfänglich gegenüber Infektionen«. Das Immun-Abwehrsystem unseres Organismus gegenüber Eindringlingen wie Bakterien und Viren oder im Körper befindlichen Zerstörungsprozessen zeigt eine hohe Beeinflußbarkeit im Hypnosezustand. Die cerebrale Beeinflussung des Immunsystems zeichnet sich in letzter Zeit als ein immer größerer Faktor in der Krebsbekämpfung ab. Das sogenannte »healing brain« (heilende Gehirn) spielt hier eine vorherrschende Rolle, wie auch die amerikanischen Immun- und Gehirnforscher H. Hal und R. Restak aufzeigen. Wir wissen also, daß man das Immunsystem konditionieren kann.

Wenn wir nun aber versuchen, bewußt mit der linken Hemisphäre – also im normalen Bewußtseinszustand – das Immunsystem durch irgendeine psychologische Strategie zu beeinflussen, welche Möglichkeiten stünden uns hier offen? Wie wir schon gesehen haben, würden wir keine große Chance haben.

Als nächstes bietet sich die Chance der Beeinflussung im veränderten Bewußtseinszustand der Hypnose an. Sowohl in Form eines positiv programmierenden als auch eines hypnoanalytischen Verfahrens. Durch die Links-Rechts-Verschiebung der Gehirnaktivitäten im Zustand der Hypnose ergibt sich, da wir auf die emotionalen Faktoren des endogenen Systems großen Einfluß haben, in jedem Fall ein biochemischer Einfluß auf die Erkrankung und den Krankheitsverlauf.

Direkte Imaginationen und Visualisierungen in Hypnose verbessern auf jeden Fall die Effizienz jeder Krebstherapie. Ich bin jedoch nicht der Ansicht, daß man konservative Therapiemaßnahmen vernachlässigen oder gar übergehen sollte. Andererseits kann eine begleitende oder zusätzliche Therapie im veränderten Bewußtseinszustand der Hypnose aber der klassischen Medizin keinen Abbruch tun, sondern nur helfen. Selbstverständlich sind Allergien, Heuschnupfen oder allergiebedingtes Asthma ein exzellentes Betätigungsfeld für die Hypnose.

Organe reagieren und befolgen Befehle

Grundsätzlich können wir die Hypothese aufstellen, daß alle menschlichen Organe im veränderten Bewußtseinszustand der Hypnose beeinflußbar sind. Über die Pionierleistung meines Vaters im Bereich »Herz« habe ich schon berichtet. Hier ein Auszug aus seinem Buch: »Wir können unsere Herztätigkeit im Hypnosezustand verändern. Auf eine entsprechende Suggestion setzt das Herz wie auf Kommando aus. Wir können es wieder normal arbeiten, dann wieder aussetzen lassen und so fort. Wir können es unregelmäßig, zu rasch oder zu langsam arbeiten lassen oder Extrasystolen hervorrufen.«

Daß der Blutdruck durch Hypnose beeinflußt werden kann, habe ich bereits am Beispiel von Herrn S. zu Beginn dieses Kapitels demonstriert. Aber auch das Blutbild läßt sich mit entsprechenden Suggestionen im veränderten Bewußtseinszustand der Hypnose beeinflussen. So hat H. Bick die Blutsenkungsgeschwindigkeit und auch die Blutgerinnung mit Hypnose beeinflußt. Diesen Nachweis erbrachte er bereits Anfang der fünfziger Jahre. Hier sein Bericht: »Während meiner Tätigkeit als Krankenhausarzt machte ich einmal folgendes Experiment: Ich nahm einem Patienten, den ich vorher über die Zusammensetzung des Blutes aufgeklärt hatte und der sich in vollkommen nüchternem Zustand befand, soviel Blut ab, wie es für eine Senkung erforderlich ist. Anschließend brachte ich diesen Patienten in Hypnose und erklärte ihm dabei, daß sich die

Blutsenkung bei ihm verändere und sich mehr Blutserum absetze. Danach machte ich erneut eine Blutabnahme. Beide Blutmengen, die ich meinem Patienten abgenommen hatte, brachte ich gleichzeitig in zwei Senkungsröhrchen. Tatsächlich zeigte sich, daß das zuletzt abgenommene Blut eine höhere Senkung als das erste ergab.«

Ebenso ist die Beeinflussung des Hämoglobingehaltes (Blutfarbstoffgehalt) im Blut möglich, wie auch die Beeinflussung der innersekretorischen Drüsen, also die Veränderung des Blutzuckerspiegels. Ferner lassen sich Schilddrüse und Grundumsatz im Hypnosezustand sichtlich verändern, was für die Energieproduktion zur Erhaltung der Organfunktionen unseres menschlichen Körpers notwendig ist. Der Grundumsatz ist abhängig von Alter, Geschlecht, Körpergröße und Hormonfunktionen, insbesondere der Schilddrüse.

Frau K. hatte zahlreiche Beschwerden. Sie klagte über Druckgefühle am Hals und Herzklopfen, Schweißausbrüche, Fingerzittern, ihr Augenschluß war mangelhaft und der Grundumsatz deutlich erhöht. Sie litt an der »Basedow'schen Krankheit«, eine Überfunktion der Schilddrüse, und sie sollte sich in Kürze einer Operation unterziehen. Die Patientin wurde auf ihren Wunsch in unserer Klinik mit Hypnose behandelt. Es zeigte sich ein gutes Resultat. Die Operation erübrigte sich, die Überfunktion der Schilddrüse verschwand. Die Behandlung liegt heute ca. 30 Jahre zurück und wir hatten die Möglichkeit, das Ergebnis nach 20 Jahren zu beobachten. Es gab keinen Rückfall – sie war vollkommen geheilt.

Im Prinzip lassen sich alle körperlichen Drüsen mit der Hypnose gut positiv beeinflussen. Ein interessantes Betätigungsfeld für die Hypnose ist der Magen-Darm-Bereich. So können wir hervorragend die Absonderung des Magensaftes beeinflussen. Wir können die Peristaltik (Magen-Darm-Bewegung) beeinflussen und die Schleimhäute des Magens regenerieren und widerstandsfähiger machen. Wir haben in Röntgenuntersuchungen gesehen, daß wir durch hypnotische Beeinflussung die Schleimhaut des Magens in breite Falten legen können, ähnlich wie es bei einem chronischen Magenkatarrh der Fall ist. Wir konnten in Durchleuchtungen sehen, wie sich durch hypnotische Beeinflussung der Magen an einer bestimmten Stelle zusammenzog, und erkennen, daß diese Einschnürung genau an der angegebenen Stelle stattfand.

1988 machte ich in Zusammenarbeit mit dem Bayerischen Fernsehen, Redaktion »Sprechstunde«, ein interessantes Experiment. Unser Multihypnophon, also ein maschineller Hypnotisierender (siehe Kapitel I und III), sollte in einem demonstrativen Test geprüft werden. Um möglichst schnell viele Interessenten zu finden, wählten wir die Gewichtsreduktion in Hypnose. Alle Teilnehmer waren übergewichtig und wollten mit Hilfe des Hypnosezustands abnehmen. Teilnahmebedingung war, daß die Teilnehmer nie in ihrem Leben hypnotisiert worden waren. Man wollte absolut sicher sein, daß alle Effekte dem Gerät zugeschrieben werden können. Gegenüber der sonst üblichen ärztlichen Tätigkeit sollte das Multihypnophon die Funktionen des Hypnosearztes übernehmen, also eine Hypnoseeinleitung vornehmen, dann im Hypnosezustand entsprechende Suggestionen setzen und nach Ablauf der üblichen Hypnosezeit den Weckvorgang wieder vornehmen. In dem Programm gab es auch die Suggestion, daß sich der Magen verkleinere und rechtzeitig Sättigung melde. Um dies zu demonstrieren, wurde der Vorgang röntgenologisch mit der Kamera aufgezeichnet. Alle Fernsehzuschauer konnten deutlich sehen, wie der Magen auf die hypnotischen Suggestionen reagierte: sich verkleinerte, sich an der angegebenen Stelle sogar abschnürte und – ähnlich dem Röntgenbild meines Vaters – eine Kugelform annahm.

5 Ein unerwarteter Geburtsverlauf

Eines Tages bat mich ein Kollege, seine hochschwangere Frau bei der bevorstehenden Niederkunft des zweiten Kindes mit Hypnose zu unterstützen, denn die vorangegangene Geburt war relativ kompliziert verlaufen. Ich bereitete die Frau so vor, daß sie mit Eintritt des Geburtsvorgangs vollkommen beschwerde- und schmerzfrei war. Damit waren auch Verkrampfungen und Fehlhaltungen ausgeschaltet. So vorbereitet (auch posthypnotisch) wollte der betreffende Kollege seine Frau in das Krankenhaus zur Entbindung bringen, in dem er selbst tätig war. Die örtlichen Verhältnisse und der überraschende Eintritt der Geburt ließen jedoch keine Zeit mehr für einen längeren Transport, und so mußte sie im nächstgelegenen Krankenhaus entbinden. Die dort tätigen Kollegen konnte man gerade noch auf die eventuell zu erwartenden Komplikationen dieser Entbindung hinweisen. Jeder erwartete nun eine komplizierte, aufregende, schwere Geburt. So war die Überraschung groß: Die Patientin war völlig ruhig und entkrampft, die Entbindung verlief völlig normal, ja sogar optimal.

Hier war der posthypnotische Effekt meiner Vorbehandlung voll zur Wirkung gekommen. Die damalige Patientin spricht noch heute von dieser einmaligen, komplikationslosen und schmerzlosen Entbindung, denn ich hatte ihr mit der Hypnose auch die Schmerzen genommen.

Ein Kinderwunsch läßt sich erfüllen

Eines Tages erschien bei mir ein junges Ehepaar mit einem mir bislang noch nie vorgetragenen Wunsch: Sie wünschten sich ein Kind. Ein Gynäkologe hatte ihnen erklärt, organisch sei bei beiden alles in bester Ordnung. Aber of-

135

fensichtlich sei die Frau aus einer psychischen Reaktion heraus nicht bereit zu empfangen.

Die jungen Leute baten mich um Hilfe. Nachdem die Frau gelernt hatte, hypnotisiert zu werden, gab ich ihr ca. vier Wochen lang die positiv programmierenden Suggestionshypnosen, daß sie empfangsbereit sei. Bald war die Frau schwanger.

6 Ein Gelähmter läuft wieder

In der Neurologie bzw. Psychiatrie existieren große Chancen auf Hilfe oder Heilung durch Hypnose nach Schlaganfällen. Schon mein Vater behandelte den Apoplex (Schlaganfall) sehr erfolgreich mit Hypnose.

Es war die Zeit nach dem zweiten Weltkrieg und Hypnose stand in keinem guten Ruf. Mein Vater war an einem konfessionellen Allgemeinkrankenhaus in einem kleinen Ort Chirurg und Chefarzt. Der Hypnose galt schon immer seine besondere Liebe und er war überzeugt, vielen Menschen auch außerhalb der Chirurgie mit Hypnose helfen zu können. Er setzte sie in den verschiedensten Fällen ein. Schließlich hatte er den größten Teil seiner Betten mit Hypnosefällen belegt, der Operationssaal war demzufolge nicht ausgelastet. Sehr zum Mißfallen der Schwesternschaft kam es daher zu großen Defiziten im Finanzhaushalt des Krankenhauses. Mein Vater wurde aufgefordert, die Hypnose zu reduzieren und die Chirurgie in den Vordergrund zu stellen.

Eines Tages kam ein vom Schlaganfall betroffener Mann, der von den Hypnosebehandlungen meines Vaters erfahren hatte und in ihnen seine Chance, wieder laufen zu können, sah. Er bekam in dem Krankenhaus jedoch kein Bett mehr. Also mietete er sich mit einer Pflegeperson in einer Privatunterkunft ein und ließ sich täglich mit dem

Taxi in die Praxis meines Vaters bringen, wo er regelmäßig mit Hypnose behandelt wurde. Ein gelähmter Mann wurde von zwei Helfern aus dem Taxi in die Praxis getragen und wieder zurück. Nach ca. drei Wochen änderte sich das Bild. Dieser Mann mußte nur noch auf beiden Seiten geführt werden. Kraft und Sicherheit beim Gehen nahmen zu. Nach weiteren zwei Wochen kam er zwar immer noch mit dem Taxi, aber er betrat die Praxis meines Vaters schon allein an einem Stock laufend. Nach weiteren zwei Wochen hatte er die Sicherheit und Festigkeit in seinen Beinen wiedergefunden und verabschiedete sich von meinem Vater. Selbst dieser war völlig überrascht, als der Mann ihm erklärte, er fühle sich jetzt so stark und kräftig, daß er mit dem Zug nach Hause fahren wolle.

Dieser Fall hat bei mir, einem damals zwölfjährigen Jungen, einen so tiefen und nachhaltigen Eindruck hinterlassen, daß ich es später als eine besondere Aufgabe und Pflicht betrachtete, Schlaganfallgeschädigten durch Hypnose zu helfen.

Bereits nach dem Ersten Weltkrieg hatten amerikanische Wissenschaftler festgestellt, daß die Funktionen von zerstörten Nervenbahnen durch entsprechende hypnotische Suggestionen von den erhaltenen, gesunden Nervenbahnen übernommen werden können. Es ist ein Weg, der wenig bekannt, aber von mir und meinem Vater mit großem Erfolg begangen wurde. 1991 zeigte ich während der Fernsehsendung »Sprechstunde« des Bayerischen Rundfunks einige solcher Fälle, die ich erfolgreich mit Hypnose behandelt habe. Es war in meiner Laufbahn eine besonders schöne und dankbare Aufgabe, diesen Patienten helfen zu können und mitzuerleben, wie sie dank der Hypnose aus ihrem Rollstuhl wieder herauskamen. Ich behaupte, daß vielen Schlaganfallgeschädigten durch Hypnosebehandlung geholfen werden kann, selbst dann, wenn der letzte Anfall schon geraume Zeit zurückliegt.

7 Mit Hypnoanalyse gegen Neurosen

Unter Neurosen verstehen wir nichtverarbeitete Erlebnisreaktionen. Erlebnisse, die irgendwann in unserem Leben
– meist in unserer Jugend oder Kindheit – so unabwendbar
gegen unsere persönliche Einstellung und Überzeugung
abgelaufen sind, daß wir sie in unserer Hilflosigkeit geschehen lassen mußten. Die Erlebnisse werden dann im
Laufe der Zeit vom »Leben« überdeckt, aber ihre Folgen
sind oft in einer Persönlichkeit niedergelegt. Im schlimm-
sten Falle kommt es zu Neurotisierungen und einer Verei-
telung der Persönlichkeitsentwicklung. Neurosen können
ein ganzes Leben lang die Weiterentwicklung eines Menschen behindern, werden sie nicht aufgedeckt und verarbeitet, d. h. am richtigen Platz integriert.
Vor jeder erfolgreichen Persönlichkeitsentwicklung durch
Hypnose sollte deshalb die Frage nach eventuellen neurotischen Fehlentwicklungen geklärt werden. Neurosen sind
z. B. – neben anderen angeborenen Eigenheiten, Phlegma
und Faulheit – der größte Hemmschuh für jede Karriere.
Ein Neurotiker erkennt zwar sein Fehlverhalten und leidet
auch darunter, aber in den meisten Fällen kann er hier
nicht selbst korrigierend eingreifen. Ein Zwangsneurotiker
muß sogar gegen seine eigene Überzeugung handeln.
Zu den häufigsten Neurosen zählen die Angstneurose, die
neurotische Depression und die Zwangsneurose. Psychosomatische Beschwerden versuchen Ärzte häufig mit Tranquilizern zu behandeln, dies bedeutet, es werden Blocka-
den im Nervenleitungssystem gesetzt und die seelischen
Schmerzen lediglich unterdrückt, nicht jedoch geheilt.
Häufig glauben die Ärzte, diese Medikamente »beruhigen
die Nerven«. In Wirklichkeit tragen sie aber dazu bei, die
Übermittlung der Schmerzbotschaft – wie schon gesagt –
bestenfalls zu unterdrücken. Im Gegensatz hierzu sind
nach erfolgreichem Abschluß der Hypnoanalyse und Ver-

arbeitung und Integration der früher neurotisierenden Inhalte die Patienten vollkommen gesund.

In diesem Zusammenhang hat sich für die Hypnoanalyse und in zweiter Linie auch die Hypnose eine große Domäne eröffnet. Ich selbst konnte in Tausenden von Fällen mit der Hypnoanalyse helfen bzw. heilen, obwohl man anfangs selbst in Fachkreisen von einem hypnoanalytischen Verfahren nicht sehr viel gehalten hat. Selbst mein Vater warnte mich eindringlich davor. Ich hatte jedoch die vielen neurotischen Fälle gesehen, denen man mit einer positiv programmierenden Hypnose allein nicht helfen konnte und setzte meine Forschung für noch mehr Erfolg in der Hypnose fort.

Ich entwickelte das gezielte hypnoanalytische Verfahren, über das ich 1973 auf dem Internationalen Kongreß für Hypnose in Uppsala, Schweden, erstmals sprach. Im Gegensatz zu der damals in den USA schon bekannten Methode der »Ageregression« (Altersrückführung) entdeckte ich eine elegantere Methode, den Ursachen der Beschwerden meiner Patienten auf die Spur zu kommen. Vor der eigentlichen Hypnoanalyse suchte ich in Gesprächen mit meinen Patienten nach ihren unklaren Erinnerungsfetzen und anderen möglichen Anhaltspunkten. Im hypnoanalytischen Verfahren brachte ich dieses verdrängte Material dann zum Einsatz, um die Patienten zu provozieren. Die Ergebnisse faszinierten mich immer mehr. Ich konnte oft in relativ kurzer Zeit und ohne große Umschweife die Ursachen der Beschwerden reproduzieren lassen und aufdecken. Durch dieses gezielte Verfahren der Hypnoanalyse war ein neuer Weg geöffnet, den Ursachen der Beschwerden auf den Grund zu kommen. Mittlerweile habe ich ca. 7000 Hypnoanalysen mit gutem Erfolg durchgeführt. Dieses »kognitiv integrierende hypnoanalytische Verfahren«, so bezeichne ich es, ist der Hauptpfeiler meines Erfolges in der Hypnosetherapie.

Der amerikanische Arzt und Hypnosewissenschaftler Professor Lewis R. Wolberg war der einzige, der zu der Zeit ein umfassendes Buch über die Hypnoanalyse verfaßt hatte (»Hypnoanalysis«, 1964). Er war auch der einzige, der zumindest gute Kenntnisse über die Hypnoanalyse hatte. Er führte jedoch nur die Altersregression im Hypnosezustand durch, die erfahrungsgemäß nicht so erfolgreich ist wie die von mir entwickelte »gezielte Hypnoanalyse« (»Hypnoanalysis by Pointed Questions« – als solches ist dieses Verfahren in die Fachliteratur eingegangen). Wolberg beglückwünschte mich zu meiner Pionierarbeit und auch zu den von mir entdeckten »vier Effekten der Hypnoanalyse« (hierzu siehe Kapitel VI). Von da an verband uns ein langjähriger wissenschaftlicher Austausch und eine besondere Freundschaft.

Ich möchte das Verfahren kurz erklären: Van Pelt suggerierte seinen Patienten im Zustand der Hypnose, es werden ihnen die die Beschwerden auslösenden Ereignisse bis zur nächsten Sitzung einfallen. Ich dagegen führe den Patienten an den Problempunkt heran, d. h. ich gehe vom Symptom aus: Nach mehreren vorausgehenden Sitzungen und damit einer Intensivierung des Hypnosezustandes wird ein besserer Rapport zunächst zwischen dem Hypnotisierenden und dem Hypnotisierten hergestellt. Die Probanden werden danach durch gezielte Fragen – unter strenger Vermeidung irgendwelcher Suggestivfragen – im Zustand der Hypnose zum Reproduzieren verdrängter Erlebnisreaktionen und gleichzeitigem Assoziieren angeregt. Der Patient muß spontan auf die Fragen antworten. Tieferliegende Inhalte und verdrängtes Material können so in relativ kurzer Zeit aufgedeckt werden.

Die Sitzungen werden auf Tonband aufgezeichnet. Nach jeder Hypnosesitzung ist der Patient gehalten, die aufgedeckten Inhalte frei aus seinem Gedächtnis niederzuschreiben. Danach hat er die Möglichkeit, noch einmal die von ihm gegebenen Reproduktionen auf Band abzuhören und nochmals selbst nach den Ursachen seiner Beschwerden selbst zu suchen.

Danach soll der Patient eine erste »Bilanz« (eine schriftliche gegenüberstellende Auflistung von Neurotisierungsereignissen mit Zeitangabe und der heute veränderten Lebenssituation) aus seiner Hypnoanalyse über die von ihm gefundenen Ursachen ziehen. Damit ist der Patient selbst gegen die in ihm immer noch bestehenden Widerstände gezwungen, sich mit den Tatsachen der Ursachen seiner Beschwerden auseinanderzusetzen. Die »Bilanz« wird dann von dem Hypnosearzt mit dem Patienten eingehend besprochen, und es wird versucht, die eigentlichen, tieferliegenden Ursachen der Beschwerden zu finden. Dieses Verfahren (Hypnoanalyse, Niederschrift aus dem Gedächtnis, Bandabhören und Bilanz) kann sich je nach Anzahl der durchgeführten Analysesitzungen mehrfach wiederholen. Schließlich wird dann noch einmal eine »Gesamtbilanz« zur eigentlichen Ursache der Beschwerden erstellt.

Die eigene Aktivität der Patienten ist im hypnoanalytischen Verfahren wie auch im positiven Suggestionsverfahren für den Therapieerfolg von größter Bedeutung. Es wird ihnen so immer wieder die Gelegenheit gegeben, aktiv an ihrem Heilungsprozeß mitzuwirken und ihre eigene Aktivität zu erhalten und zu fördern, so daß wenig Gefahr für eine Abhängigkeit vom Therapeuten besteht.

Es ist äußerst wichtig, daß sich der Patient immer wieder mit den verdrängten Konfliktsituationen auseinandersetzt und sie sich verständlich macht; denn was verständlich ist, ist auch bald selbstverständlich. Und durch diesen Prozeß kommt es zur Auflösung des neurotischen Komplexes; denn was selbstverständlich ist, macht nicht krank.

Es sind diese vier Effekte der Hypnoanalyse, die ich entwickelt habe: 1. Der auffindende Effekt, also das Auffinden der Ursachen der Beschwerden. 2. Der bewußtmachende Effekt, d. h. die aufgefundenen Ursachen der Beschwerden werden dem Patienten in das Bewußtsein gebracht. 3. Der befreiende Effekt, d. h. durch die beiden erstgenannten Effekte kommt es zu einer Befreiung von Schuldgefühlen. 4. Der scheinbare Löschungs- bzw. Auflösungseffekt, wobei es durch Freisetzen von Assoziationen zu dem scheinbaren Löschungs- bzw. Auflösungseffekt kommt.

Durch die Hypnoseanalyse kommt es also zunächst zu einer Transparenz und dann zur Auflösung eines oder mehrerer Problempunkte oder zusammengeballter Problempunkte. Die vorher blockierten Assoziationsmöglichkeiten werden wieder freigelegt und das Geschehene in den Gesamtkomplex unseres Bewußtseins integriert. Es wird selbstverständlich und was selbstverständlich ist, berührt uns nicht mehr, tut uns nicht mehr weh.

Unter der Glasglocke

Ein Beispiel, das auch gleichzeitig die Problematik der pränatalen Psychologie einschließt, haben wir bei Herrn W. Er litt sein ganzes Leben lang unter Hemmungen, Kontaktschwierigkeiten, Angstzuständen, Depressionen und erheblichen Störungen in seiner Persönlichkeitsentwicklung. Schon als Schulkind konnte er sich nicht gegen Mitschüler durchsetzen und ließ sich widerspruchslos von ihnen hänseln und schlagen. Seinen Eltern gegenüber erklärte er mehrmals, er habe das Gefühl, er säße unter einer Glasglocke und könne sich nicht selbst befreien.

In der Hypnoanalyse schrie er: »Ich will hier raus! Ich muß hier raus!« Nachforschungen ergaben, daß er über einen Monat zu spät auf die Welt kam. Diese negative Erfahrung, eingeschlossen zu sein und keinen Kontakt zu dem entsprechenden Lebensraum finden zu können – denn seine rezeptorischen Organe waren bereits voll ausgereift –, führte dazu, daß er sich nicht in seiner Persönlichkeit entwickeln konnte. Seine aufgestauten Aggressionen konnte er infolge schwerer Hemmungen auch nicht abbauen und abreagieren. Deshalb richtete er sie gegen sich selbst, wie in der zweiten Hypnoanalyse zu erfahren war. Er riß sich unter dem Erlebnis des Schmerzes als Ersatzschmerz die Augenwimpern aus.

Die Zusammenhänge seiner Beschwerden wurden ihm mit Hilfe der Hypnoanalyse deutlich gemacht und mit ihm besprochen. Zusätzlich bekam er die Suggestion, er kenne jetzt die Ursache seiner Beschwerden und sei nun frei. Herr W. erkannte und akzeptierte schließlich immer mehr die Zusammenhänge seiner Beschwerden. Danach hat sich sein Zustand so erheblich gebessert, daß er endlich einen Beruf erlernen konnte. Heute ist er als technischer Zeichner sehr erfolgreich. Mit keiner anderen Methode wären wir in der Lage gewesen, die Ursachen der Beschwerden dieses jungen Mannes so präzise zutage zu fördern.

Das hypnoanalytische Verfahren ist ein sehr kompliziertes Instrument und bedarf sehr viel Erfahrung. Man muß damit umgehen können. Es findet seinen Einsatz nicht nur in der Medizin, der Psychotherapie – hier insbesondere bei neurotischen Fehlentwicklungen –, sondern seine Einsatzpalette umfaßt alle Gebiete, in denen im veränderten Bewußtseinszustand der Hypnose über eine spezielle Befragung dem normalen Bewußtsein verborgene Informationen zutage gefördert werden sollen. Das sind neben der Hypnoanalyse zur Aufdeckung verdrängter Beschwerden die Sachgebiete der Reinkarnation, der Erbinformation, der Traumreproduktion und -interpretation und auch teilweise des Hellsehens und der Präkognition (das Voraussehen eines Ereignisses; denken wir hier an die Geschichte der Pythia).

Interaktion von Psychopharmaka

Viele Menschen, auch Ärzte, glauben leider immer noch, man könne mit Medikamenten die Hypnose unterstützen. Hier habe ich mit meiner Untersuchungsreihe den Gegenbeweis angetreten. Mir war immer wieder aufgefallen, daß Patienten, die mit Medikamenten behandelt wurden und in meine Klinik kamen, solange nur kleine oder gar keine Erfolge bei der Hypnosebehandlung aufwiesen, bis die Medikamente abgebaut waren (wir nannten es »Aushungern«).

Ich habe mich intensiv mit der Frage der Kombination von Psychopharmaka und Hypnose beschäftigt. Statistische Auswertungen haben ergeben, daß das Zusammenwirken von Tranquilizern und Hypnose zwar im Prinzip unschädlich ist, daß aber Tranquilizer die Gehirnleistungen in bezug auf die Merkfähigkeit heruntersetzen. Bis dahin war ich der einzige Wissenschaftler, der diese Untersuchungen in diesem Umfang – Tranquilizer, Antidrepressiva und Neuroleptika in der Interaktion mit Hypnose – vorgenommen hat.

Wie wir wissen, gehört zur erfolgreichen Hypnosetherapie ein einwandfrei funktionierendes Gedächtnis und Gehirn. Beides war bei der Verabreichung von Tranquilizern wesentlich eingeschränkt. Dagegen stellte ich fest, daß sich Antidepressiva im Zusammenhang mit Hypnose – insbesondere auch bei Vorbehandlungen von Depressionen mit Hypnose – sehr gut kombinieren lassen. Bei einer Hypnosebehandlung ist von einer Gabe Neuroleptika (Fluspirilen) ganz abzuraten. Ich vergleiche dies immer mit einem Beispiel: Wenn zwei zur Tür hereinwollen und einer (das Neuroleptikum) ist der stärkere, kann der andere nichts mehr ausrichten. Man kann es auch so sagen: In diesem Fall ist die Materie stärker als der Geist. Solange die Wirkung des Neuroleptikums anhielt, fühlten sich die Patien-

ten zwar äußerlich wohl und hatten weder Angst noch Depressionen – ja teilweise sogar einen gewissen Hauch von
Euphorie –, nach Ablauf der Wirkung des Medikamentes
fielen sie aber in sich zusammen und es zeigte sich das
gleiche Krankheitsbild wie vor der Einnahme des Medika-
ments. Die Hypnosebehandlung kam also auch hiergegen
nicht an, hier war der Zugang durch das Medikament ver-
sperrt.

Ich stellte fest, daß es mit Ausnahme eines einzigen mitt-
leren Antidepressivums (Amitriptylin) keine Interaktion mit
der Hypnose gibt.

Verzweifelte Selbsttherapie: Zuhälter und Fallschirmspringer

Herr J. litt bereits als Neunjähriger unter erheblichen Ängsten und mußte früh in stationäre psychiatrische Behandlung. Geholfen hatte ihm das allerdings nichts, und so ist
es nicht verwunderlich, daß er schon bald das Vertrauen
zu den behandelnden Ärzten verlor.

Herr J. versuchte seine Ängste zu kompensieren, indem er
als junger Mann immer Menschen aufsuchte, die scheinbar keine Angst kannten. Auf St. Pauli – Deutschlands sün-
digster Meile – tat er sich mit einer Barfrau zusammen.
Später freundete er sich mit einer Dirne an und lebte unter Zuhältern. Er war überzeugt, es werde ihm eines Tages
besser gehen, solange er nur mit diesen Leuten zusam-
menlebte. Er glaubte hier offensichtlich an den Erfolg einer
Verhaltenstherapie der eigenen Art.

Schließlich ließ er sich im Fallschirmspringen ausbilden,
ging zu den Catchern. Aber seine diffuse Angst bekam er
nicht in den Griff. Tabletten machten alles noch schlimmer.
Seine Ängste wurden konkreter. Bei der Erstkonsultation erzählte er mir: »Ganz deutlich gab es Situationen, in denen
ich genau wußte, da kannst du nicht hingehen. Du hast ein-

fach Angst davor. Ich konnte mit keinem Fahrstuhl mehr fahren. Ich konnte nicht aufs Meer hinausschwimmen. Früher habe ich zwar Angst gehabt, hinauszuschwimmen, aber ich hatte keine Angst, nicht zurückzukommen. Durch Einnahme der Tabletten hat sich mein Zustand wesentlich verschlimmert und die Ängste nahmen zu.«

Die Hypnoanalyse befreite diesen Mann aus seinem Teufelskreis. Als Ursache seiner Erkrankung erkannte er ein schweres Geburtstrauma. Während seiner Geburt, die mehr als zwei Tage dauerte, war im entscheidenden Moment keine Hebamme zur Hand gewesen und die Angst der Mutter übertrug sich auf das Kind. Die Hypnoanalyse diente dem Zweck, verdrängte Erlebnisse mit einem abgespaltenen inneren frühkindlichen Schmerz wiedererleben und -fühlen zu lassen. Sie hob den Verdrängungsprozeß auf und brachte Unbewußtes in das Bewußtsein des Probanden.

Wie wir hieraus ersehen, läßt sich eine geschädigte Seele nicht mit dem Willen vergewaltigen, noch läßt sie sich mit einem Medikament beeinflussen, da sich beides auf verschiedenen Ebenen abspielt. Nur durch Erkennen der Ursachen der Beschwerden und durch die Akzeptanz dieser Tatsache konnte Herr J. seine Persönlichkeit weiterentwickeln, eine Ausbildung machen. Seit ca. 20 Jahren führt er nunmehr ein erfolgreiches Leben.

Bestialisch gequält und mißhandelt

»Sanfter« Terror wie zum Beispiel ständiger Liebesentzug als Strafe, Nichtbeachtung und übertriebene Strenge kann ebenfalls zu schweren neurotischen Fehlentwicklungen führen und sich im weiteren Leben katastrophal auswirken. Schwerster Terror und Mißhandlungen dagegen können nicht mehr beherrschbare Ängste auslösen oder auch schwere Depressionen nach sich ziehen.

Frau S. kam in einer sehr desolaten physischen Verfassung zu uns in Behandlung. Sie litt unter Ängsten und Depressionen und war von einer Nervenklinik als unheilbar entlassen worden. Ihre Mutter hatte sie von frühester Kindheit an so sehr gequält, mißhandelt und geschlagen – und dies auch noch nach ihrer Heirat –, daß sie nur noch ein Häufchen Elend war.

Während einer Hypnoanalyse sah und schilderte sie, wie die Mutter sie an den Haaren durch die ganze Küche schleifte. Plötzlich brach sie mit weinerlicher Stimme aus sich heraus und sagte: »Da ist ja auch noch der neue Herd.« Ganz überrascht fragte ich: »Was ist mit dem neuen Herd?« Sie berichtete dann weiter, daß sie durch die massiven Quälereien und Schläge der Mutter nicht mehr weinen konnte. Das nahm die Mutter zum Anlaß, eine neue Tortur für ihre Tochter zu erfinden. Was die Patientin jetzt schilderte, ließ es mir eiskalt den Rücken herunterlaufen. Die Mutter schaltete zwei elektrische Kochplatten des neuen Herdes an und ließ sie heiß werden. Dann überwältigte sie ihr Kind und drückte auf jeweils eine Kochplatte ein Händchen. In der Hypnoanalyse schrie die Patientin erbärmlich und weinte.

Ich war zu dieser Zeit in meinem Beruf schon einiges gewöhnt, aber solche Grausamkeiten seitens einer leiblichen Mutter waren mir noch nie begegnet. Trotz vieler anderer Torturen, die Frau S. von ihrer Mutter noch erfahren mußte und die wir alle zutage förderten, gelang es mir Gott sei Dank, aus Frau S. mit Hilfe der Hypnosetherapie wieder eine vollkommen gesunde Frau zu machen.

Um anderen Leidensgenossen neue Hoffnung zu geben, stellte sich Frau S. für eine Fernsehsendung der Reihe »Gesundheitsmagazin Praxis« zur Verfügung. Einer ihrer abschließenden Kommentare bei unserem letzten Telefonat vor etwa zwei Jahren war, sie sei glücklich, nun eine ganz gesunde normale Frau zu sein. Sie sage dies bewußt, denn sie habe damals nicht mehr daran geglaubt, in diesem Leben noch einmal eine so wunderbare Erfahrung machen zu dürfen.

Sie ist nunmehr seit über 15 Jahren seelisch kerngesund.

Eingesperrt durch Waschzwang

Waschzwang kann in schweren Fällen nicht nur sehr lästig, sondern auch grausam sein. Der Betroffene weiß, daß er etwas Unsinniges tut, er kann sich jedoch seiner Handlung nicht erwehren.

Herr D. war so ein Fall. 1976 kam er als Zwanzigjähriger in die Pfälzer Felsenland-Klinik mit einer schweren Zwangsneurose, die mit Angst und dem ständigen Bedürfnis, Wohnung und Hände zu reinigen, verbunden war. Von seinen Eltern mußte er sechs Wochen vor Beginn seines Klinikaufenthaltes bei mir auf die Behandlung vorbereitet werden, denn gerade Angstkranke verspüren starke Widerstände gegen jegliche Art von Therapie.

Die Symptome traten erstmals in Jahre 1973 auf, nachdem ihm drei Weingläser aus der Hand gefallen waren. Schlagartig erinnerte er sich an zwei weitere Unfälle, die er mit 12 und 16 Jahren erlebt hatte, und zwar deshalb, weil er durch das Zersplittern der Weingläser in einen Schock (besonderen Wachheitszustand) geraten war. Urplötzlich war in ihm eine panische Angst aufgestiegen. Er konnte sich von nun an nicht mehr von dem Gedanken befreien, die ganze Wohnung sei voller Glassplitter. Von morgens bis abends war er damit beschäftigt, seine Umgebung von angeblichen Splittern zu reinigen. Dazu kam das Bedürfnis, sich dauernd die Hände zu waschen. Der Zustand verschlimmerte sich so sehr, daß er das Haus nicht mehr verlassen konnte. Der junge Mann kerkerte sich ein. Nur noch putzen, schlafen und essen. Kein Kino, keine Freundin, kein Arbeitsplatz – nichts! Ein erbärmliches Leben. Keine fremden Menschen durften zu Besuch kommen. Selbst seine Eltern waren in die Neurose mit einbezogen: Sie mußten sich waschen und reinigen, wenn sie nach Hause kamen.

Wir hatten also einen zentralen Punkt: den Reinigungszwang. Und auf diesen konzentrierte sich unsere ganze Therapie. Nach mehreren hypnoanalytischen Verfahren rief ich den eigentlichen Problempunkt der Gesamterkrankung Herrn D. ins Bewußtsein: Kurz nach seiner Geburt – er lag auf dem Wickeltisch – explodierte eine Neonlampe über ihm. Das Baby war buchstäblich mit Glassplittern übersät. Die Schwester tat nicht das Nächstliegende, sie nahm den Kleinen nicht auf den Arm, um ihn zu beruhigen, sondern sie war selbst sehr erschrocken und völlig hilflos. Beim Reinigen des Kleinen passierte ihr dann noch ein weiteres Mißgeschick. Das benutzte Handtuch hing so ungeschickt über einem Haken am Wickeltisch, daß es herunterrutschte und dem Kleinen auf das Gesicht fiel. In einer späteren Nachanalyse konnten wir herausfinden, daß Herr D. hierdurch eine weitere Neurotisierung erfuhr; denn er bekam keine Luft, bis man ihn wieder von dem für ihn damals schweren Handtuch befreite.

Als Erwachsener konnte sich Herr D. nicht mehr an diese Erlebnisse erinnern. Doch genau diese beiden kurz nacheinander folgenden schweren psychischen Traumata in seinem frühkindlichen Leben führten später zu der hartnäckigen Neurose. Das Mißgeschick mit den Weingläsern stellte eine unbewußte Verbindung zwischen den beiden Unfällen und der damaligen Angst des Säuglings her, die bisher nicht verarbeitet werden konnte. Ich machte meinem Patienten die Ursache seines Waschzwangs bewußt und – was dabei sehr wichtig war – er konnte die Ursache seiner Angst selbst erkennen, indem ich ihn die neurotisierenden Ereignisse im Hypnosezustand noch einmal erleben ließ. Er stellte nun den Zusammenhang zwischen dem verursachenden Moment (Zersplittern der Lampe) und dem auslösenden Moment (Zerbrechen der Weingläser) seiner Beschwerden in folgerichtiger Weise her. Wir konnten so die aus seinem Unterbewußten auftauchende Angst wieder an ihren ursprünglichen Platz – ihre Entstehungssituation – zurückbringen. Gleichzeitig hatte er aber auch erfahren, daß ihn keine direkte Schuld an seinem Schicksal traf. Es trat eine Befreiung ein von den Informationen und Störungen, die seine Persönlichkeit eingeengt hatten.

Der Schweizer Psychiater M. Nachmannsohn nennt die aus dem Unterbewußtsein auftauchende Angst die »vagabundierende Angst«. Ich bringe – zusammen mit dem Patienten – diese »vagabundierende Angst« in der Hypnoanalyse also wieder an ihren Ursprung zurück und löse sie dort auf.

Eines möchte ich hinzufügen: Die Beobachtung des Freiwerdens der Patienten bei Auflösung der »vagabundierenden Angst« hat mich dazu veranlaßt, am Ende eines hypnoanalytischen Verfahrens die Patienten immer nach diesem Gefühl zu befragen. Es ist nicht nur die Empfindung, etwas »losgeworden zu sein« und Problematisches und Belastendes ausgesprochen zu haben. Hierauf weist auch der Begründer der Lindauer Psychotherapiewoche Professor E. Speer hin. Häufig fühlen sich Patienten mit neurotischem Syndrom in irgendeiner Form selbst schuldig, was sie dann in Vorgesprächen so zum Ausdruck bringen: »Ich kann mir gar nicht vorstellen, woher ich die Sache habe.« Sie wollen damit sagen: »Ich habe doch nichts getan. Nichts Falsches oder Schlechtes.« Dieses unbewußte Schuldgefühl verschwindet ziemlich schnell, wenn man mit den Patienten über die Zusammenhänge und die Entwicklung ihrer Neurose spricht.

Die Frage ist nun: Wie können wir uns diesen auflösenden Effekt erklären und vorstellen? Was geschieht dabei? Ist es ein Löschen all der negativen Engramme, die – wie bei einem schlecht oder falsch programmierten Computer – laufend stören oder falsche Programme liefern? Oder ist es ein ganz anderer Vorgang, nämlich der der Struktur unseres menschlichen Gehirns, das eher dazu neigt, Informationen einfach abzuspeichern und zu integrieren – und dies entweder falsch oder richtig, also verstanden oder unverstanden?

Um dieses Phänomen zu verdeutlichen, möchte ich kurz auf die Funktion unseres Gedächtnisses zurückkommen, insbesondere auf das Langzeitgedächtnis, in dem Erinnerungen, Erlebnisse etc. verankert sind. Man nimmt an, daß hier die Informationen in Form von Proteinen liegen, von den RNS-Matrizen kopiert und dauerhaft fixiert: Die sogenannten Engramme. Bei Erlebnissen, die uns persönlich sehr intensiv betreffen, genügt oft eine einmalige Aufnahme zur permanenten Speicherung. Dies geschieht, wie wir gesehen haben, im Zustand der erhöhten Aufmerksamkeit, also nicht im normalen Tagesbewußtseinszustand. So kann man sich vorstellen, daß nichtverarbeitete Erlebnisse und Eindrücke gespeichert werden.

Mit der Hypnoanalyse findet falsch abgespeichertes Informationsmaterial (krank machendes Material), das im erhöhten Bewußtseinszustand der Hypnose bewußt gemacht und richtig integriert wird, seine qualifizierte Auflösung. Die neurotisierenden Erlebnisinformationen verlieren ihre negativen Einwirkungen; viele neue Gedankenverbindungen finden ihren Weg und werden in ihrer positiven Wirkung nicht mehr beeinträchtigt. Um dies zu erreichen, muß der Problempunkt sehr transparent (verständlich) gemacht werden.

Im Fall des Herrn D. bedeutet das, daß die Informationsabspeicherung in falscher Form stattfand; sie wurde nicht verstanden und konnte daher nicht richtig integriert werden. Wenn nun Herrn D. ein entsprechendes Reizmuster traf, lief automatisch eine bestimmte Reaktion ab: Er tat etwas, das er mit seinem Bewußtsein weder vereinbaren konnte noch wollte. So konnte er sich selbst schließlich nicht mehr verstehen und geriet in immer größere Panik.

In der Hypnoseanalyse erfahren Neurosepatienten, daß sich die neurotisierenden Erlebnisse zu früheren Zeiten und an ganz bestimmte Orte gebunden ereignet haben und keineswegs ins jetzige Leben, am jetzigen Ort zu integrieren sind. Wichtig dabei ist: Dies erfährt im veränderten Bewußtseinszustand der Hypnose das Unterbewußtsein und trägt es so auch – bei entsprechender Bearbeitung – ins Oberbewußtsein. Das bedeutet, der Patient ist dann gesund.

Herr D. zum Beispiel glaubte am Ende, überall gäbe es Glassplitter. Das ganze Manöver dehnte sein Unterbewußtsein dann auch auf Schmutz aus, so daß er sich pausenlos waschen und reinigen mußte. Erst als er verstand, daß er damit einer falschen Information (falschen Norm) folgte, kam er zur Einsicht. Alles bisher Unverständliche wurde für ihn verständlich und schließlich selbstverständlich. Die Problempunkte und -komplexe waren aufgelöst, durch sein Erkennen der Ursachen seiner Beschwerden und durch die Akzeptierung dieser Tatsachen. Danach konnte Herr D. eine Ausbildung machen und führt seit nunmehr ca. 20 Jahren ein erfolgreiches und normales Leben. Er hat geheiratet, hat eine Familie und auch ein eigenes Unternehmen gegründet.

Nehmen wir an, Herr D. hätte die Ursache seiner Beschwerden nicht akzeptiert; dann wäre eine volle Heilung fraglich gewesen. Denn zur vollkommenen Heilung gehört neben den vier Effekten der Hypnoanalyse, wie ich sie bereits geschildert habe, vor allem auch das Akzeptieren der Ursache der Beschwerden.

Um ganz sicherzugehen, daß bei der »gezielten« Hypnoanalyse auch wirklich nichts übersehen wurde, führe ich grundsätzlich zum Abschluß einer Behandlung eine Age-regression (Altersrückführung) durch. Dabei gehen wir im Lebensalter des Patienten Jahr für Jahr zurück und untersuchen jedes Lebensjahr bis hin zur Geburt, die Geburt selbst und die pränatale oder vorgeburtliche Zeit. Diese Altersrückführung bedeutet einmal eine Revision (wir können feststellen, ob sich noch irgendwo ein nicht aufgefundener Problempunkt oder -komplex findet) und dient zum anderen einem besseren Verständnis der Gesamtentwicklung unseres Patienten.

8 Sucht und Hypnose

Die Sucht gehört zum psychischen Behandlungsbereich. Während meiner Laufbahn als Arzt an einer großen Nervenklinik hatte ich bereits sehr früh mit Suchtpatienten – vorrangig Alkoholikern – zu tun. Dank der Anregung eines Meisters der Hypnosetherapie, des ungarischen Arztes Professor F. A. Völgyesi, den ich 1965 auf dem Internationalen Kongreß für Hypnose in Paris kennenlernte, entwickelte ich eine sehr erfolgreiche Behandlungsmethode durch Konditionierung in Kombination mit einer Antialkoholtablette, die Brechreiz und Erbrechen im Fall von Alkoholgenuß auslöste. Über diese Methode und die von mir entwickelte aktive Aversion beim Rauchen und bei Nikotingenuß berichtete ich erstmals auf dem 5. Internationalen Kongreß für Hypnose und psychosomatische Medizin 1970 in Mainz. Seither habe ich mich immer wieder mit diesem Thema auseinandergesetzt.
Grundsätzlich ist eine echte Einsicht Voraussetzung für die Entwöhnung. Der noch Süchtige muß den ernsthaften Wunsch mitbringen, von seiner Sucht befreit zu werden. Nur dann kann Hypnose wirklich und dauerhaft helfen.

9 Hypnose in der Zahnmedizin

Da ich selbst ein Lehrbuch zur Zahnmedizin und Hypnose verfaßt habe, gäbe es hier sehr viel zu berichten. Um den Rahmen dieses Buches nicht zu sprengen, möchte ich nur einige grundlegende Informationen geben. Die Hypnose ist in der Zahnmedizin hoch aktuell und wird es immer mehr. Wo liegen nun die Vorteile einer Zahnbehandlung im veränderten Bewußtseinszustand der Hypnose? Hierfür gibt es eine ganze Liste:

• Es wird eine optimale Entspannung des Patienten erreicht.

• Es ist eine garantiert bessere Zusammenarbeit zwischen Patient und Zahnarzt möglich.

• Es findet eine Befreiung des Patienten von Angst und Furcht statt.

• Die Hypnosebehandlung bietet eine optimale Vorbereitung des Patienten für die örtliche und allgemeine Anästhesie.

• Durch entsprechende Suggestionen im veränderten Bewußtseinszustand der Hypnose wird eine große Schmerzlinderung (Analgesie) erzielt.

• Mit entsprechenden Suggestionen kann man eine künstliche Amnesie bewirken, dem Patienten so die Erinnerung an eine schlimme Zahnbehandlung nehmen und damit die Angst vor künftigen Behandlungen.

• Hypnose ist das einzige Narkoseverfahren, das uns in die Lage versetzt, mit dem Patienten zu kommunizieren. Der Patient hat also wesentlich mehr Sicherheit im Falle von Zwischenfällen.

• Mit Suggestionen können wir Blutungen unter Kontrolle halten bis hin zur völligen Blutstillung, indem wir die Gefäße sich eng zusammenziehen lassen.

• Selbstverständlich ist die Kontrolle des Speichelflusses (Salivation) während der Behandlung.

- Bei muskulärer Starre bzw. Verkrampfung von Kiefer und Nacken können diese unkompliziert mit entsprechenden Suggestionen gelöst werden.
- Die schmerzlose Periode kann mit Suggestionen ausgedehnt werden.
- Ein Abnehmen des Abdrucks ohne Erbrechen oder Übelkeit wird unter suggestiver Steuerung des Patienten ohne weiteres toleriert.
- Wir haben die Möglichkeit eines verbesserten Anpassens und Gewöhnens an das Tragen von Prothesen durch Suggestionen.
- Mit entsprechenden Suggestionen können wir den Heilungsprozeß wesentlich beschleunigen.
- Mit entsprechenden Suggestionen lassen sich Medikamente an den Krankheitsherd transportieren.

Es gibt sicher noch mehr Möglichkeiten; worauf ich aber besonders auch in diesem Zusammenhang hinweisen möchte, ist die Vorleistung eines Hypnosepotentials.

Am Strand von Sylt

Zu zwei Punkten unserer obigen Liste ein kleines Beispiel: Unsere Probandin Frau H. hatte vor jeder zahnärztlichen Behandlung wie viele andere Menschen eine höllische Angst. Um eventuellen Schmerzen und anderen unangenehmen Empfindungen aus dem Weg zu gehen, stopfte sie sich vor jeder Zahnbehandlung erst einmal mit Beruhigungs- und Schmerztabletten voll. Dann ging sie in die zahnärztliche Praxis, immer noch mit Angst behaftet. Im Laufe ihres Lebens verschlimmerten sich die Ängste, und sie hörte von der Möglichkeit einer Hypnosebehandlung.

Sie kam zu mir und wir überlegten, welche Möglichkeit für sie die optimalste wäre. Sie war eine große Sylt-Anhängerin, und so entschloß ich mich zu einem Dissoziationsverfahren (Abtrennung von der Situation, in diesem Fall des Zahnarztstuhles) mit dem posthypnotischen Auftrag, mit dem Platznehmen auf dem Zahnarztsessel vergesse sie ihre Umgebung und befinde sich am Strand von Sylt mit seinem Wellenrauschen und vielen anderen typischen Geräuschen. Denn im veränderten Bewußtseinszustand der Hypnose können wir einen Menschen geistig völlig vom Ort seines realen Befindens trennen; sein Körper ist zwar am Ort des Geschehens, aber der Geist ist zur gleichen Zeit am Ort eines imaginären Geschehens. Wenn aber der Geist, der für unsere Empfindungen letztendlich zuständig ist, nicht am Ort des Geschehens ist, können wir auch keine Schmerzempfindung wahrnehmen. Auf dieser Tatsache beruht die Möglichkeit einer schmerzlosen Behandlung im Hypnosezustand.

Im Fall von Frau H., die gut auf die Hypnosebehandlungen reagierte, trat der posthypnotische Auftrag in dem Moment, in dem sie sich auf den Zahnarztsessel setzte, voll in Aktion. Sie empfand nicht – wie sie später berichtete – daß sie sich in einer Zahnarztpraxis befand, und dies, obwohl der Zahnarzt mit ihr kommunizierte. Sie befolgte alle Anweisungen des Zahnarztes in einem gewissen »Trancezustand«, ohne sich dessen bewußt zu sein. Nach Abschluß der Behandlung kehrte sie – ihrem posthypnotischen Auftrag entsprechend – in ihren normalen Bewußtseinszustand zurück. Nach ihrem Behandlungsverlauf befragt, erklärte sie, es wäre schön gewesen, sie sei in dieser Zeit am Strand von Sylt gelegen und habe Wind und Meer genossen.

Sie hatte die vierstündige Behandlung weder zeitlich wahrgenommen noch währenddessen irgendwelche schmerzhaften Empfindungen erlebt.

10 Kosmetik und Hypnose

Glatte Haut und schöner Busen

Was hat die Hypnose in der Kosmetik zu suchen? Die Antwort liegt näher als man denkt. »Kosmetik« kommt aus dem Griechischen und bedeutet »Kunst des Schmückens«. Sie dient heute sowohl der Schönheitspflege des Körpers als auch des Gesichts, der Haare und Nägel – insgesamt dem ganzen äußeren Aussehen. Wir haben erfahren, daß sich die Haut im Hypnosezustand selbst bei kranken Veränderungen (Warze/Wunde) erfolgreich beeinflussen läßt. Was bei einer krankhaften Haut möglich ist, ist erst recht bei einer alternden oder vernachlässigten Haut möglich. Suggestionen, die Haut werde besser durchblutet, besser mit Nähr- und Aufbaustoffen versorgt, in Verbindung mit isometrischen, post-hypnotischen Befehlen, bringen sehr gute Erfolge und wir können die Haut auf diese Weise wunderbar straffen. Raikov hat auch die Beeinflussung der Rückbildung der Keloidbildung (Narbenbildung) durch Hypnose nachgewiesen.

Gute Erfolge hatte ich zudem bei Brustvergrößerungen durch Hypnose, was oft in US-Spitälern praktiziert wird. So berichtet der amerikanische Arzt Dr. G. J. Honiotes – Mitglied der amerikanischen Akademie für Hypnoanalyse, wo auch ich tätig bin (siehe Abb. 9) – aus Joliet im Staate Illinois: »Von 28 Frauen, die an unserem Experiment teilnahmen, hatten am Schluß alle um einen halben bis zu neun Zentimeter größere Brüste. Jede Frau nahm an insgesamt 19 Hypnosesitzungen teil. Es steht damit außer Frage, daß diese Methode wirksam ist.«

Wie aus den Medien zu erfahren ist, wiederholen sich derartige Experimente mittlerweile laufend, da viele andere Methoden große Risiken in sich bergen.

Der Haarwuchs läßt sich mit entsprechenden Suggestionen in der Hypnose positiv regulieren und man kann sowohl Kahlköpfigkeit als auch ganz normalen Haarausfall beseitigen. Ausgenommen ist hier jedoch die Kahlköpfigkeit des Mannes (letztes Reifezeichen eines Mannes), die wir in Hypnose nicht beeinflussen können.

11 Persönlichkeit, Kreativität und Hypnotraining

Von den religiös-kultischen und medizinisch-heilenden Bereichen, die in früheren Zeiten durch die Priesterärzte noch sehr miteinander verbunden waren, wissen wir, daß die Hypnose schon seit Menschengedenken bekannt ist und auch Anwendung gefunden hat.

Anders verhält es sich in den nicht-kultischen und nicht-medizinischen Disziplinen wie Sport, Kunst, Managementtraining und -coaching. In diesen Gebieten trat die Hypnosebehandlung erst in den 70ern ihren Siegeszug an. So hat der kanadische Psychologieprofessor Dr. K. S. Bowers 1974 durch objektive psychologische Tests nachgewiesen, daß die Kreativität durch Hypnose positiv beeinflußt werden kann. Etwa zeitgleich berichtet die amerikanische Journalistin B. Morrow-Williams in der Zeitschrift »Psychology Today« über Studenten der San Diego University, USA, die durch Selbsthypnose ihre Zensuren und Leistungen in eindrucksvoller Weise verbessert hatten. Einige der Studenten berichteten von einer Verbesserung ihres Gedächtnisses, andere von verbesserten Lerntechniken.

Auch ich konnte Studenten und Schülern bei Lern- und Examensschwierigkeiten mit Hypnose helfen. Zudem trainierte ich in Hypnose Manager und Verkäufer eines großen Investmentfonds mit sehr großem Erfolg. Über die hierbei gemachten Erfahrungen einer besseren Effizienz durch Hypnose berichtete ich im Dezember 1978 auf dem Deutschen Managementkongreß in Frankfurt und wurde dort im großen Rahmen beratend tätig.

Selbst bei kritischer Betrachtung muß man heute der Hypnose – schon allein aufgrund der exzellenten wissenschaftlichen Grundlagen und ihrer nachweisbaren Effizienz in der Persönlichkeitsentwicklung und Kreativität – einen hohen Stellenwert einräumen und sollte eigentlich nur von einem »Hypnotraining« sprechen.

Mit Hypnose zum erfolgreichen Manager und Geschäftsmann

Ich möchte Ihnen von Herrn E. berichten, der als junger, verunsicherter und erfolgloser Mann in meine Praxis kam. Seine Mutter hatte ihn geschickt, weil sie von der Effizienz der Hypnose überzeugt war. Er war gerade durch sein betriebswirtschaftliches Examen gefallen und hatte im elterlichen Betrieb beruflich nichts Besonderes aufzuweisen. Privat litt er unter erheblichen Kontaktschwierigkeiten, insbesonders zum »schönen Geschlecht«. Er sah nirgends in seinem Leben auch nur den geringsten Hoffnungsschimmer. Auch durch Hypnose glaubte er keine Hilfe zu finden, aber, wie er sagte, schließlich sei er nun einmal da und wolle sein Glück versuchen. Dies war nun alles andere als eine günstige Ausgangssituation für ein erfolgreiches Hypnotraining.

Ich beschloß, mit einer Hypnosebehandlung zu beginnen. Gleichzeitig übte ich mit ihm das autogene Training ein, das sich erfahrungsgemäß zur Vorbereitung einer Hypnosebehandlung sehr gut eignet. Es erleichtert das Erlernen des Hypnotisiertwerdens. Nach einiger Zeit erhielt er die ersten positiv programmierenden Suggestionen: »Es geht Ihnen ab sofort immer besser. Sie fühlen sich zusehends leistungsfähiger und können sich auch immer mehr und besser konzentrieren. Ihre Persönlichkeit wächst immer mehr und Sie entwickeln sich immer mehr zu einer selbstbewußten eigenen Persönlichkeit.«

Schon bald konnte ich die ersten Fortschritte beobachten. Herr E. wurde aufgeschlossener und zeigte mehr Selbstvertrauen. Um ihn von seiner Examensangst zu befreien und seine Lernleistungen weiter zu steigern, erhielt er die Suggestionen: »Sie sind jetzt voll und ganz in der Lage, sich auf Ihr Examen zu konzentrieren, und lernen sehr konsequent. Sie wissen, daß Sie Ihre Prüfung bestehen. Sie können sich an alles erinnern, was Sie jemals zu Ihrem Fachgebiet und Ihrer Arbeit gelesen, gelernt oder gehört haben. Sie wachsen über sich selbst hinaus. Sie schaffen Ihr Examen mit Bravour.« Und wirklich wiederholte Herr E. sein Examen und schloß es mit exzellenter Note ab. Der erste Meilenstein zu seinem Erfolg war erreicht.

Gleich nach dem Examen trat er in den elterlichen Betrieb ein. Er hatte zwar dank des Hypnotrainings schon eine gewisse Persönlichkeit aufgebaut, aber gegen seinen »Overprotektionsvater« und Despoten konnte er sich nicht durchsetzen. Im Verkauf bei Großkunden war er dem Vater ebenfalls weit unterlegen. Er erkannte sehr schnell seine unfertige Persönlichkeit und ließ sich jetzt intensiv von mir in Hypnose coachen. Anfangs konnte er trotz seiner Selbsthilfezeremonie (vor Kundenbesuchen mußte er sich z. B. in einem reichlichen und guten Schlaf stärken, kurz bevor er einen Kunden besuchte, mußte er sich wiederum noch einmal in einem »Schläferchen« im Auto stärken etc.) kaum ansehnliche Aufträge einbringen. Im Verlaufe unseres Coachings wurde er immer erfolgreicher. In seiner durch das Hypnotraining bewirkten freien und humorvollen Art schilderte er diesen Vorgang etwa wie folgt: »Früher spielte sich, beim Kunden angekommen, immer wieder die gleiche Situation ab. Vorne ging ich hinein und hinten bin ich hinausgeflogen.«

160

Das klingt zwar etwas übertrieben, aber es stimmte. Heute, nach dem Hypnose-Coaching, ist Herr E. ein sehr erfolgreicher Manager und Geschäftsmann, der alle früheren Mitbewerber seiner Branche mit großer Überlegenheit überlebt hat. Seine Kundenbesuche vergleicht er heute mit der Lässigkeit und Sicherheit des Besuchs eines Bierlokals. Nichts bringe ihn mehr aus der Ruhe oder könne ihn verunsichern. Im Gegenteil, er betrete mit absoluter Sicherheit die Geschäftsräume seiner Kunden und kassiere mit eben solcher Sicherheit seine Aufträge.

Seinen despotischen Vater hat er längst sowohl mit seinen Aufträgen als auch im Betrieb durch sein exzellentes Management überrundet.

Auch an Herrn E. können wir wieder die Effizienz eines Hypnosepotentials erkennen: Eines Tages kam er mit entsetzlichen Schmerzen, die durch eine Gürtelrose verursacht wurden, zu mir. Er war in seiner beruflichen Tätigkeit wesentlich behindert, jedoch konnten wir diesen Krankheitszustand in relativ kurzer Zeit heilen.

Wer sich ernsthaft mit Hypnose befaßt – und das sollte jeder, der sie ausübt – lernt nie aus. Die einzige Möglichkeit, gezielte Informationen in unser Gehirn, in unser Gedächtnis einzubringen, ist nach unserem heutigen Wissen die Hypnose. Die Folge dieser Tatsache eröffnet uns einen unendlich großen Katalog an Möglichkeiten, unsere Persönlichkeit, unsere Kreativität, unsere Gesundheit, unsere sportlichen und künstlerischen Aktivitäten, ja sogar unser Charisma zu beeinflussen, zu verbessern und weiterzuentwickeln.

Ist Persönlichkeit trainierbar?

Bis heute konnten die Gelehrten den Begriff »Persönlichkeit« nicht übereinstimmend definieren. Aber wie soll man über eine so wichtige Sache schreiben, von der niemand so recht weiß, was sie im eigentlichen Sinn bedeutet? Ältere Definitionen kommen den Begriffen »Person« und »Charakter« nahe. Neuere bleiben formal. Insgesamt ist der Begriff »Persönlichkeit« ein weitgefaßtes Konstrukt zur Beschreibung, Vorhersage und theoretischen Erklärung der Besonderheiten eines einzelnen Menschen.

Vor mehr als 2000 Jahren setzte sich der griechische Philosoph Theophrastus mit einer Frage auseinander, die die psychologische Forschung auch heute noch sehr beschäftigt: »Wie kommt es, daß wir Griechen in unserem Charakter so verschieden voneinander sind, obwohl ganz Griechenland unter ein und demselben Himmel liegt und obwohl alle Griechen ziemlich ähnlich erzogen werden?«

Auch I. Kant stellte sich die Frage, weshalb sich verschiedene Personen so unterschiedlich verhalten und warum sie unterschiedliche Fähigkeiten und Persönlichkeiten entwickeln. Kant sagte im »Beschluß« seiner »Kritik der praktischen Vernunft«: »Zwei Dinge erfüllen das Gemüt mit immer neuer und zunehmender Bewunderung und Ehrfurcht: Der bestirnte Himmel über mir und das moralische Gesetz in mir.« Der bestirnte Himmel symbolisiert für ihn das Problem unseres Wissens vom physikalischen Universum und die Frage nach unserer Stellung darin. Das moralische Gesetz betrifft unsere unsichtbare Seele, unser Ich, die menschliche Persönlichkeit und damit die menschliche Freiheit.

Vor allem aber waren es immer wieder die Mediziner, die versuchten, umfangreiche Theorien über die Persönlichkeit zu entwickeln, an ihrer Spitze E. Kretschmer, auch C. G. Jung und A. Adler.

Ich meine, eine »Persönlichkeit« ist ein gefestigter Mensch, der durch Veranlagung, Umwelt und Entwicklung geprägt ist. Er wird von seiner Umwelt respektiert und wirkt selbstbewußt und überzeugend. Unser Bestreben sollte in der Vervollkommnung unserer Persönlichkeit liegen. Persönlichkeitsentwicklung ist demnach eine Veränderung des komplexen Systems innerhalb eines Individuums, das sich mit der Umwelt und seiner Innenwelt auseinandersetzt. Persönlichkeitsentwicklung beginnt vor der Geburt und geht ein Leben lang. Sicher ist sie entwickelbar, ob sie vererbbar ist, ist heute noch umstritten.

Man kann die Persönlichkeitsentwicklung in mehrere Segmente einteilen: in Intelligenz, Gefühl, Motivation, Sozialisation. Hier liegen auch die Schwerpunkte einer Intervention durch Hypnose.

Die Intelligenz ist die Fähigkeit, das Denken auf neue Forderungen einzustellen, und die allgemeine geistige Anpassungsfähigkeit an neue Aufgaben und Bedingungen des Lebens. In den 60ern stellte man eine triviale und dümmliche Definition für Intelligenz auf: »Intelligenz ist das, was ein Intelligenztest mißt.« Zu dieser Zeit glaubten dies auch viele ernsthafte Wissenschaftler. Der Intelligenztest reduziert Intelligenz auf einen Meßwert, den Intelligenzquotienten (IQ), der mit einer Vielzahl von Tests erhoben werden kann. Er wurde so eingestellt, daß der Durchschnitt der Bevölkerung einen IQ von 100 erhält, alle, die darüber liegen, sind intelligent bis genial, alle, die darunter liegen, dumm bis schwachsinnig. Eine kuriose Tatsache: Man hat festgestellt, daß der IQ im Falle eines Krankenhausaufenthalts schon bereits nach einigen Tagen weit abfällt. Jeder intelligente Mensch würde sich dafür bedanken, daß er nun plötzlich als debil gilt.

Heute ist man glücklicherweise von dieser Meinung abgekommen. »Intelligenz« ist nach heutiger Auffassung nicht nur ein Begriff, sondern ein Komplex vieler Einzelbegriffe wie Kreativität, Intuition, Instinkt, Imagination, Visualisierung, Konzentration, Fokussierung.

Diese Einzelbegriffe im Komplex des Segmentes »Intelligenz« bieten die eigentlichen Angriffspunkte einer Hypnoseintervention. Haben wir in den letzten Abschnitten erfahren, daß das Gehirn nicht nur die Persönlichkeit an sich, sondern auch unsere Intelligenz mitbestimmt, so können wir jetzt sagen, daß die Kreativität wiederum mitbestimmend für unsere Intelligenz ist und ebenfalls die Persönlichkeit mitbestimmt.

Kreativität, ein Privileg?

Kreativität ist die Methode, mit deren Hilfe wir auf außergewöhnliche, aber praktikable Lösungen, die normalerweise nicht im Rahmen der gängigen Denkstrukturen liegen, stoßen können. Kreativität spielt sich also nicht nur linkshemisphärisch, sondern vor allem auch rechtshemisphärisch ab. Sie ist jedoch keine Eigenschaft, die entweder vorhanden oder nicht vorhanden ist, vielmehr kann sie erlernt werden.

Kreativität ist für die Ausübung einer Reihe von Berufen zur unumgänglichen Voraussetzung geworden. Sie stellt also eine sehr wichtige Persönlichkeitsvariable dar. Während früher vorwiegend mechanische Fähigkeiten und Fertigkeiten geschätzt wurden, sind heute vor allem in leitenden Positionen Kreativität, Flexibilität und Menschenkenntnis gefordert. Erst in unserer Zeit wurde erkannt, daß Kreativität nicht das Geheimnis weniger besonders begabter Menschen ist, sondern eine allgemeine Eigenschaft, die in beinahe jeder Persönlichkeit mehr oder weniger stark vorhanden ist oder geweckt werden kann. Sie kann im technischen, künstlerischen, musikalischen, schriftstellerischen oder auch im kaufmännischen und organisatorischen Bereich liegen. Bei manchen Menschen sind einige dieser Bereiche so ausgeprägt und eng miteinander verbunden, daß man geradezu von einer universellen Begabung sprechen kann.

Grundsätzlich stehen bei einer kreativen Persönlichkeit die Variablen (veränderliche Größen) Einfallsreichtum, Kombinationsfähigkeit, divergentes Denken (technisch-konstruktiv), visuelle Kreativität und freie visuelle Assoziation im Vordergrund. Es besteht kein Zweifel, daß die Kreativität neben der Intelligenz eine der bedeutendsten Variablen für die weiteren Entwicklungen unserer Kultur und unserer Zivilisation geworden ist. Selbst wenn in absehbarer Zukunft rein mechanische Aufgaben weitgehend an Maschinen und Computer delegiert werden können, nimmt uns so schnell keine Maschine die Kreativität ab. Ohne Kreativität gibt es keine Innovation. Jede Industrienation lebt von der Kreativität ihrer Bürger.

Würden wir eine Einteilung der Lösungen vornehmen, die kreative Menschen für bisher unbewältigte Probleme entwickeln, dann könnte man zwei Kategorien nennen: die erste wäre die Weiterentwicklung von bereits existierenden Ideen (z. B. Flugzeuge, Autos etc.), die zweite wäre die Entwicklung von vollkommen neuen Geräten wie z. B. die Erfindung eines Wasserstoff-Sauerstoffmotors oder Atommotors, das wäre eine Kombination zweier bisher unvereinbarer Techniken. Eigentlich – so könnte man argumentieren – gibt es nichts wirklich Neues, denn auch das Neue, welches auf den Markt kommt, war irgendwie vorher schon in den Gehirnen früherer erfinderischer Menschen vorhanden.

Ein klassisches Beispiel hierzu bietet Leonardo da Vinci, der vor fast 500 Jahren einen Wagen mit Eigenantrieb erfand. Leider war die Technik damals nicht genug entwickelt, so daß er nicht gebaut werden konnte: ein Wagen, dessen Federn Energie speichern sollten, um ihn auf einen mechanischen Befehl hin in Bewegung zu setzen. Ja, er hatte sogar einen Kilometerzähler, der bei jeder Radumdrehung einen Stein in einen Kasten fallen ließ; die Anzahl der Steine multiplizierte er dann auf die zurückgelegte Entfernungsstrecke. Selbst ein Kugellager zur Lösung von Reibungsproblemen durch Kugeln und Rollen hatte da Vinci entworfen. Er erfand eine Feder zur Dämpfung für Kräne und Kriegsgerät, und er kannte den Scheinwerfer in Form einer Öllampe hinter einer gewölbten Kristallschale und den vermehrten Effekt der Streuung des Lichtes.

Man könnte sagen, da Vinci war geradezu ein Paradebeispiel für die universelle Begabung und damit verbunden auch der Kreativität eines Menschen. Er war nicht nur in der Technik, sondern auch in der Medizin ein Entdecker, z. B. erkannte bzw. diagnostizierte er als erster Arteriosklerose. Als im Hospital von Mailand ein hundertjähriger Mann starb, sezierte da Vinci ihn und beobachtete, daß die Arterien verstopft waren.

Alle kreativen Aktivitäten da Vincis hier aufzuführen, ist nicht Sinn des Buches. Dieses Beispiel soll nur aufzeigen, daß die Auffassung einer Reihe von Forschern, die Kreativität sei eine Rekombination aus bereits im Unterbewußtsein vorhandenen Ideen, nicht abwegig ist. Dieser Meinung schließe ich mich an.

Die Kreativität zu fördern oder zu mobilisieren, ist eine echte Domäne der Hypnose. Aus Abbildung 8 ersehen wir, daß wir durch Hypnose das Unterbewußtsein anzapfen können. Somit sind auch neue Kombinationen von vorhandenen Inhalten und Informationen aus unserem Gehirn produzierbar. Die rechte Hemisphäre ist ein wichtiger Funktionsbereich des Unterbewußtseins, ebenso wie letztendlich der Kreativität. Ein wesentlicher Teil des Hypnosezustands spielt sich in der rechten Hemisphäre ab, daraus können wir ersehen, daß gerade im Hypnosezustand Kombinationen, die zu einer neuen Kreativität führen, denkbar sind. In der Hypnose lassen sich aber nicht nur vorhandene Inhalte und Informationen reproduzieren, sondern auch Neustrukturierungen und die Bildung von neuen Produkten ankurbeln.

Es gibt immer noch Menschen, die glauben, Kreativität sei ein Privileg einer besonderen Gruppe wie Künstler und Freischaffende. Doch jeder, der in einer Abteilung für Forschung und Entwicklung beschäftigt ist, besitzt einige Kreativität und die Geschicklichkeit, sich ihrer zu bedienen. Dringend wird sie von Managern gebraucht, aber gerade die Manager sind kurioserweise oft der Meinung, sie könnten ganz gut ohne Kreativität auskommen. Die langjährig erfolgreichen, fähigen und hellen Köpfe in einem Unternehmen jedoch sind diejenigen, die Tüchtigkeit und Kreativität zu vereinen vermögen. Im Prinzip gilt: Je höher die Stellung, desto mehr wird Kreativität gebraucht. Ständig treten Situationen ein, in denen nicht nur Intelligenz, Überblick und Verständnis zur Sachlage gefordert sind, sondern auch Entscheidungen aufgrund kreativen Denkens, Handelns und Spontanität.

Außerordentlich Kreative: Albert Einstein und Burkhard Heim

Die wirklichen Neuerer in der exakten und abstrakten Wissenschaft der Mathematik verlassen sich bei ihrer Arbeit sehr stark auf visuelles Denken. Eine besonders interessante Antwort kam von einem der größten Denker unserer Zeit – Albert Einstein: »Die Worte oder die Sprache, wie sie geschrieben oder gesprochen werden, scheinen in meinem Gedankenmechanismus keine Rolle zu spielen. Die psychischen Gebilde, die als Elemente des Denkens zu dienen scheinen, sind gewisse Zeichen und mehr oder weniger klare Bilder, die willentlich reproduziert und kombiniert werden können.«
Es gibt natürlich eine gewisse Beziehung zwischen jenen Elementen und einschlägigen logischen Begriffen. Es ist auch klar, daß der Wunsch, schließlich zu logisch verknüpften Begriffen zu gelangen, die emotionale Grundla-

ge dieses ziemlich vagen Spiels mit den oben erwähnten Elementen ist. Aber von einem psychologischen Standpunkt aus scheint dieses kombinatorische Spiel der wesentliche Bestandteil des produktiven Denkens zu sein, bevor es irgendeine Verbindung mit logischer Konstruktion in Worten oder einer anderen Art von Zeichen gibt, die anderen mitgeteilt werden können. Burkhard Heim berichtete – ähnlich wie von Einstein bekannt ist, der auf der rechten Hemisphäre seine Relativitätstheorie entwickelte und sie links niederschrieb –, daß er seine Theorien und Vorstellungen (auch die der physikalisch-mathematischen Polymetrie der Welt) auf der rechten Hemisphäre intuitiv erfaßte und mit der linken ausführte bzw. niederschrieb.

Der Vater der Quantentheorie, Max Planck, schrieb in seiner Autobiographie, der schöpferische Wissenschaftler müsse eine lebhafte intuitive Vorstellungsgabe für neue Ideen haben, die nicht durch Deduktion hervorgebracht werden, sondern durch künstlerische kreative Vorstellungskraft.

Der kreative Denkprozeß läßt sich in verschiedene Phasen einteilen. Hier liegen auch die Interventionsmöglichkeiten durch Hypnose. In der Vorstellungsphase, der Problemstellung und -analyse, aus der Sicht der Cerebralen Dominanzen linkshemisphärisch, kann uns die Hypnose nur bedingt weiterbringen. Nicht so in der intuitiven Phase (Inkubation). Sie ist der Abschnitt, in dem unbewußt geistige Prozesse an dem Problem zu arbeiten scheinen. Es ist die Phase des unbewußten Problemwälzens, der Verarbeitung der Probleme und Entwicklung kreativer Ideen. Es ist die Phase des »Aha«-Erlebnisses, der Problemlösung, und erinnert an das berühmte Erlebnis des Archimedes, Entdecker des Auftriebs.

In der Inkubationsphase werden bedeutsame Elemente und Kombinationen erkannt und schlagartig ins Bewußtsein gerufen. Der Erfolg der intuitiven Phase, wie man sie auch nennt, hängt somit von der Fähigkeit einer Person ab, das Unterbewußtsein anzuregen. Den Begriff der Intuition werde ich aufgrund seiner immensen Bedeutung in einem nachfolgenden Abschnitt besprechen.

Das Unterbewußtsein ermöglicht uns, intensiv im Langzeitgedächtnis zu suchen, während sich bewußte Denkprozesse auf das »evoced set« (Kurzzeitspeicher) beschränken. Zur Problemlösung während der Inkubation ist es wichtig, sich nicht dauernd mit dem Problem selbst zu beschäftigen, sondern einen gewissen Abstand zu halten, denn sonst kommt die linke Hemisphäre zu stark ins Spiel und bremst den ganzen Prozeß ab. Unbewußte Prozesse können so helfen, festgefahrene Lösungsansätze zu bewältigen.

Der Inkubation folgt die Illumination (Erleuchtung). Sie kann spontan kommen, oder als Ergebnis einer bewußten Anstrengung. Die Entdeckung eines Lösungsansatzes wird wesentlich durch eine entspannte Atmosphäre, einen harmonischen Zustand und optimal im Hypnosezustand gefördert, ja man kann die Illumination sogar im Hypnosezustand provozieren.

Zu den kreativitätsfördernden Maßnahmen gehören neben Motivation vor allem Entlastung und Enthemmung von psychologischen Barrieren. Im veränderten Bewußtseinszustand der Hypnose lassen sich nicht nur das Selbstbewußtsein und die Sicherheit eines Menschen in hohem Maße herbeiführen (Befreiung von Angst vor Mißerfolg, Streßabbau und Entlastung von Zeitdruck), sondern in Gruppen auch Kommunikationstrainings und »Brainstormings« durchführen.

Von Brainstorming bis Präkognition

Der chinesische Akupunktur-Professor K. Chen, der die wissenschaftliche Akupunktur als erster in den Westen brachte, sagte zu mir: »Die Akupunktur und die Hypnose

169

haben eines gemeinsam – und das ist die Harmonisierung des Körpers.«

Der Hypnosezustand gewährleistet – was den psycho-physischen Verfassungszustand eines Menschen angeht – eine hohe Kreativität und optimale Bedingungen. Im veränderten Bewußtseinszustand der Hypnose, der sich – wie wir wissen – rechtshemisphärisch abspielt, gewinnen wir Kommunikationsmöglichkeiten zu allen Ebenen, der Ebene des Unterbewußtseins, des Vorbewußtseins und des Unbewußten, und können diese koordinieren.

Praktisch gesehen wäre das folgendermaßen darzustellen: Ein Unternehmen beschäftigt sich mit einer Innovation. Ein oder mehrere »helle Köpfe« aus der Entwicklungsabteilung, die bestenfalls bereits gelernt haben, hypnotisiert zu werden, haben sich in ihrer Vorbereitungsphase eingehend mit der Problemstellung befaßt. Sie haben das Problem für sich analysiert und die Sammlung und die Suche nach den erforderlichen Informationen abgeschlossen. Alles sollte auf das Beste vorbereitet sein.

Man begibt sich für das Hypnoseexperiment in einen geeigneten Raum. Nehmen wir an, die Innovation wäre ein Auto der Zukunft und die Problemstellung wäre eine optimal ansprechende Karosserieform. Hunderte von Entwürfen sind bereits über das Reißbrett gegangen.

Ein hochbegabter und in Hypnose erfahrener Designer läßt sich in Hypnose versetzen. Er visualisiert nun neue Entwürfe. Seine Kollegen, die nicht im veränderten Bewußtseinszustand der Hypnose sind, kommunizieren nun mit ihm und können ihm Fragen stellen. Er kann antworten, und so entsteht ein »Brainstorming«, wobei die primär kreative Person im Hypnosezustand ist.

»Brainstorming« nennt man die intuitiv-kreative Methode des schöpferischen Denkens für mehrere Personen. Die Aktivierung des Unterbewußtseins, welches auch bei Themenwechsel und Beschäftigung mit anderen Tätigkeiten am Problem arbeitet, ist das typische »Brainstorming«. Die hypnotisierte Person ist nicht nur in einem erhöhten Bewußtseinszustand des intuitiven Erfassens, sondern auch im Zustand einer gewissen Präkognition (Voraussehen). Man kann in diesem Zusammenhang von einem erheblich erweiterten Erkennungszustand sprechen und durch die brainstormingartigen Impulse mit optimalen Ergebnissen rechnen. Die Trenderkennung für das Karosseriemodell der Zukunft dürfte ebenso sicher sein wie die optimale wirtschaftliche Gestaltung in bezug auf Form- und Linienführung und Stabilität. Es besteht sogar die Möglichkeit, daß der sich im Hypnosezustand Befindliche mit geöffneten Augen eine Skizze oder Zeichnung anfertigt.

12 Intuition, die goldene Intelligenz

Intuition ist streng von der Kreativität abzugrenzen. Man versteht unter ihr das Gewahrwerden eines Sachverhalts, welcher nicht auf einer bewußten, lückenlosen, nachvollziehbaren Hinführung beruht. Intuition ist demnach eine unbewußte Intelligenz, das sogenannte »richtige Gefühl« bzw. »Gespür«, wodurch das unmittelbar Wesentliche erkannt werden kann.

Intuition kann daher als eine Quelle der Kreativität betrachtet werden. Sie ist ein Phänomen mit vielen Gesichtern. Sie zu beschreiben ist nicht ganz einfach. Wir sprechen von »Ahnung« und »unterschwelliger Wahrnehmung«, von »Vorauswissen« und von »instinktiver« Reaktion. Einem hochsensiblen Menschen gestehen wir ein besonders gutes »Einfühlungsvermögen« zu und bestätigen einem erfolgreichen Tennisspieler eine hochentwickelte »Voraussicht« für bestimmte Situationen und Ereignisse. Es sind die Leute, von denen wir sagen, daß sie schon im voraus wissen, was passiert. Zum Beispiel der Tennisspieler, der im voraus weiß, wohin der nächste Ball fliegt. Oft benutzen wir auch ohne große Überlegung Begriffe wie: kreativer Einfall, Inspiration, zündende Idee, Geistesblitz oder die plötzliche Eingebung. Menschen gegenüber sprechen wir in bezug auf ihre Einschätzung einer Situation oder anderer Menschen auch von einem »guten Riecher«. Auch die Ausdrücke wie »ich spüre, es liegt etwas in der Luft«, oder »hier ist keine gute Atmosphäre« oder »soeben habe ich eine Gedankenübertragung erlebt«, werden oft der Intuition zugerechnet.

Um den Begriff Intuition besser zu verstehen und genauer zu definieren, sollte man ihn auf seine Merkmale hin untersuchen. Wie aus unserer Kreativitätsabhandlung bekannt, haftet auch der Intuition immer etwas Positives an. So kommt es z. B. zu einer neuen Erkenntnis oder zu einer neuen Lösung. Wer als besonders intuitiv gilt, hat anderen offenbar etwas voraus. Die Intuition kann sowohl im privaten wie auch im beruflichen und geschäftlichen Leben von Vorteil sein. Wer ein Gegenüber richtig einschätzen kann, ist in einer günstigen Ausgangsposition für ein privates Gespräch, eine diplomatische Verhandlung oder einen kaufmännischen Vertragsabschluß.

Neben ihrer Aktivierung im Hypnosezustand kann man der Intuition den Boden auch in einer anderen Form bereiten, indem man sich ihr einfach versuchsweise anvertraut, wie es der englische Schriftsteller L. Sterne kurz und heiter in seiner Einstellung zur Intuition lehrt: »Den ersten Satz schreibe ich auf und für den zweiten überlasse ich mich dem Allmächtigen.«

Viele Autofahrer kennen folgendes Phänomen: An einer unübersichtlichen Kreuzung, die man sogar im täglichen Verkehr mehrere Male benutzt und die mit vielen Verkehrszeichen und Ampeln versehen ist, fährt man plötzlich aus ganz unerklärlichen Gründen langsamer – schwupp – rast auch schon ein Wildgewordener aus der

Quere vorbei. Man sagt dann hinterher gern: »Heute habe ich aber wieder einen guten Schutzengel gehabt.« Und das stimmt. Denn auch der Schutzengel kann nur über unsere Intuition auf uns wirken.

Intuition, eine Blaupause aus dem Hyperraum

Aus unseren Forschungsergebnissen wissen wir, daß Intuition in der rechten Hemisphäre zu suchen ist, also in der gleichen Gehirnhälfte wie Kreativität, Unterbewußtsein und Unbewußtes – wie ich dies bereits ausgeführt habe. Da stellt sich natürlich die Frage, inwieweit sich die Intuition in Hypnose beeinflussen und gegebenenfalls trainieren läßt.

Wie sehr Intuition für den einzelnen Menschen und die gesamte Menschheit in vieler Hinsicht von Wichtigkeit ist, zeigt die Schwarzmalerei: »Was wäre, wenn es keine Intuition mehr gäbe?« Es gäbe weder gute Partnerschaften in der Ehe noch im Geschäftsleben, keine genialen Erfindungen (wie wir aus dem Kapitel über Kreativität bereits wissen), denn Intuition ist ein wichtiger Ergänzungsfaktor zur Kreativität. Ohne Intuition ist weder Kunst und spielerische Phantasie noch »Liebe auf den ersten Blick« denkbar, ja noch nicht einmal die erfolgreiche Führung eines Unternehmens. In Anbetracht des hohen Bedarfs an Intuition muß und soll die Frage nach einer Trainierbarkeit oder Beeinflußbarkeit der Intuition im Hypnosezustand beantwortet werden.

Keinem Verfahren außerhalb der Hypnose ist die Trainierbarkeit der Intuition offensichtlich möglich. Nach allem, was bisher über »das Wissen, von dem man nicht weiß, woher man es weiß« bekannt ist, läßt sich Intuition nicht willentlich dirigieren und kontrollieren, sondern sie ist gerade dadurch definiert, daß sie – wenn überhaupt – spontan kommt und uns meist unvorbereitet trifft. Dem kann man – was den Hypnosezustand betrifft – widersprechen. Im Hypnosezustand haben wir einen unmittelbaren Zugang zur rechten Hemisphäre und unserem Unterbewußtsein und somit auch zu dem Hort unserer Intuition.

Wir wissen, daß unsere Intuition sehr eng mit unseren geistigen Aktivitäten in unserem Unterbewußtsein zusammenhängt. Der Zugang zur rechten Hemisphäre und der veränderte Bewußtseinszustand der Hypnose eröffnen ein Tor in die »implizite« Welt, wie sie Karl Pribram und David Bohm bezeichnen. Beide vertreten die Theorie, daß hinter der sichtbaren Welt eine zumindest gleich große, wenn nicht größere, unsichtbare Welt steht, zu der sich im veränderten Bewußtseinszustand – also dem Übergang vom expliziten in den impliziten Bewußtseinszustand – ein Zugang eröffnet. Es ist kein geringerer als Heim, den wir in diesem Buch schon mehrfach erwähnten, der im Entstehungsjahr dieses Buches in seinem letzten Werk »Strukturen der physikalischen Welt und ihre nicht-materielle Seite« die theoretisch beschriebene unsichtbare Welt hinter der uns sichtbaren Welt wissenschaftlich nachgewiesen hat. Heim hat in einem der vielen mit mir geführten Gespräche aufgrund der typischen Phänomene, die im Hypnosezustand auftreten (z. B. auch die Aufhebung von Zeit und Raum), die Meinung vertreten, daß viele Ereignisse, die sich im Hypnosezustand abspielen, ihren Ursprung nicht unbedingt in unserem Gehirn haben, sondern, in Verbindung mit dem von Bohm beschriebenen impliziten Zustand, als eine Art Blaupause aus dem von ihm beschriebenen Hyperraum kommen. Hierzu vertritt Heim die Meinung, daß unser Gehirn nicht primär der Ursprungsort unserer Gedanken und Vorstellungen ist, sondern lediglich als Transformator funktioniert. Es bedarf jetzt keiner allzu großen Überlegungen und Nachforschungen mehr, um die Frage zu beantworten: Wo kommt unsere Intuition her?

Fragen wir uns, ob wir im veränderten Bewußtseinszustand der Hypnose Einfluß auf unsere Intuition nehmen
können, so ist die Antwort: »Ja!« Ebenso ist es denkbar, daß
wir im veränderten Bewußtseinszustand der Hypnose die
Information erteilen können, daß sich die Intuitionsrate bei
der in Hypnose befindlichen Person in Zukunft erheblich
erhöht und noch sicherer wird.

Natürlich sollte man vor der Einleitung einer Intuition eine
gewisse Vorbereitung treffen. Hierunter verstehe ich eine
sorgfältige geistige Auseinandersetzung mit anstehenden
Problemen. So sollte man sich als Autofahrer – hier sei an
das Beispiel mit der Straßenkreuzung erinnert – mit den
täglichen Gefahren und ihrer rechtzeitigen Erkennung gelegentlich auseinandersetzen. Dies ist eigentlich jedem
verantwortlichen Menschen – insbesondere solchen, die
noch zusätzlich Verantwortung für andere tragen, wie z. B.
Piloten, Busfahrer, Zugführer, Lkw-Fahrer und Schiffsfüh-
rer, zu empfehlen, um menschliches Versagen in Zukunft
öfter auszuschließen.

Wir können also feststellen, daß es im Prinzip für jeden
Menschen mit Verantwortung ratsam ist, seinen Geist gelegentlich mit eventuellen Gefahrensituationen zu kon-
frontieren, jedoch nicht mit Angst behaftet, sondern ge-
fühlsneutral als außergewöhnliches Ereignis. Wichtig ist,
anzumerken, daß man die Entwicklung der Intuition durch
allzu übertriebenes Wollen und übertriebene Anpassung
(linkshemisphärische Aktivität) ebenso behindern kann
wie durch ein übertriebenes Sicherheitsbedürfnis und zu
große Angstbesetzung. Aber selbst diese Hindernisse sind
für die Hypnose keine Hindernisse. Sie müssen lediglich
vor einer Hypnosebehandlung eingehend besprochen und
während der Hypnosebehandlung aufgehoben bzw. aus-
geräumt werden.

13 Imagination, die besondere »Einbildungskraft«

Das lateinische Wort »imago« bedeutet »Vorstellungsbild«. Es ist ein Bild, das ein einzelner oder eine Gruppe
von einer Sache oder einer Person hat. Die Imagination ist
eine uralte magische Praxis und diente neben dem Heilen
auch anderen magischen Praktiken. Für den Schamanen
oder Magier, also den Ausführenden einer Imagination, ist
der Trancezustand dabei unabdingbar.
Die rechte Hemisphäre enthält nach wissenschaftlichen
Darstellungen jene besonderen Komponenten, die für die
Speicherung von Vorstellungsbildern und ihre Abrufung
von Bedeutung sind. Statt der Worte wird hier die Verarbeitung von Gedanken – nichtverbale Vorstellungsbilder –
verwendet. Es ist die typische Praxis der Schamanen. In
Streßsituationen und bei der Verarbeitung von emotionalen Informationen spielt die rechte Hemisphäre eine über-
legene Rolle.
Die Interventionsmöglichkeit im Hypnosezustand in bezug auf die Imagination kann durchaus positiv gesehen
werden. Die Imagination bietet insbesondere einen guten
Zugang zu unserem Gesundheitszustand, und hier findet
sich ein optimaler Weg für die Hypnose, unseren Körper
vor Streßgefahren zu schützen, alle Organe positiv anzu-
sprechen und unsere Abwehrkräfte, unser Immunsystem
zu steigern. Zu einer erfolgreichen Persönlichkeit gehören
immer ein gesunder Körper, ein gesunder Geist und eine
gesunde Seele.
Im veränderten Bewußtseinszustand der Hypnose lasse ich
den Probanden – ähnlich wie bei der Visualisierung –
Gesundheit, Gegenstände, Situationen etc. in Form von
Vorstellungsbildern vergegenwärtigen. Dies wiederum
wird vom Unterbewußtsein aufgenommen und als eigenes
Produkt reproduziert und verwirklicht.

14 Visualisierung, eine Domäne der Hypnose

Die Fähigkeit zur Visualisierung dürfte nach der Kreativität und Intuition im Segment Intelligenz eines der wichtigsten Persönlichkeitsmerkmale sein. Im Gegensatz zur Imagination, bei der die Phantasie im Vordergrund steht, gehen wir bei der Visualisierung von der Realität aus, also vom Vorhandenen.

Der Mensch verfügt über fünf Sinne, also über fünf Wahrnehmungskanäle. Für die meisten Kommunikationsprozesse wird jedoch nur ein Wahrnehmungskanal, das Ohr genutzt. Durch optische Reize wird die Konzentration und Aufmerksamkeit von Personen erheblich gesteigert. Zusätzlich wird durch den Wahrnehmungskanal des Auges die Merkfähigkeit erheblich intensiviert und gestärkt. So bleibt gleichzeitig Gehörtes und Gesehenes besser im Gedächtnis.

Die Merkleistung beim »Nur-Hören« liegt bei fünf bis zehn Prozent. Dagegen bei gleichzeitigem »Hören und Sehen« erfahren wir eine erhebliche Steigerung der unserem Gehirn, unserem Gedächtnis angebotenen Informationen von 30 bis 50 Prozent, die erinnert und reproduziert werden können. Auch hier kommen wieder die Cerebralen Dominanzen ins Spiel, die in diesem Zusammenhang besagen, daß bildhafte Informationen in der rechten und Wortinformationen in der linken Gehirnhälfte verarbeitet werden. Hieraus wurde die These der dualen Codierung entwickelt, die besagt, daß Informationen, die sowohl wörtlich als auch bildhaft vermittelt werden, besonders gut im Gedächtnis bleiben.

Während die Sprache das Denken in Worten wiedergibt, bedeutet Visualisierung das Denken in Bildern. In vieler Hinsicht kann man hier einen Vergleich mit bildempfindlichen Computern anstellen. Die geistigen Bilder und Vorstellungen, die wir über uns haben (in etwas anderer Form bei der Imagination) und darüber, was wir können und was wir nicht können, wie wir reagieren und wie effizient wir sind, sind bewußt und gezielt – anders in der Imagination, wo sie der Phantasie frei überlassen sind. Die visualisierten Vorstellungsbilder sind geordnet, die imaginierten müssen geordnet werden. Vorrangig für die Visualisierung bedeutet das, daß solche geistigen Bilder, also Vorstellungsbilder, als Pläne, als Wegweiser für unsere Reaktion dienen.

Wir können im Prinzip eine positive oder eine negative Programmierung vornehmen. Das Visualisieren ist also nichts anderes als das systematische Training, starke positive oder negative geistige Bilder in uns hervorzurufen. Wir können z. B. Gesundheit oder Krankheit visualisieren. In der heutigen Zeit sind die Menschen geneigt, in Gesundheitsfragen mehr dem negativen geistigen Bild in sich zu folgen. Würde die Menschheit über die Gesundheit soviel sprechen wie über die Krankheit, hätten wir mehr Gesunde als durch jede ärztliche Behandlung. Diese »geistige Umweltverschmutzung« kann sich natürlich in alle Bereiche des Lebens ausdehnen, oder man kann durch positives Denken, Handeln und Leben auch positive Bilder erzeugen. Dies gilt sowohl für die Imagination wie auch für die Visualisierung.

Der Arzt und Verfasser des Buches »Erfolg kommt nicht von ungefähr«, Dr. M. Maltz, machte vor vielen Jahren die aufschlußreiche Beobachtung, daß das Gehirn unfähig ist, zwischen dem, was wirklich geschehen ist, und dem, was man sich intensiv vorstellt, d. h. visualisiert, zu unterscheiden. Ich hatte schon darauf hingewiesen, doch an dieser Stelle ist es notwendig, sich dies noch einmal ganz genau zu vergegenwärtigen. Es ist wichtig zu begreifen: Wenn wir uns etwas ganz genau vorstellen und in unserer Vorstellung wirklich sehen können, dann ist es so, als wäre es in der Wirklichkeit bereits geschehen.

Diese Tatsache mache ich mir täglich zunutze, wenn ich meine Probanden im veränderten Bewußtseinszustand der Hypnose nicht verarbeitete Erlebnisse nachvollziehen und verarbeiten lasse. Dies bedeutet, ich mache mir die Visualisierung zunutze, indem ich mit ihrer Hilfe korrigierend in den nicht verarbeiteten Erlebnisbereich des Probanden eingreife und die ursprüngliche Persönlichkeit nach Möglichkeit mit diesem Mittel der Wahl wiederherstelle. Im Bereich »Coaching« habe ich hier spektakuläre Erfolge gehabt.

Visualisieren wir über den Hyperraum?

Erinnern wir uns: Visualisieren bedeutet das Denken in Bildern. Es ist die Wiedererschaffung und das Wiedererleben eines vergangenen Ereignisses einerseits und eine Art Voraussehen von Ereignissen oder zu erfüllenden Wünschen, die der Realisierung zugeführt werden können, andererseits. Daß durch Visualisierung auch ein Eingriff in das Geschehen der Zukunft denkbar wird, ließ die Wissenschaftler sich immer wieder die Köpfe zerbrechen und nach einer glaubhaft vorstellbaren Antwort suchen. Auch ich versuche, diesem Geheimnis näherzukommen und erinnere an das Bild der Hyperraumdynamik von Heim (siehe Kapitel IV). So stellt sich gleichzeitig die Frage: Haben wir primär zu dem Thema Visualisieren von einem Denken in Bildern gesprochen – dem Vorgang, im Geist Bilder zu erzeugen –, so reicht im sekundären Teil der funktionelle Ablauf des Visualisierens in der rechten Hemisphäre zur Erklärung nicht mehr aus.

Zum besseren Verständnis: Das Visualisieren läuft funktionell rechtshemisphärisch ab, und das Verbalisieren – das Denken in Worten – linkshemisphärisch. Erfahrungsgemäß ist das Denken in Bildern im veränderten Bewußtseinszustand der Hypnose vorrangig. So lassen sich, z. B.

bei Reinkarnationsexperimenten in historisch weit zurück-
liegenden Zeiten, Daten aus Wappen oder auch Identifi-
kationshinweise aus der Art der Kleidung visuell erkennen.
Sie können nur indirekt zeitlich interpretiert werden. So
können wir uns vorstellen, daß wir im veränderten Bewußtseinszustand der Hypnose positive bildliche Darstellungen gut einbringen können.

Im veränderten Bewußtseinszustand der Hypnose haben
wir einen guten Zugang zur »impliziten« Welt, wie sie
Bohm beschreibt, und damit auch zum Hyperraum, wie er
von Heim beschrieben wird. So können wir uns noch besser vorstellen, daß ein Vorstellungsbild – im Hypnosezustand entwickelt und intensiviert – im primären Teil des Visualisierens den Hyperraum erreicht und es dann in einer
Art Feedback zu dem bekannten Phänomen einer Realisierung kommt. Es ist gut denkbar, daß es durch eine intensive Visualisierung zu einem Anschub der Aktivitäten
im Hyperraum kommen kann. Aus eigener Erfahrung kann
ich sagen, daß durch intensives Beten mit Visualisierung
schwerste Gefahren abgewendet und dringende Bedürf-
nisse erfüllt wurden. Insofern sind die zu diesem Thema
auf dem Markt befindlichen Bücher wie z. B. »Bete und
werde gesund« von C. Ponder alles andere als unsinnig.

Inwieweit sich geistiges Visualisieren in Träumen als Motor erweisen kann und dabei Probleme gelöst werden können, ist umstritten. Wenn wir aber bedenken, daß sich
auch der funktionelle Ablauf des Traumes rechtshemisphärisch abspielt, kann man sich leicht vorstellen, daß
sich auch hier eine Verbindung zum Tor des Hyperraums
eröffnen kann. Dann wäre es auch möglich, auf diesem
Weg klärende Antworten zu erhalten. Die Geschichte der
naturwissenschaftlichen Entdeckungen ist voll von solchen Beispielen von Durchbrüchen, die auf mysteriöse
Weise aus dem sogenannten Unterbewußtsein auftauchen.

Der Entdecker des Benzolringes, F. A. Kekulé, konnte bei bestem Bemühen die Frage nach dem organischen Aufbau des Benzols nicht lösen, bis er eines Tages im Traum die schwarzen Kohlenstoffatome mit ihren vier Ärmchen herumtanzen sah, die sich plötzlich die Händchen gaben: der Benzolring war fertig. Es war die brillanteste Entdeckung auf dem Gebiet der organischen Chemie.

Die Persönlichkeitsmerkmale wie Konzentration, Kreativität, Intuition, Imagination und Visualisierung lassen sich in Verbindung mit dem von mir entwickelten autogen-mentaloid-imaginativen Training sehr gut praktizieren und trainieren (siehe Selbsthilfeteil Kapitel VIII). Es gibt Menschen, die das Visualisieren sehr gut beherrschen. Sie können sich ein sehr klares und mit allen Einzelheiten ausgestattetes Bild vorstellen. Andere dagegen können nur sehr wenig »sehen« und »erleben«. Grundsätzlich ist aber die Fähigkeit, zu visualisieren, erlernbar. Je mehr trainiert wird, um so aussichtsreicher sind die Chancen, erfolgreich zu sein, und das Visualisieren ist ein probates Hilfsmittel in Verbindung mit Hypnose, noch erfolgreicher zu sein. Es ist eine der wirkungsvollsten Techniken, die man zur Anwendung bringen kann, um Selbstvertrauen, Selbstsicherheit, Selbstkontrolle und mentale Stärke – ob im Privaten oder im Berufsleben – zu erlernen und zu mobilisieren.

Gemobbter visualisiert im Coaching Stärke

Wir haben mit Hypnose also ein Instrument an der Hand, bestimmte körperliche und geistige Eigenschaften zu aktivieren und aktiv in ihren Steuerungsprozeß einzugreifen, zu korrigieren und zu motivieren.

Ein Beispiel: Herrn S., dem ein sehr wichtiges Vorstellungsgespräch mit den Vertretern eines amerikanischen Industriekonzerns bevorstand, konnte beim Visualisieren im Hypnosezustand alle nur denkbaren Varianten und Einwände seitens der Vertreter dieses Konzerns vor diesem Gespräch durchspielen. Hierbei hat er nicht nur ein Training für das Gespräch an sich erhalten, sondern er wurde auch im Rahmen eines echten Coachings in Hypnose auf alle denkbaren Probleme, die während des Gesprächs auftauchen könnten, vorbereitet. Er mußte seine Verhandlungen in amerikanischem Englisch, das jedoch »nicht seine Sache« war, führen. Das war die Voraussetzung für die zu besetzende Stelle. Dank des Visualisierungstrainings in Hypnose war er auf die Sprache und alle möglichen Zwischenfälle vorbereitet; so konnte er schnell und sicher auch auf schwierige Fragen parieren. Er erhielt unter ca. 100 Bewerbern den gewünschten Job.

Ähnlich ging es auch Herrn K., der große Probleme mit seinen Vorgesetzten und Kollegen in einer staatlichen Institution hatte. Er litt ganz erheblich unter der Bevormundung seitens seiner Vorgesetzten und unter dem respektlosen Benehmen seiner Kollegen. Im Verlauf seines Trainings durch Hypnose eröffnete er mir seine Bedenken und Ängste vor den Kollegen und Vorgesetzten, die sich bereits beim Betreten der Behörde einstellten. Er lernte bei mir im Rahmen eines Coachings in Hypnose, in dem er seine Gegner visualisierte, mit diesen distanziert und respektfordernd umzugehen. Im Hypnosezustand sprach er sich ernsthaft mit ihnen aus und wies sie zurecht.

Wie Maltz bereits beobachtete, ist das Gehirn im Prinzip unfähig, zwischen dem, was wirklich geschehen ist, und dem, was nur visualisiert wird, zu unterscheiden. Es stellte sich bei Herrn K. das Empfinden ein, er habe seine Vorgesetzten und Kollegen zurechtgewiesen, und er ging erhobenen Hauptes in die »Höhle des Löwen«. Für ihn waren aus »Löwen« »zahme Kätzchen« geworden.

Seit diesem ersten Erfolgserlebnis ist Herr K. zusehends selbstbewußter geworden, was auch seine Kollegen veranlaßt, respektvollen Abstand zu wahren.

15 Konzentration und Fokussierung

Konzentration und Fokussierung sind zwei sehr wesensverwandte Persönlichkeitsmerkmale. Unter Konzentration versteht man die Zentrierung geistigen Geschehens – speziell die bewußte Steigerung der Aufmerksamkeit und ihre Bindung an ein vorgegebenes Ziel. »Konzentration ist die einzige Klugheit!« sagt ein altes Sprichwort. Übersetzt man das aus dem Lateinischen stammende Wort »Konzentration« in die deutsche Sprache, so besagt es »Sammlung«.

Der Mensch ist für seine Sammlung selbst verantwortlich. Wer sich entschuldigt, ist im Grunde genommen geneigt, die Gründe seines Konzentrationsmangels auf die Umwelt zu schieben. Die Störungen liegen also im Menschen selbst. Es soll hier nicht in Abrede gestellt werden, daß es keine Störungen von außen gäbe. Es gibt jedoch Kreative, denen äußerliche Störungen gar nicht bewußt werden. Ein starkes Interesse verhindert, daß z. B. Lärm die Hörschwelle überschreiten kann. Am treffendsten zu diesem Phänomen ist die Yogaübung, die lautet: »Übe solange auf dem Marktplatz, bis du dich so konzentrieren kannst, daß nichts mehr stört.«

Es gibt verschiedene Techniken, die Konzentration zu trainieren und zu steigern (Pendeln, Yoga, Meditation u.a.). Im Hypnosezustand dem Unterbewußtsein Konzentrationsbefehle zu erteilen, ist die effizienteste Methode.

Eine gute körperliche Verfassung ist für eine gute Konzentration wichtig. Umgekehrt fördert die Konzentration auch die Durchblutung unseres Gehirns. Obwohl das Gehirn nur zwei Prozent des Körpergewichts ausmacht, fließen 20 Prozent des Blutes durch diese Region. So pflege ich bei all meinen Behandlungen grundsätzlich die Suggestion zu geben: »Kopf und Gehirn sind besser durchblutet und die Konzentration steigert sich immer mehr.« Allein diese Suggestion hat sich nach meinen Erfahrungen sehr bewährt.

Die Hypnose an sich ist bereits ein erhöhter Konzentrationszustand. Ähnlich kennen wir dies aus dem Meditationszustand. Es handelt sich in beiden Fällen um eine Einengung gegenüber Außenreizen, mit dem maßgeblichen Unterschied, daß die Hypnose durch Fremdeinwirkung ausgelöst wird und von außen steuerbar ist.

Es sei an dieser Stelle an das Experiment von Bernheim und Forel mit der jungen Patientin aus Lothringen erinnert. Wir haben hier ein Beispiel höchster Konzentration im Hypnosezustand.

Fokussieren heißt, sich auf einen Brennpunkt, also eine Sache so sehr einzustellen, daß das Umfeld nicht wahrgenommen wird, d. h. alle Aufmerksamkeit dient dieser einen Sache.

Zentimeter für Zentimeter

Es ist diese Fokussierung, die es einem Bergsteiger ermöglicht, Zentimeter für Zentimeter eine 900 m hohe Steilwand zu erklimmen, oder die es einem Meister der Karatekunst möglich macht, zwölf kompakte Bauhölzer von jeweils 25 mm Dicke mit der bloßen Hand zu durchschlagen. Das ganze Augenmerk ist dann auf den einen Moment gerichtet und auf nichts anderes. Jeder ist auf seine Weise bemüht, sich während seines Tuns in der Gegenwart zu halten und sich seine volle Konzentration zu bewahren.

Wir kennen ein ähnliches Verhalten mit ähnlichen Vorschriften aus der Kunst des Bogenschießens im Zen. Hier heißt die Regel: Pfeil, Bogen und Schütze sind eins. Um den richtigen Fokus einzustellen, gehören dazu innere Gelassenheit, geringe Angst oder Sorge, Automatik, Wachheit und Intensität.

184

Ähnlich wie bei der Konzentration läßt sich auch das Fokussieren im Hypnosezustand positiv beeinflussen. Man gibt z. B. die Suggestion, daß sich die betreffende Person mit allerhöchster Aufmerksamkeit dem entsprechenden Geschehen zuwende und intensiv das Geschehen fokussiere. Vor der Hypnosesitzung sollte man dem Probanden erklären, was Fokussieren bedeutet.

Angst und Sorge, innere Anspannung lassen sich im Hypnosezustand wie auch im Rahmen des Gesamtverfahrens eines Hypnotrainings oder eines autogenen-mental-imaginativen Trainings weitgehend ausschalten. Die Automatik, die Wachheit und Intensität lassen sich ebenfalls mit gezielten Suggestionen jederzeit aktivieren.

Gedächtnis – 222 Fremdwörter

Das Gedächtnis ist eines der letzten bedeutenden Persönlichkeitsmerkmale aus dem Komplex der wesentlichen Fähigkeiten. Wir kennen alle den bekannten Ausspruch: »Er hat ein phänomenales Gedächtnis.« Das Gedächtnis im weiteren Sinne des Wortes ist von drei Faktoren bestimmt: von der Fähigkeit, Vorstellungen festzuhalten, von der Fähigkeit, festgehaltene Vorstellungen zu reproduzieren, und schließlich von der Fähigkeit, die Vorstellungen wiederzuerkennen und richtig in der Vergangenheit zu lokalisieren.

Man nennt den ersten Faktor das primäre Gedächtnis und den zweiten Faktor das sekundäre Gedächtnis. Sowohl für das primäre als auch für das sekundäre Gedächtnis besteht eine Interventionsmöglichkeit im Hypnosezustand. Die Fähigkeit, die Vorstellung wiederzuerkennen und richtig in der Vergangenheit zu lokalisieren, können wir in der Hypnoanalyse aktivieren.

Aus meiner eigenen langjährigen Praxis sind mir diese Vorgänge bekannt. Aber auch aus den Arbeiten der russischen

Wissenschaftler Raikov und Petrowsky geht dies hervor. Sie konnten die Merkfähigkeit des Gehirns ihrer Proban- den in intensiver Hypnose so steigern, daß sich die Test- personen von 222 unbekannten Fremdwörtern mit russi- scher Übersetzung nach dreimaligem Durchlesen 5,8mal mehr merken konnten wie vor dem Hypnosetraining. In beiden Fällen wurden die gleichen Wörter benutzt.

Nach meinen neuesten Untersuchungen gibt es jedoch weitere Interventionsmöglichkeiten für die Hypnose, näm- lich die Erhöhung der Gedächtnisleistung durch ein ge- dankenverbindendes (assoziatives) Merksystem, das im Hypnosezustand erarbeitet werden kann. Es sei hier noch einmal im Zusammenhang mit einer Gedächtnisleistung auf die phänomenale Fähigkeit der in diesem Buch er- wähnten Lothringerin im Hypnosezustand hingewiesen.

Nach dieser kurzen Untersuchung der Interventionsmög- lichkeiten beim Gedächtnis sehen wir, daß sich ein Hyp- notraining auf das Segment »Intelligenz« äußerst positiv auswirkt. Interessant ist, daß die im Persönlichkeitsseg- ment »Intelligenz« aufgeführten und untersuchten Persön- lichkeitsmerkmale ganz wesentlich am Charisma (Aus- strahlungskraft) beteiligt sind. Ich behaupte, die Hypnose kann effizient zur Erhöhung des Charismas beitragen.

16 Gefühle

Neben der »Intelligenz« darf das »Gefühl« als das zweit- wichtigste Persönlichkeitssegment angesehen werden. Es unterteilt sich in die positiven Persönlichkeitsmerkmale Selbstsicherheit, Selbstbewußtsein, Selbstvertrauen und Selbstwertgefühl und in die negativen wie Minderwertig- keitskomplex, Angst und irrationales Verhalten. Oft sind die Gefühle von Affekten besetzt, die in diesem Buch mehrfach gestreift wurden.

Bezeichnend ist, daß all diese Gefühlsvarianten im veränderten Bewußtseinszustand der Hypnose jederzeit innerhalb von Sekunden änderbar und umkehrbar sind.

Angst und Terrorsyndrom

Ein besonders schwieriges negatives Persönlichkeitsmerkmal ist die Angst. Sie kann neben Hemmungen und Minderwertigkeitskomplexen zu einem der größten Bremsklötze der Persönlichkeitsentwicklung werden. Angst ist ein subjektiver Gefühlszustand als Folge einer unbestimmten Lebensbedrohung oder nicht verarbeiteter Erlebnisreaktionen. Sie ist zu unterscheiden von der Furcht, die objektbezogen ist und genau definiert werden kann.

Furcht stellt ein reelle Gefahr dar. Die Flugangst z. B., die man in Hypnose durch Visualisieren besonders gut angehen kann, liegt eher zwischen Furcht und Angst. Sie ist mehr eine Furcht vor dem Abstürzen, aber man spricht von Angst. Dagegen steht bei der Angst »die Angst vor der Angst« in Verbindung mit einer Neurose im Vordergrund. Medikamente und vor allem auch Alkohol, der nach Schätzung von Experten bis zu 60 Prozent konsumiert wird, um Ängste zu beherrschen, können hier nicht helfen. Unter den vielen Beispielen von Angst und Angstneurosen gibt es einen besonders interessanten Fall. Es ist das Phänomen des Terrorsyndroms, auf das ich stieß.

Herr R., 35 Jahre alt, Refamann in einem größeren Betrieb, litt an schweren Angstzuständen, Magenkrämpfen und zeitweiligen Depressionen. Eine Psychoanalyse und andere psychotherapeutische Behandlungen hatte er bereits erfolglos absolviert. Ich hielt ein hypnoanalytisches Verfahren (siehe Kapitel VI) für unbedingt angezeigt. In den veränderten Bewußtseinszustand der Hypnose versetzt, berichtete er mir auf das Stichwort »Angst«, wie er sich als kleiner Junge vor Angst schwitzend unter dem Bett seiner

Mutter versteckt hielt und einen großen Terroranschlag seines schwer alkoholisierten Stiefvaters auf die Schlafzimmertür, die die Mutter vorsorglich verschlossen hatte, miterlebte. Der Leser kann sich die Angst des damals sechsjährigen Jungen vorstellen. Er bangte nicht nur um sich selbst, sondern auch um seine Mutter. Er erlebte nicht nur die laut krachenden Schläge der Axt und ihr zeitweiliges Aufblitzen in der Tür, sondern auch den laut tobenden und schnaufenden Stiefvater, dessen Bärenkräfte ihm nie geheuer waren. Diese und ähnliche Szenen spielten sich immer wieder in seiner Kindheit und Jugend ab. Später versuchte er sogar, seine Mutter zu verteidigen, aber er mußte sehr schnell unter großen Schmerzen feststellen, daß er diesem »Monster« nicht gewachsen war.

In einem Gespräch nach der Hypnose erläuterte ich Herrn R. die Ursachen seiner Beschwerden, und er konnte sich jetzt an einzelne Terrorsituationen gut erinnern, die er verdrängt hatte und während der Hypnoanalyse wiedererlebt hatte. Auch die »Angst vor der Angst« wurde ihm klar. Bei ihm hatten sich die gespeicherten Angstsituationen verselbständigt. Den Ursachen seiner Beschwerden auf den Grund gekommen, genas er jetzt schnell und gut.

Ähnliche Fälle mit dem auftretenden Terrorsyndrom konnte ich in meiner Praxis immer wieder beobachten und diagnostizieren. Dazu zählen meist undefinierbare Ängste, »die Angst vor der Angst«, meist in Verbindung mit anderen organischen oder auch nichtorganischen Beschwerden und einer Historie von Terrorsituationen wie Alkoholismus, Cholerikertum und Sadismus in der Verwandtschaft oder aber auch eine zynische Umgebung. In solchen Fällen ist eine positive Suggestionshypnose erfolglos. Die nicht verarbeiteten Erlebnissituationen müssen im Zustand der Hypnose aufgearbeitet werden. Hier ist ein hypnoanalytisches Verfahren in seiner ganzen Konsequenz angezeigt, also inklusive des Akzeptierens der Ursache der Beschwerden.

17 Außergewöhnliche menschliche Probleme

Zu den außergewöhnlichen menschlichen Problemen zähle ich Streß, menschliches Versagen, Burn-out und Mobbing. Es sind die Produkte unserer egomanisch überzivilisierten Umwelt, die man schwer in den Griff bekommt und die wir als persönlichkeitsfeindlich bezeichnen müssen. Auch hier bietet die Hypnose exzellente Möglichkeiten, diese Probleme zu lösen.

Menschliches Versagen, ein Zuviel an Routine

Jeder kennt Schreckensnachrichten wie die nachfolgende, die uns immer wieder aus unserem Alltagstrott reißen und uns geradezu paralysieren: Ein Bus ist in eine Schlucht abgestürzt – 19 Tote und 27 Schwerverletzte. Man fragt sich: »Wie konnte das passieren?« Keine ernste Ursache ist ersichtlich. Das Wetter war schön, die Straße trocken. Bremsspuren fehlen. Die Straße machte lediglich eine leichte Kurve. Der Fahrer galt als zuverlässig. Er kannte die Strecke sehr gut. Da er tot ist, kann er zum Hergang des Unfalls nichts mehr sagen. Menschen stehen fassungslos an der Unfallstelle. Menschliches Versagen wird als Grund für den Unfall angegeben.
Da meldet sich ein überlebender Fahrgast des Busses, der gesehen haben will, wie sich der Fahrer kurz vor der Kurve bückte, um etwas aufzuheben. Recherchen ergeben, daß sich der Busfahrer tatsächlich gebückt hatte, um seine Aktentasche zu greifen und die Thermosflasche mit Kaffee herauszuholen. Der Deckel der Kanne muß offensichtlich nicht richtig geschlossen haben. Die Tasche war umgekippt und er bemerkte den auslaufenden Kaffee an seinem Fuß. Dieser Bruchteil an Zeit und Unaufmerksamkeit gegenüber dem Straßenverkehr reichte aus, um die Beherrschung über das Fahrzeug zu verlieren.

Dies ist ein klassischer Fall menschlichen Versagens: Alles war für den Busfahrer Routine. Er fühlte sich in allem sehr sicher, es gab für ihn und sein Unterbewußtsein keinen Grund zu erhöhter Aufmerksamkeit.

Menschliches Versagen passiert also nicht unbedingt dann, wenn kritische Momente zu erwarten sind, sondern häufig dann, wenn sich der Mensch zu sicher fühlt und glaubt, er wisse oder kenne alles. Wenn man bedenkt, daß rund 80 Prozent unserer täglichen Handlungen mehr oder weniger automatisiert sind, hat man eine kleine Vorstellung davon, wie die hohe Unfallrate zustande kommt. Im Straßenverkehr oder Schiffs- und Luftverkehr hat dies katastrophale Folgen. Aber bedenken wir auch, Maschinen und z. B. Schaltanlagen zur Steuerung eines Reaktors unterliegen dem gleichen Prinzip.

Es gibt aber noch einen weiteren Faktor, der für menschliches Versagen zuständig ist und den ich hier unbedingt nennen möchte: den Streß, die Überforderung der Funktion unseres Gehirns. Jeden Tag, jede Stunde muß unser Gehirn eine Fülle von Eindrücken verarbeiten oder sortieren. Es stellt Verbindungen her und verknüpft sinnverwandte zu Schemata. Stellen wir uns einmal vor, wir haben uns an eine Situation – z. B. an einen Schaltwagen – gewöhnt, wir sind durch Zeitnot in einer Streßsituation und fahren nun mit einem Automatikwagen, der bekanntlich keine Kupplung hat. Nun treten wir bei einem Stau auf der Autobahn voll auf die Bremse, infolge unserer Routine hatten wir geglaubt, wir träten auf die Kupplung. Auch der folgende Auffahrunfall wäre auf menschliches Versagens zurückzuführen.

Ich will damit sagen: Die zusätzliche Veränderung der technischen Einrichtung, die das Gehirn in kritischer Situation bei schnellstem Handlungsbedarf nicht mehr berücksichtigt – das Gehirn bedient sich des routinemäßig eintrainierten Reflexes, also des kürzesten Weges der Information – stellt eine Gefahr dar. Eingefahrene Schemata führen in unserem Gehirn ihr Eigenleben. Einmal eingefahren, spulen sie unabänderlich ihr Eigenprogramm ab, und dieses Geschehen setzt sich auch dann fort, wenn wir bewußt eine andere Entscheidung angenommen haben.

Solche eingefahrenen Mechanismen bedürfen einer längeren erhöhten Aufmerksamkeit, um sich von ihrer Verselbständigung und den daraus resultierenden Gefahren zu befreien. Nehmen wir einen Piloten, der seit längerer Zeit in Warteposition steht. Er vernimmt im Kopfhörer endlich die Stimme des Fluglotsen: »Goodbye Jack.« Als er mit hoher Konzentration – was unbedingt erforderlich ist – vor dem Start noch einen Seitenblick auf die Rollbahn wirft, stellt er fest, daß dort gerade eine Maschine startet. Blitzartig fährt ihm durch den Kopf, daß der letzte Zuruf in Wirklichkeit »Stand by« (»Warte ab«) gelautet hatte. Die Erwartung, daß nun die Maschine endlich zu starten habe, hatte ihm in seinem Unterbewußtsein einen Streich gespielt. Sie war zu stark in seinem Unterbewußtsein aktiviert, die Routine hatte ihn überrollt.

Viele Fehlschaltungen dieser Art bleiben zwar folgenlos, weil sie vom Kontrollsystem unserer linken Hemisphäre rechtzeitig erkannt und korrigiert werden; dennoch: Routine und Planmäßigkeit in Verbindung mit Streß und Überforderung scheinen offensichtlich die Hauptursachen für menschliches Versagen zu sein. Es ist also nicht mehr die rationale Seite, die in kritischen Situationen unser Denken und Handeln steuert und letztlich die entscheidenden Alternativen herbeiführt, sondern der eingefahrene Reflex, der sich offensichtlich auf unser evolutionäres Fluchtverhalten zurückführen läßt und zu den beschriebenen gefährlichen Spontanreaktionen führte.

Unsere Handlungen unterliegen demnach in der Situation des menschlichen Versagens nicht mehr dem rationalen Teil des Gehirns, sondern vielmehr dem älteren Unterbewußtsein. So ist es auch nicht verwunderlich, daß verantwortliche Ingenieure im Augenblick einer drohenden Katastrophe durch das Aufblinken einer unkontrollierbaren Zahl von Warnlampen wie das Kaninchen vor der Schlange eher gelähmt nichts tun oder die Flucht nach vorne ergreifen und blindlings irgendwelche Knöpfe drücken. Diese plötzliche totale Überforderung kann bei nicht entsprechender und nicht regelmäßiger Vorbereitung eine durch menschliches Versagen verursachte Katastrophe auslösen.

Läßt sich also zur Abwendung eines menschlichen Versagens in der Hypnose eine erfolgversprechende und erfolgreiche Intervention vornehmen? Diese Frage ist einwandfrei mit »ja« zu beantworten. Neben der Aufmerksamkeit läßt sich im Hypnosezustand nicht nur die Fähigkeit zu einem sofortigen und doch überlegten Handeln programmieren, sondern man kann auch die geforderten verantwortlichen Menschen im Hypnotraining durch Visualisieren auf alle denkbaren Situationen vorbereiten. Dies habe ich bei Sportlern und Managern oft praktiziert.

Dem Streßphänomen sehr verwandt ist das »Burn-out-Syndrom« (Ausgebranntsein durch laufende Überforderung). Das »Burn-out-Syndrom« beinhaltet den Verlust des Vertrauens in die eigene körperliche Leistungsfähigkeit und zieht eine reaktive Depression nach sich. Mit Hypnose können wir beide Phänomene erfolgreich behandeln.

Ähnliches trifft auf »Mobbing« und »Psychoterror« zu. Es gibt bereits eine erste Veröffentlichung zum Thema »Erfolgreiche Behandlung von Mobbing in Hypnose«. Ich behandle »Mobbinggeschädigte« mit intensivem Training in Hypnose sehr erfolgreich. Die Probanden sind danach in der Lage, ihren »Mobbern« mit massivem Durchsetzungsvermögen und Präsenz zu widerstehen. Sie bringen diese ohne Mühe zur Räson. Sie haben im Hypnose-Coaching gelernt, mit ihren Gegnern umzugehen.

Angsthasen machen Karriere

Herr D., 29 Jahre alt, wurde von seinem Vater unter Druck zu mir in Behandlung gebracht. Wie ich mich selbst überzeugen konnte, war schon der Vater das Produkt eines »overprotection father« (übertrieben beschützender und beherrschender Vater). Der Vater unseres Probanden hatte zwar das Zeug zu einem guten Kaufmann, aber unter der Regie seines übermächtigen Vaters wiederum konnte er sich nie richtig entwickeln und war so in allen Bereichen mittelmäßig. Er kam in allgemein schlechtem Verfassungszustand in meine damalige Klinik und wurde durch Hypnosebehandlung und -training so in seiner Persönlichkeit und seinem Selbstbewußtsein aufgebaut, daß er sich in den nachfolgenden Unternehmen zu einer Verkaufsrakete entwickelte. Er wurde immer selbstbewußter und herrischer und trat mit seinem Verhalten in die Fußstapfen seines Vaters. Er begann schließlich, alles Selbsterfahrene an seinen Sohn weiterzugeben.

Sein Sohn, unser Proband, Herr D., erlebte seinen Vater im Zenit des Erfolges, einen Mann in Übergröße, zu dem er nicht hinaufzuschauen wagte. Er entwickelte sogar eine gewisse Aggression gegen seinen Vater, dessen Lebensstil und Erfolge – er selbst war ja auch nur ein kleiner Medizinstudent und sonst nichts und das auch nur von Gnaden des übermächtigen Vaters. So jedenfalls fühlte er sich und dies schilderte er.

Er kam mit Widerwillen in meine Behandlung. Nachdem er sich während seines Klinikaufenthaltes mehrere Male betrunken hatte (dies war auch inzwischen sein Leiden geworden) brachen wir die Behandlung ab. Er fuhr mit Freunden in den Urlaub und schrieb mir einen Brief, in dem er mich bat, ihn doch wieder aufzunehmen. Er käme nicht auf Druck seines Vaters, sondern aus freien Stücken und habe erkannt, daß nur die Hypnose ihm noch helfen könne.

Er unterzog sich jetzt einer ordnungsgemäßen Behandlung und entwickelte sich, nachdem er dem Alkohol abgeschworen hatte, zusehends zu einer eigenen, selbstbewußten Persönlichkeit. Er nahm sein Studium wieder auf und machte sein Staatsexamen als Arzt. Dies geschah mit Hilfe aller Varianten der Hypnosebehandlungsmöglichkeiten, wie ich sie in diesem Buch bereits geschildert habe. Von Zeit zu Zeit erhielt er zur weiteren Stabilisierung seiner Persönlichkeit ein Nachtraining in Hypnose. Heute ist er ein weltweit anerkannter Universitätsprofessor für Gynäkologie.

Dieses zuletzt geschilderte Beispiel zeigt einerseits die Kette von Verhängnissen durch falsche Erziehung und Fehlentwicklung, andererseits aber auch die Möglichkeit, die die Hypnosetherapie bietet, durch negative Erfahrungen geschädigte Persönlichkeiten wieder aufs rechte Gleis zu bringen.

Hypnose vermag weit mehr, als mancher ihr zutrauen möchte. Sie bedarf aber einer gewissen Zeit des Umsetzens der gegebenen Suggestionen und ihrer daraus resultierenden Reaktionen.

Bei Herrn S. war dieser Fall gegeben. Er hatte gerade sein Abitur bestanden und studierte Betriebswirtschaft; schon zu Anfang dieses Studiums befürchtete er, das Examen nicht ablegen zu können. Seine Angst steigerte sich immer mehr. Auf Betreiben seines Vaters, der die Wirksamkeit der Hypnose aus eigener Erfahrung kannte, kam er in seiner Verzweiflung in meine damalige Klinik, die Pfälzer Felsenland-Klinik. Als nach vierwöchiger Behandlung für ihn kein Erfolg zu sehen war, kehrte er nach Hause zurück und warf seinem Vater vor, das Geld für nichts rausgeschmissen zu haben.

Vier Wochen später mußte er sich korrigieren. Das Hypnotraining zeigte nun seine positiven Wirkungen: Seine Leistungen im Studium wurden zusehends besser. Er fühlte sich sicherer und selbstbewußter. Sein Selbstvertrauen gipfelte in der Äußerung, daß er jetzt sein Staatsexamen mit »summa cum laude« machen wolle, und dies tat er auch. Bemerkenswert und wichtig an diesem Beispiel ist die Tatsache, daß sich der Erfolg des Hypnotrainings nicht sofort, sondern erst nach Monaten auswirkte.

Hypnose zur Effizienzsteigerung im Beruf haben uns als erstes die Russen in den 70er Jahren vorgeführt. Sie trainierten nicht nur das Management, sondern auch die Ingenieure. Vielleicht ist das der Grund dafür, warum sie auch heute noch die Raumfahrt beherrschen. Die Amerikaner gaben sich dagegen nur mit der Selbsthypnose zufrieden. Ich vertrete nach wie vor die Meinung, Selbsthypnose und Selbsttraining können zwar unterstützend helfen, aber schon aus dem Energieaufwand, den eine Fremdhypnose erfordert, geht hervor, daß die Effizienz der Fremdhypnose die der Selbsthypnose wesentlich übersteigt. Bei optimalem Training mit optimaler Technik kann die Selbsthypnose (Selbsttraining) jedoch ein gutes Hilfsmittel sein.

18 Sport: Dank Hypnose in die Olympiade

Hypnose und Sport ist nach wie vor in unserem Lande ein nicht ganz unumstrittenes Thema. Eine Selbstverständlichkeit war und ist diese Verknüpfung jedoch in der ehemaligen Sowjetunion. Wie ich bereits erwähnte, gab es in Borosow ein Zentrum mit 4000 Betten. Dort wurden die großen Olympioniken nicht nur in Sport trainiert, sondern sie absolvierten und perfektionierten ihre sportlichen Leistungen im veränderten Bewußtseinszustand der Hypnose. Sie vertieften so alle Korrekturen in ihrer Disziplin zum perfekten Sportler. Viele Goldmedaillengewinner verdankten der Hypnose ihren Erfolg.

Wie sieht es in den Ländern des Westens aus? Die Anwendung des autogenen Trainings – in dem man bekanntlich eine Art Autohypnose praktiziert – ist bei Skifahrern aus Schweden und Österreich schon längst bekannt. Ich bin der einzige in Europa, der im Besitz eines amerikanischen Diploms für Hypnose und Sport ist. So wurde ich mit der Aufgabe, einem Sportler wieder zu Leistung zu verhelfen, konfrontiert, als ein Kunstradfahrer, der seine Sicherheit am Gerät und dem Partner gegenüber verloren hatte, von seinem Trainer zu mir geschickt wurde. Ich ließ mich in die Technik dieser Sportart einführen und wir konnten so die entsprechenden Suggestionen und Formeln gemeinsam ausarbeiten. Herr V. fand danach nicht nur seine alte Kondition wieder, sondern steigerte sich durch zusätzliche Sicherheit und großes Selbstvertrauen zu Höchstleistungen. Er erklärte selbst, die Unsicherheit, die er früher am Gerät und auch seinem Partner gegenüber hatte, sei restlos verschwunden.

Der Trainer war so begeistert, daß er mir gleich den nächsten Kandidaten schickte. Eine Weltmeisterschaft stand bevor und er sollte sich qualifizieren. Herr N. erhielt ebenso wie sein Vorgänger auf seine Sportart zugeschnittene Suggestionen. Zusätzlich sollte er sich – ähnlich wie in Japan beim Zen-Bogenschießen – in der Vorstellung üben, er, das Wurfgerät und das Ziel seien eins.

Was in der Sowjetunion selbstverständlich war, ließ bei den Profisportlern in den USA nicht lange auf sich warten. Man begann sehr schnell, Einzelkämpfer in Kampfsportarten wie z. B. Wrestling oder Boxen, aber auch Gruppen wie bei Football, Baseball und vielen anderen Sportarten im veränderten Bewußtseinszustand der Hypnose zu trainieren. Ich erinnere mich noch genau an die Worte eines unserer Dozenten, N. Merlo (er war übrigens auch Sohn eines Hypnosearztes), der selbst auch amerikanische Athleten, jedoch auch Golfspieler, in Hypnose trainierte, als

er sagte: »In den USA gibt es kaum mehr eine Kampfsportart, in der die Athleten nicht in Hypnose trainiert
sind.« Diese Worte im Jahre 1983 auf dem amerikanischen
Seminar der American Society of Medical Hypnoanalists
in Las Vegas haben mich sehr beeindruckt.
Ich selbst war jedoch auch nicht mit leeren Händen gekommen. Ich hatte in meinem Vortrag »Persönlichkeitsentwicklung und Kreativität durch Hypnose im Sport« von
meinen ersten Erfolgen zu berichten. Seither hat mich das
Thema Hypnose und Sport nie losgelassen. So habe ich
nicht nur Tennisspieler, Kunstradfahrer, Schützen, sondern
auch Rennfahrer und viele andere Sportler mit Hypnose
zum Erfolg geführt. Durch Hypnosebehandlungen mit spä-
terem autogenen Training können Kräfte mobilisiert und
Sicherheit gegeben werden, von denen man früher kaum
eine Vorstellung hatte. Das Mentaltraining ist für Sportler
heute ein feststehender Begriff. Hypnose dagegen wirkt
heterogen und damit wesentlich intensiver.

Gerettete Pistolenmeisterschaft

Herr S. war ein begeisterter Sportschütze und hatte es in
den Meisterschaften schon sehr weit gebracht. Diesmal
ging es um die Deutsche Meisterschaft. Er ließ sich schon
seit längerer Zeit in Hypnose im Schießen trainieren und
hatte sich schon erheblich verbessert.
Auf seine Meisterschaft wollte er sich besonders gut vorbereiten und hatte hierfür spezielle Kugeln gekauft. Un-
glücklicherweise hatte der Verkäufer ihm die falschen Kugeln eingepackt. Dies bemerkte Herr S. jedoch erst am
Schützenstand kurz vor dem Wettkampf. Er mußte sich bei
den Schützenbrüdern passende Kugeln ausleihen.
Er war in Hypnose auf alles – auch Unvorhergesehenes –
bestens vorbereitet – auch durch die Formel des Zen: »Der
Bogenschütze, der Bogen, der Pfeil, das Ziel ist eins.« Er

wunderte sich – wie er später erzählte –, daß er ganz ruhig geblieben war. Er hielt seine Waffe ganz ruhig und jeder Schuß saß. So gewann er die Meisterschaft. Später erzählte er: »Wenn ich so kurz vor dem Schießen die falschen Kugeln gefunden hätte, bevor ich in Hypnose trainiert war, hätte ich durchgedreht. Entweder hätte ich laufend danebengeschossen oder ich hätte versucht, meine Anmeldung rückgängig zu machen und gar nicht erst anzutreten. Ich hätte gewußt, daß ich nicht in der Lage bin, erfolgreich zu schießen.«

19 Fallschirmspringen und Raumfahrt

Rechtzeitiges Ziehen der Reißleine

Fallschirmspringen kann sowohl eine sportliche als auch eine militärische Disziplin sein. Für die Hypnose ist das nicht von Bedeutung. Sie findet in beiden Disziplinen ihre Anwendung.

Auch hier waren es die Russen, die die geniale Idee hatten, ihre Fallschirmspringer erst einmal im Hypnosezustand springen zu lassen, um sie so visionär auf ihre Aufgabe vorzubereiten. Dies geschah bereits in den 60er Jahren und wird von dem russischen Professor für Psychologie K. Platonow in seinem Buch »Unterhaltsame Psychologie« so beschrieben: »Auch mein Schüler Leonid Pawlowitsch Grimak, Arzt und Fallschirmspringer, suggerierte Fallschirmspringern in Hypnose, daß heute der Tag und die Stunde sei, wo sie sich zum Sprung fertig machen, ›springen und landen‹ müssen. So lehrte er – ohne ins Freie zu gehen – mit Hilfe verschiedener Geräte und der ›Hypnosereproduktion‹ die Psychologie des Fallschirmspringens. Später wandte er die ›Hypnosereproduktion‹ an, um künftige Kosmonauten unter simulierten Bedingungen der Schwerelosigkeit zu trainieren.« Zu dieser Zeit wurden die Geschehnisse in der Sowjetunion höchst geheim gehalten. Wie später zu erfahren war, hatte Grimak nicht nur Fallschirmspringer, sondern auch Astronauten trainiert.

Von einem versierten Sport-Fallschirmspringer erfuhr ich, warum so viele Sport-Fallschirmspringer abstürzen: Sie vergessen, die Reißleine zu ziehen oder sie ziehen sie zu spät. Durch Hypnotraining ist es möglich, auf gewisse Handgriffe beim Fallschirmspringen – insbesondere auf das rechtzeitige Ziehen der Reißleine – lebensrettend hinzuwirken.

Durch Visualisierung und Erleben des Vorgangs des Abspringens bis zum Ziehen der Reißleine in der Hypnose ist der Springer auf automatisches Ziehen der Reißleine zum richtigen Moment programmiert. Er hat also eine unbewußte absolute Sicherheit.

Die gefürchtete Astronautenkrankheit

In den 80er Jahren erschien bei mir eine junge Dame. Sie war in einer Astronautenausbildung und ich sollte sie für die bevorstehenden Tests trainieren. Sie weihte mich in das Geheimnis eines jeden Astronauten ein, über das jedoch niemand spricht: Fast alle Astronauten können sich beim Eintritt in die Schwerelosigkeit des Erbrechens nicht erwehren.

Die junge Astronautenanwärterin ließ sich in Hypnose unter anderem auch auf den Eintritt in die Schwerelosigkeit trainieren. Nach Abschluß ihres Hypnotrainings stellte sie sich in Paris ihrer Prüfung: Man ließ eine Caravelle hochsteigen. Nachdem die Maschine eine bestimmte Höhe erreicht hatte, drückte der Pilot blitzschnell und schlagartig den Steuerknüppel abwärts, so daß die Maschine um ca. 90 Grad abkippte und damit den sogenannten Schwere-

losigkeitseffekt für kurze Momente erreichte. Die junge
Dame bestand ihre Prüfung dank des Hypnotrainings –
ohne erbrechen zu müssen – mit Bravour.

20 Kunst

Auch auf dem Gebiet der Kunst waren es die Russen, die
die Hypnose zuerst anwandten – denken Sie an Rachmaninows großes Zweites Klavierkonzert in c-Moll. Im Jahre
1904 war es der deutsche Nervenarzt Hofrat Dr. L. Löwenfeld. Er hielt anläßlich der künstlerischen, tänzerischen
Auftritte der Madeleine G. aus Paris, die sich im Zustand
der Hypnose befand, im Saal des Münchner Künstlerhau-
ses seinen unvergessenen Vortrag zum Thema »Hypnose
und Kunst«. Er schloß diesen Vortrag mit den Worten:
»Meine Darlegungen dürften gezeigt haben, daß die Bedeutung der Hypnose für die Kunst vorerst noch eine recht
bescheidene ist. Es darf dabei jedoch nicht außer acht gelassen werden, daß der Verwertung der Hypnose für die
Förderung künstlerischer Zwecke bisher nur wenig Beachtung geschenkt wurde.«
Seither hat es immer wieder Ansätze gegeben, sich mit
dem Thema »Hypnose und Kunst« auseinanderzusetzen.
Auf dem 6. Internationalen Kongreß für Hypnose in Uppsala, 1973, berichtete der schwedische Arzt A. Melgren –
etwa zeitgleich mit einer Publikation von Raikov – über
Hypnose und Kunst. Er sprach von 24 Künstlern, deren Ver-
haltensweise unter Hypnose ruhig wurde. Sie hatten mehr
Selbstvertrauen und konnten so aus sich herausgehen. 19
von 24 Anwärtern konnten ihre Leistungen erheblich verbessern.
Bis heute sind es die russischen Ärzte und Wissenschaftler,
die die Tradition von Hypnose und Kunst in größerem Rahmen aufrechterhalten. Davon konnte ich mich bei meinem

Moskaubesuch vor vier Jahren selbst überzeugen. Ich vertrete die Ansicht, daß wir nicht nur Schauspieler und Musiker, sondern auch Maler, Komponisten, Tänzer und viele andere Künstler durch Hypnose in ihrer Entwicklung fördern und sogar Talente entdecken können. Ein solches Projekt findet zur Zeit der Entstehung dieses Buches in Zusammenarbeit mit dem Münchner Regisseur B. Seidel statt.

Nach 20 Jahren wieder die Palette in der Hand

Frau G., Lieblingsschülerin eines sehr namhaften Künstlers, hatte durch Krankheit und andere mißliche Umstände sowohl den Antrieb als auch alle Ideen zum Malen vollkommen verloren. Ähnlich wie bei Rachmaninow war ihr künstlerisches Schaffen unterbrochen. So kam sie in meine Behandlung. Sie erhielt eine Hypnoseganzheitsbehandlung mit spezifischen Suggestionen bezüglich ihres Malens, ihrer Inspiration und ihrer Kreativität. Um diese Persönlichkeitsmerkmale noch mehr zu fördern, ließ ich sie im veränderten Bewußtseinszustand der Hypnose malen, neue Formen beschreiben und finden.

Bald nach Beendigung der Hypnosebehandlung nahm sie sehr erfolgreich ihre künstlerische Tätigkeit wieder auf. Heute ist sie eine renommierte Künstlerin, die sehr erfolgreich ausstellt. Ihre erste Behandlung war im Jahre 1976, seither haben wir immer wieder in Coaching-Sitzungen Kontakt gehabt.

Im veränderten Bewußtseinszustand der Hypnose können wir die letzten Reserven der grauen Gehirnrinde mobilisieren. Raikov vertritt die Meinung, der Mensch »verschlummere« den größten Teil seiner Denkkräfte. Dem möchte ich mich voll und ganz anschließen und es einmal so ausdrücken: In so einer intensiven Hypnosebehandlung erhält der Hypnotisierte die Gelegenheit, die ganze Gehirnleistung einzusetzen.

Erst Ende letzten Jahres habe ich dies in Experimenten am Pro-Science-Institut nachweisen können. So steigerte sich z. B. die Rechenleistung durch entsprechende Suggestionen im Hypnosezustand um 300 Prozent (Abb. 6).

Mit sogenannten »Zweckhalluzinationen«, in denen man dem Probanden z. B. sagt, er sei jetzt Rachmaninow oder Liszt oder, wenn es sich um einen Maler handelt, er sei Rembrandt oder van Dyck – läuft eine gewisse Identifikation mit den bekannten Künstlerpersönlichkeiten beim Probanden ab. Es werden dann alle Kräfte freigesetzt, um die zu spielende Musik oder das zu malende Bild dem Schaffen und Können des suggerierten Künstlers optimal anzupassen. Interessant ist: Wenn der Proband die Bilder oder – bei einem Musiker – die Musik des suggerierten Künstlers nicht kennt, dann tritt beim Probanden dieser Nachahmungseffekt nicht ein (Abb. 7).

Den russischen Wissenschaftlern ging es im Grunde genommen zur Zeit der UdSSR primär um die Effizienz, die im veränderten Bewußtseinszustand der Hypnose noch zu mobilisieren ist, und darum, ob eine Begabung im Interesse des Staates zu erweitern war. So wurde nach technischen Zeichnern, Ingenieuren und Erfindern gesucht, Künstler waren nur als Aushängeschild des Staates interessant. Von 100 auf diese Art in Hypnose vorbereiteten und getesteten Teilnehmern erreichten zehn die Karriere eines großen Künstlers bzw. einer Künstlerin oder auch eines Konstrukteurs für die Raumfahrt. Es war, um es ganz einfach zu sagen, die Suche nach Talenten.

Talentverfeinerung ist natürlich ein ausgezeichnetes und unerschöpfliches Gebiet der Hypnose. So ist es mir gelungen, bei einem Konzertmeister – Schüler von Lord Yehudi Menuhin – in Hypnose seine Spielfertigkeit, die Kunst seines Spiels, erheblich eleganter und sicherer zu machen. Ich habe im veränderten Bewußtseinszustand der Hypnose jedoch nicht nur Talente gefördert, sondern konnte sie auch dank des erhöhten Bewußtseinszustands der Hypnose überhaupt erst entdecken.

Neben der Kreativitätsförderung, die für jeden Künstler von äußerster Wichtigkeit ist, ist für den darstellenden Künstler eine erhöhte Konzentration suggerierbar, eine Gedächtnisleistungssteigerung mit Sicherheit in jeder Form – insbesondere beim Auftritt auf der Bühne. Sicherheit bedeutet aber auch Freiheit im Spiel. Auch die Identifikationsfähigkeit kann erheblich gesteigert werden, ebenso wie lästiges »Lampenfieber« wegtrainiert werden kann.

Hinter dem Lampenfieber steckt meistens Angst. Es kann eine allgemeine Angst sein, verbunden mit dem unbewußten Gefühl, seine Rolle nicht richtig gelernt zu haben, sich an seinen Text nicht richtig erinnern zu können, oder aber auch die direkte Angst vor dem Publikum. Selbstverständlich kann auch eine schwere psychische Belastung dahinterstecken, in Verbindung mit einer nicht verarbeiteten Erlebnisreaktion. Auch in diesem Fall kann durch die Hypnose grundsätzlich Abhilfe geschaffen werden. So möchte ich die Frage, ob es möglich ist, einem begabten Menschen den Weg zu seinem Erfolg durch die Hypnose zu öffnen, grundsätzlich mit »ja« beantworten. Der Künstler, der an seine Verwandlung glaubt, der sich also mit der suggerierten Persönlichkeit identifiziert, kann natürlicher und konsequenter auftreten und arbeiten als jener, der sich nur bemüht, seine Rolle zu spielen.

Natürlich setzt die volle Identifizierung Fähigkeiten voraus, die nicht jeder Mensch besitzt. Wir wissen, daß jeder durch Erziehung, Gewöhnung, Rücksichten auf die Umgebung und andere Umstände eingeschränkt ist und es zum Teil sogar unterdrückt, Gefühlsleben preiszugeben. Hierauf haben alle unsere sozialen und kulturellen Verhältnisse hingewirkt. Unsere Mimik ist mehr und mehr abgeschliffen. Wir brauchen nur das Straßenbild und die Maskengesichter der Menschen heute zu betrachten. Die

Hypnose ermöglicht auch in diesem Fall eine größere Lebhaftigkeit, Aufmerksamkeit etc., um die Gemütsvorgänge und begleitenden Ausdrucksbewegungen zu einer Gegebenheit oder einer Situation auszudrücken.

21 Wahrheitsfindung

Der Hypnosezustand ist nicht nur ein veränderter Bewußtseinszustand, wie wir wissen, sondern auch ein erhöhter medialer Bewußtseinszustand. Dieser erhöhte Bewußtseinszustand ist ausschlaggebend für den vielfachen Einsatz der Hypnose zur sogenannten »Wahrheitsfindung«. Der veränderte Bewußtseinszustand vermittelt uns über die Aktivierung der rechten Hemisphäre einen direkten Kontakt zu unserem verborgenen Wissen, möglicherweise auch einen Kanal zur »impliziten Ordnung«, wie ich dies schon beschrieben habe.

17000 Fahrzeuge hatte die Kripo überprüft

Sowohl in den USA als auch in Europa verhilft die Hypnose in der Kriminalistik zur Gedächtnisleistung der Zeugen. Zahlen eines Nummernschildes eines Tatfahrzeuges oder sonstige wichtige Hinweise z. B. werden zwar oft gesehen, aber wieder vergessen.

So ist es mir passiert, daß die Kriminalpolizei mich bat, einen Zeugen in Hypnose zu versetzen, der nach seinen Angaben das gesuchte Tatfahrzeug und den Täter eines Mordfalls gesehen hatte, sich aber an nichts mehr erinnern konnte. Die Kriminalpolizei hatte bereits 17000 Fahrzeuge ohne Erfolg überprüft. So erhoffte man sich mit Hilfe des erhöhten Bewußtseinszustands des Zeugen in der Hypnose Licht ins Dunkel dieses Falls zu bringen. Es gelang mir – wie in vielen anderen Fällen –, die dringendste Frage nach dem Nummernschild und seinen Zahlen zu klären und auch das gesamte Aussehen des Fahrzeugs von dem Zeugen im Hypnosezustand beschreiben zu lassen. Am darauffolgenden Tag konnte der Täter aufgrund der präzisen Angaben verhaftet und überführt werden.

Ein 1944 gefallener Panzerkommandant kommt 1962 wieder

Ein anderes beliebtes Thema zur Wahrheitsfindung ist die Frage nach der Reinkarnation. Reinkarnationen sind genetisch ungebundene reproduzierbare Informationen, die offensichtlich über die rechte Hemisphäre aus dem Unterbewußten, möglicherweise aber auch durch spezifische Transformationen aus uns noch unbekannten Quellen kommen. Streng zu unterscheiden ist – wie ich dies 1992 in einem Sonderdruck der Wissenschaftszeitung »Raum und Zeit« publizierte – zwischen Reinkarnation auf der einen Seite und der reproduzierten Erbinformation im Hypnosezustand auf der anderen Seite. Daß es diese beiden Schienen gibt, erfuhr ich in vielen meiner Experimente. Ursprünglich war ich der Meinung, es existierten nur Reinkarnationsphänomene, mußte mich aber durch jahrelange Experimente davon überzeugen lassen, daß es auch die erbinformative Linie gibt. Dies habe ich in einer Experimentenreihe nachgewiesen.
Hier nun mein spektakulärster Fall zum Thema Reinkarnationen, der fast über alle Fernsehschirme lief. Es ist die Geschichte eines Patienten, der Anfang der 90er Jahre mit 28 Jahren in meine Behandlung kam. Bei ihm bissen alle meine Ärzte und auch mein Chefarzt bei der Behandlung auf Granit. Sie kamen auch mit der Hypnoanalyse nicht weiter. So mußte ich eingreifen. An einem Tag, an dem die Mitarbeiter einer Fernsehgesellschaft in meinem Haus waren, um Material für eine Sendung zu sammeln,

lief mir dieser Patient über den Weg. Kurz entschlossen machte ich eine Hypnoanalyse im Beisein der Fernsehleute. Was ich erfuhr, war für alle überraschend. Herr L. schilderte im veränderten Bewußtseinszustand der Hypnose, wie er 1944 als Panzerkommandant Richard Meissner bei einem Überraschungsangriff in Belmonte, Italien, aus der Kuppel seines Panzer geschleudert wird und ein Bein verliert. Er wälzt sich auf dem Boden vor Schmerzen, als ein gegnerischer Soldat vorbeikommt und ihn mit einem Genickschuß tötet.

All diese Daten lieferte er während unseres ersten hypnoanalytischen Experiments zu seiner Reinkarnation, von der er bis dahin nichts wußte. Herr L. gab dann in der gleichen Hypnosesitzung weitere detaillierte Angaben zu »Richard Meissner«: Er nannte seinen Geburtsort, sein Geburtsdatum, seine Ausbildung, seine Tätigkeit in einem Lastwagenwerk und später Panzerwerk, nannte Kriegseinsätze und Verwundungen und schließlich den Einsatz in Italien. All diese Angaben ließen die Fernsehjournalisten, die die ganze Reinkarnationsreproduktion in Hypnose mit der Kamera begleiteten, bei der Zentralstelle für gefallene Kriegsangehörige in Berlin überprüfen. Das Ergebnis war einmalig: Es gab nicht nur einen Richard Meissner, sondern es konnten auch alle in der Hypnosesitzung gefundenen Daten und die Lebensgeschichte dieses Richard Meissner von der Zentralstelle in Berlin bestätigt werden. Zu dem »Genickschuß« stand wörtlich in dem Bericht zu lesen: »Vermutlich wurde er von einem Alliierten getötet.«

Hätte man nun Herrn L. im veränderten Bewußtseinszustand der Hypnose zeitlich auf seiner erbinformativen Schiene nach dem Jahr 1944 befragt, so hätte er ganz andere Informationen geliefert: nämlich die, wo sich sein Vater, seine Mutter – beide Zweige sind möglich – 1944 aufgehalten haben. Die erbinformative Schiene im veränderten Bewußtseinszustand der Hypnose vermittelt uns exakte Informationen – da sie genetisch gebunden ist – über Aufenthalt und Tätigkeit des leiblichen Vaters und der leiblichen Mutter und deren vorangegangener Generation. So haben viele Probanden im veränderten Bewußtseinszustand der Hypnose bei erbinformativen Experimenten ihre nächsten Vorfahren gesehen, obwohl sie vorher niemals Fotos oder andere Darstellungen zu Gesicht bekamen. Wenn es ihnen dann gelang, im Verwandtenkreis durch Recherchen doch noch an ein altes Foto zu gelangen, waren sie immer wieder überrascht, wie sehr die in der Hypnose gesehenen Personen den Originalbildern ähnelten.

Wie ich andeutete, kann der Proband im veränderten Bewußtseinszustand der Hypnose alle Ereignisse und Begebenheiten sowohl im Leben des leiblichen Vaters als auch der leiblichen Mutter vor der Zeugung sehen und reproduzieren. So ist auch eine biologische Ahnenforschung denkbar und wurde von mir bereits durchgeführt. Wie sich der Leser nach dem Gesagten vorstellen kann, eignet sich Hypnose auch zur Vaterschaftsfindung.

Wie die Sonnenblume aus den USA nach Ostpreußen kam

Eines Tages berichtete mir ein Proband während eines Hypnoseexperiments auf seiner erbinformativen Schiene von Pferden bzw. einer Pferdezucht in einem offensichtlich warmen bis heißen Land. Er sah, daß sich die gleiche Person, die sich zuvor mit Pferden befaßt hatte, nun mit Sonnenblumen beschäftigte. Diese Person sah er dann wenig später auf einem Überseedampfer. Sie beschäftigte sich mit Sonnenblumenkernen, die sie bei sich trug. Um das Schiff besser identifizieren zu können, bat ich ihn, nach der Flagge zu schauen und mir diese Flagge näher zu beschreiben. Wir waren in dem Experiment bisher der Meinung, dieser vermeintliche Vorfahre käme aus Afrika. Die

Fahne des Schiffes hatte aber rote und weiße Streifen. Wir konnten sie schnell – auch wenn sie noch keine Sterne hatte, weil der Zeitpunkt der Geschichte historisch weiter zurückreichte – als eine amerikanische Flagge identifizieren. Die dort auf dem Schiff gesehene Person fand sich dann wieder in Ostpreußen, wo sie Sonnenblumen anpflanzte.

Nun ließ ich diese Person über seine Nachkommenschaft in den Identifikationsbereich seines Urgroßvaters bzw. dann seines Großvaters im Hypnosezustand voranschreiten. Tatsächlich erkannte mein Proband plötzlich seinen Großvater, wie er ihn noch leiblich in Erinnerung hatte. Die Kette war geschlossen. Eine Frage blieb offen: War das alles Phantasie oder ließ sich das Ganze nachvollziehen? Mein Proband ließ nicht locker, bis er einen sehr alten Verwandten gefunden hatte, der von der Geschichte wußte. So erfuhr er, daß seine Vorfahren aus Amerika zurückgekommen und die Sonnenblumen mitgebracht hatten.

Zwei Informationsschienen in einem Menschen

Ich habe Ihnen die Reinkarnation und die erbinformative Reproduktion im Hypnosezustand vorgestellt. Beide lassen sich über eine Rückführung in den Zeugungsakt des Probanden erreichen, doch dann teilen sich die Schienen. Die eine ist erbinformativ (biologisch gebunden) und führt uns zu den biologischen Ahnen des Probanden. Die andere ist (wenn überhaupt) seelisch gebunden und führt uns offensichtlich in eine Art früheres Dasein zurück. Daß dies so ist, konnte ich anhand von chronologisch historischen Experimenten (Daseinsereignissen) auf beiden Schienen zur gleichen Zeit nachweisen.

Ein Proband berichtete mir im veränderten Bewußtseinszustand der Hypnose, wie er in einer Kutsche Anfang des 18. Jahrhunderts von Köln in Richtung Hamburg unterwegs ist. Er ist schwer krank, 45 Jahre alt und leidet unter erheblichen Kopfschmerzen. Diese Kopfschmerzen – so stellte sich im Verlaufe des Experiments heraus – verursachten seinen relativ frühen Tod.

Der gleiche Proband gibt zur gleichen Zeit auf der erbinformativen Schiene einen ganz anderen Ort an. Es ist München, wo sich sein Vorfahre mit Stoffen und Handelsware beschäftigte. Seine Nachforschungen erbrachten die Bestätigung, daß seine Vorfahren in München lebten und Kaufleute waren.

Für einen Unerfahrenen ist es äußerst schwierig zu unterscheiden, ob es sich bei den im Hypnosezustand reproduzierten Ergebnissen um die einer Reinkarnation oder die einer Erbinformation handelt, da beide Schienen durch den Zeugungsakt laufen. Es gibt auch komplizierte Fälle, bei denen vom Probanden ein Mischergebnis, also teils reinkarnative und teils erbinformative Hypnosereproduktion, herauskommen kann. Ich möchte an dieser Stelle vor Fehlinterpretationen ernsthaft warnen.

UFOs, unheimliche Gestalten und helle Lichter

Die UFO-Forschung bedient sich schon seit längerer Zeit zur Wahrheitsfindung und Hebung scheinbar unausgelöschter Erlebniserinnerungen von Menschen, die angeblich UFO-Erlebnisse haben, der Hypnose. So wurde ich schon vor vielen Jahren von MUFON, der deutschsprachigen Sektion des Mutual UFO Network, eine internationale private Vereinigung von Wissenschaftlern und Ingenieuren zur Sammlung und Untersuchung von UFO-Berichten, berufen. Ähnlich wie in den USA habe ich als Hypnoseexperte entsprechende Untersuchungen und Befragungen im veränderten Bewußtseinszustand der Hypnose bei diesen Probanden durchgeführt. Hierbei gab es einige auffallende Parallelitäten: Im Vordergrund standen oft undefinierte Ängste und damit verbunden auch andere körperliche und seelische, früher nicht vorhandene Schäden.

Ich befragte die Probanden unter der Kontrolle des Brainmappings (siehe Abb. 1). Dadurch sollten mögliche Phantasieberichte ausgeschaltet werden und sichergestellt werden, daß sich die Probanden auch wirklich in Hypnose befanden. Ein Proband, der selbst früher bei der Luftwaffe der Bundeswehr war, erklärte in Hypnose, er habe niemals solche starken Lichter bei noch so hochqualifizierten Flugobjekten und Flugzeugen gesehen wie bei seinem UFO-Erlebnis. Auch weitere Zeugen berichteten von dem unbeschreiblichen Licht und dem Lärm, der sich zugetragen habe.

Dennoch ist das UFO-Phänomen trotz handfester Hinweise selbst für einen schon seit vielen Jahren Eingeweihten ein unvollständiges und noch unerklärliches Kapitel.

22 Eine Pforte zum Außersinnlichen

An dieser Stelle möchte ich noch einmal an das Orakel von Delphi und die Versuchung der Pythia durch König Krösus erinnern. Es steht außer Zweifel, daß der erhöhte Bewußtseinszustand der Hypnose nicht nur Pforten in die Vergangenheit, sondern auch in die Zukunft eröffnen kann. Auch Ereignisse der Gegenwart können sich einem Probanden im veränderten Bewußtseinszustand der Hypnose offenbaren. Es ist immer wieder der gleiche Mechanismus, den ich in diesem Buch dem Leser auch mehrfach vor Augen geführt habe: Es ist der Eintritt in die »implizite Ordnung«, in die Hyperraumdynamik, wohin der Hypnosezustand Kanäle öffnet.

Hellsehen ist eines der klassischen Beispiele für die erhebliche Verstärkung überbewußter Zustände unter Hypnose.

23 Der wiedererlebte Traum

Ein weiterer Abschnitt, der der Wahrheitsfindung sehr nahe kommt, ist die Traumanalyse im Hypnosezustand oder die hypnoanalytische Trauminterpretation.

Im Hypnosezustand und auch im Traumzustand können sehr starke rechtshemisphärische Aktivitäten beobachtet werden. So kann ein vergessener Traum im Hypnosezustand wieder ins Bewußtsein reproduziert werden. 1989, auf dem Internationalen Kongreß für Traumforschung in London, berichtete ich in meinem Vortrag »Hypnoanalytische Traumrevivikation und Interpretation« darüber.

Seit Anfang der 70er Jahre befasse ich mich neben der kognitiv integrierenden Hypnoanalyse auch mit hypnoanalytischen Trauminterpretationen. So berichtete mir eines Tages eine Patientin von einem schrecklichen Traum, der für sie eine tiefe Bedeutung haben müsse, und veranlaßte mich, sie in Hypnose nicht nur diesen Traum wiedererleben zu lassen, sondern sie auch den Traum deuten zu lassen. Ich konnte feststellen, daß im veränderten Bewußtseinszustand der Hypnose Träume, die lange zurückliegen können, reproduzierbar sind.

In allerletzter Zeit habe ich viele Experimente gemacht, in denen ich scheinbar abgebrochene Träume im veränderten Bewußtseinszustand der Hypnose vom Probanden weiterführen ließ. In allen kamen die Probanden zu Erkenntnissen, die auch in die Zukunft führen können, d. h. im Traum wurde auf eine bestimmte Situation verschlüsselt hingewiesen und im veränderten Bewußtseinszustand der Hypnose konnten wir diese Hinweise interpretieren.

Selbstinterpretierter Traum bringt Wende

Erst kürzlich konnte ich eine Probandin, die unter anderem an völliger Ratlosigkeit litt, dank einer Trauminterpretation in Hypnose auf ein neues Lebensgleis stellen. Sie hatte geträumt, sie befände sich in einem Kaufladen, in dem es alle möglichen Dinge zu erwerben gab. Sie lief in dem Laden unentschlossen hin und her und eine Verkäuferin sprach sie an, was sie denn wolle. Sie konnte keinen richtigen Wunsch äußern. Die Verkäuferin wurde böse und beschimpfte sie. Sie war entsetzt und perplex, daß man sie so beschimpfen konnte, nur weil sie nicht wußte, was sie wollte. Als sie sich umdrehte, um sich in dem Laden anderweitig zu orientieren, und noch einmal zu der Verkäuferin zurückschauen wollte, war diese verschwunden. Dagegen sah sie sich gegenüber eine andere Verkäuferin an einer Kasse sitzen. Die Kasse stand merkwürdigerweise offen und man konnte sehr viel Geld sehen.

In der Hypnose interpretierte die Probandin den Traum wie folgt: Symbolisch stehe der Laden für das Leben, in dem sie unentschlossen herumirre. Die strenge und schimpfende Verkäuferin sei Fortuna, die Glücks- und Schicksalsgöttin, der sie keinen Wunsch und keine Bitte vortragen konnte. Die zweite Verkäuferin an der Kasse symbolisiere ihr (denn sie war ohne Beruf), daß sie keinen richtigen Berufsabschluß habe. Das Geld in der offenstehenden Kasse symbolisiere ihr, daß sie trotzdem an den Gütern dieser Welt teilnehmen könne, wenn sie sich nur endlich zu einem Entschluß durchringen könnte. Letzteres erkannte die Probandin auch an dem wohlwollenden Lächeln und Nicken der Verkäuferin an der Kasse.

In den normalen Bewußtseinszustand zurückgeführt, hatte die Probandin jetzt endlich begriffen, was sie bisher nicht begreifen wollte. Sie zeigte nun Entschlußkraft und erklärte, sie wolle jetzt ihr Leben fest in die Hände nehmen.

Dieses kleine Beispiel steht für viele Fälle und es zeigt, daß selbst eine festgefahrene Situation durch eine hypnoanalytische Trauminterpretation wieder in Gang gebracht und positiv gelöst werden kann.

VII Was ist Massenhypnose?

1 Gruppenhypnose

Wir kennen außer der Einzelhypnose die Gruppen- und
die Massenhypnose. In Kapitel I, »Wie aktuell ist Hypnose?«, haben wir die Massenhypnose während des »indischen Seiltricks« kennengelernt.
Die Gruppenhypnose ist Ihnen aus dem Kapitel »Was ist
Hypnose?« bekannt, und zwar aus dem Beispiel »Ein
stummes Telefon stört laut«.
Sowohl mein Vater als auch ich praktizierten die Gruppenhypnose. Man kann die ganze Gruppe mit ein und derselben Suggestion behandeln oder aber jeden Teilnehmer
ganz individuell.
Bei der individuellen Behandlung der Teilnehmer werden
zunächst alle Probanden mit der selben Einleitungsformel
gemeinsam in den Hypnosezustand versetzt. Die Hypnose soll sich dann 25 Minuten lang vertiefen. Danach wird
jeder einzelne Proband mit den mit ihm abgesprochenen
und für ihn geltenden spezifischen Suggestionen behandelt. Dann folgen wiederum 20 Minuten Ruhezeit zur
Speicherung der Informationen, der Suggestionen im Gehirn. Danach wird die Gruppe gemeinsam mit der gleichen Weckformel in den normalen Bewußtseinszustand
zurückgeführt. Diese Methode habe ich in den letzten

zwanzig Jahren täglich bei ca. 40 Probanden mit großem Erfolg angewandt.

Die individuelle Hypnose eines Teilnehmers der Gruppe kommt bei Probanden mit unterschiedlichen Problemen zur Anwendung. Die Hypnose in der Gruppe als allgemeines Gruppenverfahren wird ausschließlich bei gleicher Problematik aller Teilnehmer (z. B. Raucherentwöhnung, Gewichtsreduktion) eingesetzt.

2 Massenhypnose

Bei der Massenhypnose hat der Hypnotisierende keinen persönlichen direkten Kontakt mehr zu den Hypnotisierten. Sie wird also nicht individuell gehandhabt. Wie das Wort »Masse« schon sagt, handelt es sich nicht um eine Gruppe, sondern eine inhomogene (ungleichartige) Menschenansammlung. Die Einzelpersönlichkeiten lösen sich auf und zerfließen in der Masse. Der einzelne zählt nicht mehr, die Kritikfähigkeit des einzelnen verliert sich ebenso wie die Einzelinteressen. Diese Masse ist bereit für eine Führungspersönlichkeit, die ihre Interessen wahrnimmt und vertritt.

Die Bereitschaft der hypnotisierten Masse, sich einem fremden Einfluß zu öffnen, ist relativ hoch. Showhypnotiseure machen sich dies ebenso zunutze wie Anführer verschiedenster Interessensgruppen. Der Mensch, der seine Kritikfähigkeit verlor, ist in diesem Fall »Freiwild« für Beeinflussungen jeder Art. Die Menschen sind in der Masse hochgradig suggestibel. »Man geht mit, man macht mit«, so konnte ich es einmal nach einer Showhypnose von einem Teilnehmer hören.

Musik, Gesänge und Reden können die »totale« Umschaltung in den Gehirnen der Masse noch intensivieren. So lassen sich auch gezielte Botschaften in die unkontrollierten Gehirne einflößen und in Fakten umsetzen. Folgende Effekte machen sich die Akteure zunutze: die erhöht ausgerichtete Aufmerksamkeit (Hypnoseeffekt), die Stimmung und Aktivierung der rechten Hemisphäre mit Gesang und Musik, unauslöschbare Einprägung der Botschaft in das Gedächtnis, weil sie emotional gebunden ist.

3 Massenhypnose im Dritten Reich

Bei der Massenhypnose handelt es sich um eine gewisse Persönlichkeitsvergewaltigung, wie sie auch im Dritten Reich praktiziert wurde und noch heute immer wieder praktiziert wird. Ein Beispiel: Im Sportpalast in Berlin, wo sich Tausende von Menschen zu einer Rede des Führers eingefunden hatten, wird ganz systematisch in der Menschenmenge die erhöht ausgerichtete Aufmerksamkeit (Massenhypnose) präpariert und provoziert. Die Stimmung wird angeheizt, Goebbels erscheint am Rednerpult und schreit in die Menge: »Soeben hat der Führer die Stadtgrenze erreicht, er wird bald hier sein!« Freudenrufe: »Heil!« Anschließend wird ein Lied gesungen. Langsam schaltet sich das Kontrollsystem der linken Hemisphäre aus oder wird zumindest soweit reduziert, daß kein ernsthafter Widerstand von der linken Hemisphäre mehr zu erwarten ist. Durch das Lied kommt es zu einer weiteren Rechtsaktivierung – wie wir es heute in Supermärkten, in Werbesendungen etc. erleben. Die Stimmung und die erhöhte Aufmerksamkeit steigern die Spannung. Noch einmal vollzieht Goebbels ein ähnliches Manöver und berichtet diesmal der wartenden Menge: »Soeben hat der Führer das Veranstaltungsgelände erreicht!« Wieder »Heil–Heil«–Rufe, Schreien und schließlich wieder ein Lied.
Dieses Manöver läßt sich nach Belieben mehrere Male

wiederholen, bis auch der letzte seinen Verstand im wahrsten Sinne des Wortes »verloren« hat, d. h. bis seine Aktivitäten in der linken Hemisphäre fast völlig reduziert sind. Jetzt erscheint Göbbels und gleich hinter ihm der Führer. Freudentaumel – totale Rechtsaktivierung im Gehirn! Die linke Hemisphäre hat ihr Kontrollsystem weitgehend aufgegeben. Wunderbar können jetzt die Informationen unkontrolliert von der linken Hemisphäre, also ohne Kontrolle von Verstand, Vernunft und Logik, ins unterbewußte Gedächtnis einfließen. Sie werden dort emotional gebunden, aufgenommen und um so mehr wirksam.

Ich möchte jeden vor Massenveranstaltungen warnen: Lassen Sie nie ihre Kritikfähigkeit außer acht!

VIII Selbsthilfe

1 Selbsthypnose und AMIT

Schon aufgrund ihrer Entstehung sind die Selbsthypnose und das klassische autogene Training nach Iohannes H. Schultz sehr wesensverwandt. Das läßt sich aus der Tatsache entnehmen, daß sich das autogene Training (im folgenden AT) in seinen Hauptelementen aus Beobachtungen von Patienten, die sich im veränderten Bewußtseinszustand der Hypnose befanden, zusammensetzt.

Schultz stellte fest, daß bei hochsuggestiven Patienten schon nach wenigen Hypnoseeinleitungen ein hypnoider Zustand eintrainierbar war. In Ergänzung mit Elementen des buddhistischen Wiederholungsprinzips bei der Meditation entwickelte er sein autogenes Training, das er in den 20er Jahren erstmals publizierte. Das AT besteht somit aus einer Serie von systematisch aufbauenden Konzentrationsübungen, die letztendlich einen hypnoiden Zustand herbeiführen sollen. Objektiv gesehen entspricht das AT der Selbsthypnose, daher spricht man in den USA nur sehr selten vom AT, meistens benutzt man den Ausdruck »Selbsthypnose«.

Mein Vater war ein exzellenter Kenner des ATs von Beginn an. Er erkannte sehr früh, daß es zum Einstieg in das Schwere- und Entspannungsgefühl des AT noch eines be-

sonderen Impulses bedurfte. Er gab daher der Kutscherhaltung den Vorzug, wobei die Patienten die Unterarme so
auf die gespreizten Oberschenkel legen, daß beide Hände
mit ihren Fingern nach unten hängen. Dadurch macht sich
unbewußt ein ganz normales physiologisches Schweregefühl in den Fingerspitzen bemerkbar. Es ist eine Technik,
die sich mittlerweile über 50 Jahre bestens bewährt hat. Im
weiteren Verlauf dieses Kapitels nenne ich es BAT, Bicksches autogenes Training. Das BAT beginnt nicht mit einer
Schwere in den Händen, sondern einer Schwere in den
Fingerspitzen, die immer mehr nach unten ziehen.

Da das AT wie auch das BAT ihre Tücken und Gefahren in
sich bergen, ist es unbedingt ratsam, daß der Übende sich
vor einer Selbstübung ärztlich beraten läßt und idealer-
weise einen in diesen Verfahren erfahrenen Arzt aufsucht.
So mancher Unerfahrene oder Unberufene hat beim AT
oder BAT unschöne Überraschungen erlebt, wie ich später noch ausführen werde. Grundsätzlich sollte vor jeder
Organbeeinflussung im AT oder BAT gewarnt werden.
Dies hat auch der größte Vertreter des autogenen Trainings
nach I. H. Schultz in Europa, Professor D. Langen, kurz vor
seinem Tod noch publiziert.

Das hier vorgestellte von mir entwickelte Verfahren – ich
nenne es das »autogene mentaloid-imaginative Training
(AMIT)« – setzt sich, wie der Name schon verrät, aus mehreren Teilen zusammen und hat das Ziel, über einen hypnoiden Zustand, der bereits einen hilfreichen und beruhi-
genden Effekt hat, einen Zugang zur rechten Hemisphäre
(Unterbewußtsein) zu eröffnen. Es sind im AMIT nach Erreichen des hypnoiden Entspannungszustandes Elemente
der im Tagesbewußtsein erarbeiteten Vorstellungsbilder
mental steuernd einzubringen, wie in diesem Kapitel noch
zu sehen sein wird. Dies ist eine Methode, die sich schon
seit vielen Jahren in der Praxis zur Selbst-Weiterbehand-
lung und zur Selbstbehandlung sehr bewährt hat. Das

AMIT ist ein Weg zur Selbstentspannung und zur inneren Ruhe. So kann durch Selbsterkenntnis eine autosuggestive Korrektur fehlentwickelter oder fehlgeleiteter Verfahrensformen erzielt werden.

2 Vorsorge und Vorsichtsmaßnahmen bei Selbsthypnose

In Kapitel V und VI habe ich bereits auf die Notwendigkeit einer sach– und fachgerechten Rücknahme aus dem Hypnosezustand hingewiesen. Die Wichtigkeit dieses Punktes gebietet mir, in diesem Selbsthilfeteil den Übenden noch einmal mit allen vorsorglichen Maßnahmen bei Selbsthypnose vertraut zu machen. Niemand kennt seine eigene Hypnotisierbarkeit. Deshalb sollte jeder so vorgehen und sich so verhalten, als ob er in einen sehr intensiven Hypnosezustand kommen würde.

Über das BAT kann man sich soweit trainieren, daß man mit Abschluß einer Übung mit der unumgänglichen BAT-Rücknahme auch eine leichte Selbsthypnose aufheben kann. Jeder, der AT oder BAT üben will, sollte sich vor einem solchen Training vier Wochen lang bestens mit den Vorschriften vertraut machen. Ca. vier Wochen nach regelmäßigem und intensivem BAT sollte er die BAT-Rücknahmeformeln zu der AMIT-Rücknahmeformel ausbauen, die lautet:»Jetzt nehme ich die Übung wieder zurück und alle Organe arbeiten wieder normal wie beim gesunden Menschen. Ich zähle jetzt bis drei, bei drei bin ich wieder bei vollkommen normalem Bewußtseinszustand. Ich fühle mich frisch, hellwach und gesund. Eins, ich atme tief ein, zwei, ich atme nochmals tief ein und strecke die Arme, Beine kräftig durch, drei, ich nehme den Kopf zurück und mache die Augen weit auf.«

Danach soll der Übende aufstehen, ein paar Schritte gehen und noch einmal die körperliche und geistige Sicherheit überprüfen. Falls er irgendwelche Unsicherheitsgefühle empfindet, also nicht ganz bei »normalem Tagesbewußtsein« ist, sollte er auf jeden Fall die komplette Rücknahmeformel wiederholen.

Der hypnoide Bewußtseinszustand, der noch bestehen könnte, zeigt sich z. B. in außergewöhnlichen Erlebnis- und Erscheinungsbildern (Kapitel III). Bezugsstörungen zur Wirklichkeit (die Umwelt nicht richtig sehen, hören oder fühlen) sind immer ein Hinweis darauf, daß der hypnoide Zustand nicht vollständig aufgelöst ist. Weiter können Kontaktschwierigkeiten mit dem Fußboden und Schwindelgefühle (verunsicherter Gang) und eine irreal erscheinende Umgebung ein Hinweis darauf sein, daß etwas nicht stimmt. Sollte nach mehrmaligen Selbstaufhebungsversuchen ein Normalzustand nicht eintreten, ist auf jeden Fall ein in Hypnose ausgebildeter Arzt oder Hypnosespezialist zu konsultieren.

Sie werden sich fragen: »Kann AT oder Selbsthypnose bei unsachgemäßer Behandlung so gefährlich werden?« Die Antwort lautet: »Ja!« Hier ein Beispiel aus meiner Zeit als Assistenzarzt an einem großen Krankenhaus: Meine Stationsärztin war Oberärztin geworden. Ich kannte Frau Dr. I. von früher und erkundigte mich nach ihr. Die Kollegen informierten mich, daß es ihr nicht gutgehe. Sie habe ein lahmes Bein, und niemand habe ihr bis jetzt helfen können. Spontan besuchte ich sie und erfuhr von ihr die ganze Wahrheit über das Geschehen. Sie hatte während meiner Abwesenheit das AT bei I. H. Schultz – also beim Meister selbst – erlernt und danach selbst weitergeübt. Während ihres Dienstes war sie gerade in ihrem AT, als sie wegen eines dringenden Falles gestört wurde. Sie vergaß in der Eile, die Übung ihres ATs sach- und fachgerecht zurückzunehmen. Die Folge war für sie schwerwiegend: ihr rechtes Bein blieb schwer und lahm.

Sie wußte von meinen Erfolgen bei Hypnose und AT und bat mich nun um Hilfe. Es gelang mir glücklicherweise auf Anhieb, sie im veränderten Bewußtseinszustand der Hypnose von ihrem Leiden zu befreien.

Dieses Beispiel sollte jeden Übenden dazu veranlassen, das AT, das BAT und das AMIT – also die Selbsthypnose – ernster zu nehmen, als dies gemeinhin der Fall ist.

Als zusätzliche Sicherheitsmaßnahme kann man einen Zeitgeber einstellen und sich so absichern, daß man nicht im Training »hängenbleibt«. Durch das Einschalten dieses Geräts ist auch das Unterbewußtsein informiert und auf ein Alarmzeichen vorbereitet. Wie schon erwähnt, ist ein in Hypnose Trainierter – sofern er nicht mit der Schutzformel blockiert ist, quasi Freiwild für unliebsame Hypnoseattacken von außen (siehe Kapitel V). Das gleiche gilt auch für den sich selbst Hypnotisierenden, d. h. für den Übenden. In diesem Fall gibt es folgende Schutzformel: »Nur ich oder ein anerkannter Hypnosearzt kann mich mit meinem Einverständnis in diesen veränderten Bewußtseinszustand der Hypnose versetzen, sonst bin ich Hypnose gegenüber völlig immun.« Diese Schutzformel sollte am Ende jeder Übung stehen.

Die richtigen positiven Suggestionen

Von großer Wichtigkeit – und dies kann ich nicht genug betonen – ist, daß der Übende sich keine verneinende Suggestion eingibt. Was für die Hypnose gilt, gilt auch für die Selbsthypnose, obwohl ich immer wieder in Büchern von anderen Autoren lese, daß dies nicht beachtet wird. Um so mehr halte ich es für meine Pflicht, hier vor Leichtfertigkeit zu warnen. Eine Verneinung, im veränderten Bewußtseinszustand gegeben, ist gefährlich und kann für den Übenden schwere Krankheitssymptome nach sich ziehen. Verneinungen wären: »Nicht«, »kein«, »nie«, »niemals«.

Zur Erläuterung hier einige kurze Beispiele: Aus einer Suggestion wie »Sie haben keine Angst« wird das Wort »keine« in den meisten Fällen nicht im Gedächtnis aufgenommen. Damit kann es später im Tagesbewußtsein zu einer Umkehrfunktion mit massiver Angst kommen. Wenn sich zur Schlafenszeit ein Übender suggeriert, er habe jetzt »keine« Mühe, von seinem Selbsthypnose-Training in einen erholsamen Schlaf hinüberzugleiten, so ist es sehr zweifelhaft, ob dieser Übergang ohne Schaden geschafft wird. In den meisten Fällen wird er eher erschwert, ja er bleibt u. U. sogar im veränderten Bewußtseinszustand hängen, wie ich dies schon im Falle von Frau Dr. I. am Anfang dieses Kapitels schilderte.

Hierzu gibt es Untersuchungen bei amerikanischen Sportlern, die bestätigen, daß verneinende Suggestionsworte im Hypnosezustand nicht vom Gedächtnis aufgenommen werden, daß also das Unterbewußtsein das totale Gegenteil vom erwünschten Ziel registriert und umsetzt.

Die Negativ-Positiv-Liste

Um eine positive Suggestion erfolgreich in Gang zu setzen, bedarf es eines treffenden Gegensatzwortes (Antonyms) zum bisherigen beeinträchtigenden negativen Symptom. Aus meiner langjährigen Forschungsarbeit weiß ich, daß jeder Mensch für negative Begriffe andere Gegensatzworte empfindet. So habe ich z. B. verschiedene Probanden erlebt, die zu dem Wort »Angst« verschiedene Gegensatzworte benannten. Jeder hatte seine eigene Vorstellung vom Gegenteil der Angst. Sie nannten Mut, Gottvertrauen, Selbstvertrauen etc. Ich nenne dies die »Negativ-Positiv-Liste«.

Jeder Übende sollte diese Liste vor Beginn der Übungen für sich selbst erstellen und zwar in bezug auf alle in ihm schlummernden negativen Gefühle, die er beheben möchte. Erfahrungsgemäß können dies bei einer Selbst-suggestionsserie nur drei Begriffe sein. Es bedarf einer län-geren Folge von täglichen Selbsthypnosen, bis sich zu-mindest eine erhebliche Besserung der Symptomatik ab-zeichnet. Erst mit Verschwinden der ersten drei Symptome können die nächsten drei Probleme in Angriff genommen werden.

Ich möchte Ihnen eine kurze Beschreibung geben, wie die-se »Negativ-Positiv-Liste« aussehen soll: Auf einem weißen Blatt Papier wird in der Mitte ein senkrechter Strich gezogen. Die linke Seite betiteln wir mit »negativ«, die rechte Seite mit »positiv«. In die erste Zeile schreiben wir unter »negativ« alle schwerwiegenden Beeinträchtigun-gen und Leiden (z. B. Angst, Depressionen, Minderwertig-keitskomplexe usw.). Die Liste sollte mit den schwerwie-gendsten Problempunkten beginnen und mit den leichte-sten enden. Nun suchen Sie auf der »Positiv«-Seite jeweils auf der gleichen Zeile der Negativbeeinträchtigungen das für Sie und Ihr persönliches Empfinden passende indivi-duelle Gegenteil zu diesem Problemsymptom. Würde z. B. als erster Punkt auf der »Negativ«-Seite Angst stehen, dann könnte für Sie z. B. als Gegenpol auf der »Positiv«-Seite Mut stehen oder ein anderes entsprechendes Wort, wie schon beschrieben. Merken Sie sich: Die Fee hat uns drei Wünschen offen gelassen, und so machen Sie es auch in der Selbsthypnose oder Hypnose. Bitte nicht mehr als drei Begriffe zugleich bearbeiten.

3 Übungsanleitung zum AMIT-Training

Erfahrungsgemäß hat sich weder für das AT noch für das BAT oder AMIT die liegende Stellung überzeugend be-währt, da viele Probanden sehr schnell geneigt sind, diese Haltung mit Schlaf zu assoziieren. Dabei geht das unbedingt unbewußte Mittrainieren sehr leicht gegen die Assoziation des Schlafes verloren.

Ich empfehle in allen Fällen unbedingt die »Kutscherhaltung« auf dem Stuhl. Der Proband soll sich aufgerichtet gerade setzen und die Beine so weit auseinandernehmen, daß die Unterarme auf den Oberschenkeln bequem liegen und die Hände frei in der Luft und leicht beweglich hängen können. Die Fingerspitzen sollten nach unten zeigen.

Vor Beginn soll sich der Proband noch einmal aufrichten und dann locker, bequem in sich zusammensinken, wie es früher die Fuhrleute oder Bierkutscher taten, die über Land fuhren und deren Pferde den Weg schon aus Gewohnheit kannten. Sie ließen die Zügel locker in einer entspannten und erholsamen Haltung und überstanden so sehr gut auch lange Strecken.

Jetzt heißt es für den Übenden: »Mitdenken, mitfühlen, gelockert, gelöst, entspannt.« Diese Formel soll bis zu dreimal wiederholt und danach eine kleine Pause gemacht werden.

Alle nachfolgenden Übungen sollten einmal laut und deutlich ausgesprochen und anschließend sechs- bis siebenmal in Gedanken wiederholt werden. Dabei ist ein intensives Mitdenken und Mitfühlen erforderlich.

Jeder Übungsabschnitt sollte mindestens sechs Tage lang so oft wie möglich täglich geübt werden.

1. Übungabschnitt

Die Fingerspitzen der rechten Hand fangen an und sind schwer, bleischwer, ziehen immer mehr nach unten (nach dem einmal laut Gesprochenen folgt die sechs- bis siebenmalige Wiederholung in Gedanken).

Rechte Hand schwer, bleischwer (auch hier wieder sechs- bis siebenmalige Wiederholung in Gedanken).

Rechter Arm schwer, bleischwer (Wiederholung in Ge-

danken sechs- bis siebenmal). So weiter intensiv üben.
Die Fingerspitzen der rechten Hand schwer, rechte Hand
schwer, rechter Arm schwer, bleischwer, ganz schwer
(auch hier wieder in Gedanken sechs- bis siebenmal wiederholen).
Muskulatur aufgelockert, Verkrampfungen gelöst (in Gedanken sechs- bis siebenmal wiederholen).
Der ganze Körper entspannt sich immer mehr, kommt
immer mehr zur Ruhe (in Gedanken sechs- bis siebenmal
wiederholen).
Soweit der erste Übungsabschnitt.
Rücknahme: Mit der Formel »Jetzt hebe ich die Übung
wieder auf« strecken Sie die Arme kräftig durch und schlagen die Augen auf.
Zur Information: Letzere Formel ist diejenige zur Aufhebung des ersten Übungsabschnitts des autogenen Trainings. Diese Übung sollten Sie so oft wie möglich trainieren und dabei immer wieder sehr sorgfältig die Übung
nach Anleitung zurücknehmen; dabei müssen Sie die
Arme kräftig durchstrecken, den Kopf zurücknehmen und
die Augen aufmachen, weit auf! Sagen Sie leise vor sich
her: »Jetzt hebe ich die Übung wieder auf«; dann strecken
Sie die Arme kräftig durch und machen die Augen auf.
Nehmen Sie die Umwelt bewußt wahr, ich empfehle,
dann noch einmal den ganzen Körper, Arme und Beine
kräftig durchzustrecken.

2. Übungsabschnitt

Wieder mit dem Gedanken einleiten: »Mitdenken, mitfühlen, gelockert, gelöst, entspannt.«
Die Fingerspitzen der rechten Hand fangen an und sind
schwer, bleischwer, ziehen immer mehr nach unten und
jetzt – wie im ersten Übungsabschnitt – sechs- bis siebenmal in Gedanken wiederholen. Es kommt dann wieder die

Formel: Fingerspitzen der rechten Hand, rechte Hand, rechter Arm schwer, bleischwer, ganz schwer (in Gedanken sechs- bis siebenmal wiederholen).

Jetzt erst wird dem ersten Übungsabschnitt der zweite angegliedert, indem wir sagen: Die Fingerspitzen der *linken* Hand sind schwer (beachte: linke Hand!), schwer, bleischwer, ziehen immer mehr nach unten. Auch diese Formel ist nach lautem Vorsagen sechs- bis siebenmal in Gedanken nachzuvollziehen.

Linke Hand schwer, bleischwer (wieder sechs- bis siebenmal in Gedanken).

Linker Arm schwer, bleischwer (sechs- bis siebenmal in Gedanken).

Fingerspitzen der linken Hand, linke Hand, linker Arm bleischwer, ganz schwer (sechs- bis siebenmal in Gedanken).

Es folgt jetzt die Formel: »Der ganze Körper ist schwer, bleischwer« und auch hier wieder sechs- bis siebenmal wiederholen.

Jetzt zusammen: Fingerspitzen, Hände, Arme, der ganze Körper sind schwer, bleischwer (sechs- bis siebenmal in Gedanken wiederholen).

Muskulatur aufgelockert, Verkrampfungen gelöst (sechs- bis siebenmal in Gedanken wiederholen).

Der ganze Körper entspannt sich immer mehr, kommt immer mehr zur Ruhe (sechs- bis siebenmal in Gedanken wiederholen).

Die gesamte Übung des zweiten Übungsabschnitts wird wieder aufgehoben mit der Formel: »Ich hebe jetzt die Übung wieder auf.« Die Arme sind wieder kräftig durchzustrecken, Augen auf, dann ein Durchstrecken des ganzen Körpers.

Der zweite Übungsabschnitt beinhaltet den ersten Übungsabschnitt, so daß dieser jetzt entfällt und die Kombination von erstem und zweitem Übungsabschnitt, wie

226

aus dem Text ersichtlich, jetzt so oft wie möglich vom Übenden ganz allein für sich geübt werden soll.

3. Übungsabschnitt

Immer wieder mit dem Gedanken einleiten: »Mitdenken, mitfühlen, gelockert, gelöst, entspannt.«
Die Fingerspitzen der rechten Hand fangen an und sind schwer, bleischwer, ziehen immer mehr nach unten (sechs- bis siebenmal in Gedanken wiederholen).
Rechte Hand schwer, bleischwer (sechs- bis siebenmal in Gedanken wiederholen).
Rechter Arm schwer, bleischwer, ganz schwer (sechs- bis siebenmal in Gedanken wiederholen).
Fingerspitzen der rechten Hand, rechte Hand, rechter Arm schwer, bleischwer, ganz schwer (sechs- bis siebenmal in Gedanken wiederholen).
Fingerspitzen der linken Hand schwer, bleischwer, ziehen immer mehr nach unten (sechs- bis siebenmal in Gedanken wiederholen).
Linke Hand schwer, bleischwer (sechs- bis siebenmal in Gedanken wiederholen).
Linker Arm schwer, bleischwer, ganz schwer (sechs- bis siebenmal in Gedanken wiederholen).
Fingerspitzen der linken Hand, linke Hand, linker Arm schwer, bleischwer, ganz schwer (sechs- bis siebenmal in Gedanken wiederholen).
Der ganze Körper schwer, bleischwer (sechs- bis siebenmal in Gedanken wiederholen).
Jetzt Fingerspitzen, Hände, Arme, der ganze Körper sind schwer, bleischwer (sechs- bis siebenmal in Gedanken wiederholen).
Neu jetzt dazu: Rechtes Bein, rechter Fuß schwer, bleischwer (sechs- bis siebenmal in Gedanken wiederholen).

Fingerspitzen, Hände, Arme, der ganze Körper, rechtes Bein, rechter Fuß schwer, bleischwer (sechs- bis siebenmal in Gedanken wiederholen).

Muskulatur aufgelockert, Verkrampfungen gelöst (sechs- bis siebenmal in Gedanken wiederholen).

Der ganze Körper entspannt sich immer mehr, kommt immer mehr zur Ruhe (sechs- bis siebenmal in Gedanken wiederholen).

Die Übung wird wieder aufgehoben: »Ich hebe jetzt die Übung wieder auf.« Die Arme werden dabei wieder kräftig durchgestreckt, die Augen geöffnet, weit geöffnet, die Umwelt bewußt wahrgenommen und dabei kann man noch einmal Arme, Beine und den ganzen Körper durchstrecken.

4. Übungsabschnitt

»Mitdenken, mitfühlen, gelockert, gelöst, entspannt.«

Die Fingerspitzen der rechten Hand fangen an und sind schwer, bleischwer, ziehen immer mehr nach unten (sechs- bis siebenmal in Gedanken wiederholen).

Rechte Hand schwer, bleischwer (sechs- bis siebenmal in Gedanken wiederholen).

Rechter Arm schwer, bleischwer (sechs- bis siebenmal in Gedanken wiederholen).

Fingerspitzen der rechten Hand, rechte Hand, rechter Arm schwer, bleischwer, ganz schwer (sechs- bis siebenmal in Gedanken wiederholen).

Fingerspitzen der linken Hand schwer, bleischwer, ziehen immer mehr nach unten (sechs- bis siebenmal in Gedanken wiederholen).

Linke Hand schwer, bleischwer (sechs- bis siebenmal in Gedanken wiederholen).

Linker Arm schwer, bleischwer, ganz schwer (sechs- bis siebenmal in Gedanken wiederholen).

Fingerspitzen der linken Hand, linke Hand, linker Arm schwer, bleischwer, ganz schwer (sechs- bis siebenmal in Gedanken wiederholen).

Der ganze Körper schwer, bleischwer (sechs- bis siebenmal in Gedanken wiederholen).

Fingerspitzen, Hände, Arme, der ganze Körper schwer, bleischwer (sechs- bis siebenmal in Gedanken wiederholen).

Rechtes Bein, rechter Fuß schwer, bleischwer (sechs- bis siebenmal in Gedanken wiederholen).

Linkes Bein, linker Fuß schwer, bleischwer (sechs- bis siebenmal in Gedanken wiederholen).

Muskulatur aufgelockert, Verkrampfungen gelöst (sechs- bis siebenmal in Gedanken wiederholen).

Der ganze Körper entspannt sich immer mehr, kommt immer mehr zur Ruhe (sechs- bis siebenmal in Gedanken wiederholen).

Es folgt die Aufhebung des Zustandes: »Ich hebe jetzt die Übung wieder auf.« Arme kräftig durchstrecken, Augen weit öffnen und die Umwelt wieder intensiv wahrnehmen. Dabei auch Arme und Beine kräftig durchstrecken.

5. Übungsabschnitt

»Mitdenken, mitfühlen, gelockert, gelöst, entspannt.«
Die Fingerspitzen der rechten Hand fangen an und sind schwer, bleischwer, ziehen immer mehr nach unten (sechs- bis siebenmal in Gedanken wiederholen).

Rechte Hand schwer, bleischwer (sechs- bis siebenmal in Gedanken wiederholen).

Rechter Arm schwer, bleischwer (sechs- bis siebenmal in Gedanken wiederholen).

Fingerspitzen der rechten Hand, rechte Hand, rechter Arm schwer, bleischwer, ganz schwer (sechs- bis siebenmal in Gedanken wiederholen).

Fingerspitzen der linken Hand schwer, bleischwer, ziehen immer mehr nach unten (sechs- bis siebenmal in Gedanken wiederholen).

Linke Hand schwer, bleischwer (sechs- bis siebenmal in Gedanken wiederholen).

Linker Arm schwer, bleischwer, ganz schwer (sechs- bis siebenmal in Gedanken wiederholen).

Fingerspitzen der linken Hand, linke Hand, linker Arm schwer, bleischwer, ganz schwer (sechs- bis siebenmal in Gedanken wiederholen).

Der ganze Körper schwer, bleischwer (sechs- bis siebenmal in Gedanken wiederholen).

Rechtes Bein, rechter Fuß schwer, bleischwer (sechs- bis siebenmal in Gedanken wiederholen).

Linkes Bein, linker Fuß schwer, bleischwer (sechs- bis siebenmal in Gedanken wiederholen).

Fingerspitzen, Hände, Arme, der ganze Körper sind schwer, bleischwer (sechs- bis siebenmal in Gedanken wiederholen).

Muskulatur aufgelockert, Verkrampfungen gelöst (sechs- bis siebenmal in Gedanken wiederholen).

Der ganze Körper entspannt sich immer mehr, kommt immer mehr zur Ruhe (sechs- bis siebenmal in Gedanken wiederholen).

Ruhe und Gelassenheit stellen sich ein (sechs- bis siebenmal in Gedanken wiederholen).

Atmung: Meine Atmung ist ganz ruhig und tief (dreimal in Gedanken wiederholen). (Die Atmung wird noch gesondert abgehandelt!)

Wir atmen jetzt dreimal ganz langsam durch die Nase tief ein, lassen den Atem dabei langsam an der Wirbelsäule hinabgleiten bis zum Becken und versuchen, das auch zu fühlen, und atmen noch langsamer durch die Nase bis tief ins Becken hinein wieder aus, schaffen Raum für noch mehr Atem. Wir nehmen jetzt den gleichen Atemzug, wieder ganz langsam und tief einatmen, an der Wirbelsäule entlang bis tief ins Becken, und dann noch langsamer durch die Nase bis tief ins Becken hinein ausatmen und so auch der dritte Atemzug, wieder ganz langsam durch die Nase einatmen, an der Wirbelsäule entlang, und noch langsamer durch die Nase aus bis tief ins Becken hinein.

Ruhe und Gelassenheit haben sich eingestellt (sechs- bis siebenmal in Gedanken wiederholen).

Ruhe ist in mir, und Ruhe ist um mich herum, ich bin die Ruhe selbst (sechs- bis siebenmal in Gedanken wiederholen).

Anmerkung: Jetzt betrachten wir die Ruhe – das Ruhebild – mindestens drei Minuten. Als Ruhebild selbst ist vor der Übung eine bildliche bzw. landschaftliche Darstellung der Ruhe, mit der Sie sich identifizieren können, gedanklich auszuwählen, kann jedoch auch mit dem Gedanken »Ruhe« während der dreiminütigen Ruhephase nach der Ausatmung bzw. nach der Formel »Ruhe ist in mir und um mich herum, ich bin die Ruhe selbst« gefunden werden.

Wir identifizieren uns mit unserem Ruhebild, das wir dann für jede weitere Übung immer wieder zur Verfügung haben und auf das wir zurückgreifen können.

Die Übung wird aufgehoben mit der Formel: »Ich hebe jetzt die Übung auf«, was laut ausgesprochen wird. Wir strecken die Arme wieder kräftig und fest durch, machen die Augen auf, nehmen unsere reale Umwelt wahr und strecken noch einmal den ganzen Körper kräftig durch.

Im Normalfall erfolgt nach Beendigung des BAT die Rücknahme, wenn Sie jedoch das AMIT anhängen möchten, dann darf keine Rücknahme erfolgen, sondern es muß unmittelbar nach der Ruheübung angehängt werden wie folgt:

Sie haben die positiven Suggestionen aus der Negativ-Positiv-Liste und der Drei-Bogen-Selbstanalyse, die ebenfalls in diesem Kapitel beschrieben wird, erarbeitet und zu-

231

sammengestellt. Je nach Fall und Problematik gibt es zwei verschiedene Verfahren für das AMIT:

1. Verfahren: Hier handelt es sich um ein Verfahren für reine persönlichkeitsverbessernde Maßnahmen (z. B. aufgrund mangelnden Selbstbewußtseins, zur Steigerung der Kreativität etc.). Das erste imaginative Bild könnte z. B. bei mangelndem Selbstbewußtsein eine »selbstbewußte sichere Persönlichkeit« sein. Beim Üben sollen Sie sich nicht nur in dieser Person sehen, sondern Sie sollen sie auch leben und erleben, insbesondere in den Situationen, in denen Sie bisher versagen. Im Verlauf längerer Übungen übernimmt das Unterbewußtsein die so neu produzierten Informationen einer selbstbewußten sicheren Persönlichkeit und setzt sie bei gegebenen Situationen in die Wirklichkeit um. Ein Erfolg ist bei richtiger Handhabung, Konsequenz und Fleiß im Training vorprogrammiert.

2. Verfahren: Dieses Verfahren ist etwas komplizierter. Sie sollen hier grundsätzlich zwei bildhaft anschauliche Vorgänge vom Negativen ins Positive entwickeln (Szenenwechsel). In der ersten Szene sollten Sie zunächst die negative Szene einer Beeinträchtigung betrachten (z. B. Erröten), und zwar zwei bis drei Sekunden lang; dann machen Sie im Sehen einen Schnitt (wie beim Filmschnitt) und sagen sich: »Die Lebenssituation hat sich geändert.«

Nach dem Schnitt sehen Sie nun die positive Szene, also die Entwicklung ins Positive. Sie sehen sich z. B. als Schüler im Unterricht, Sie haben nicht aufgepaßt, der Lehrer blamiert Sie vor der ganzen Klasse. Sie sind im Gegensatz zur ersten Szene – als Sie mit rot angelaufenem Gesicht schweigend dort saßen – in dieser zweiten Szene vollkommen gelassen. Sie sehen sich in Form eines erfolgreichen Siegers und visualisieren dies. Als Erwachsener sind Sie sogar in der Lage, den Lehrer zur Verantwortung zu ziehen. Das positive Vorstellungsbild sollten Sie mindestens fünf Minuten visualisieren und solange in diesem Bild verharren.

232

Sie können nun erleben, wie sich Ihre Lebenssituation geändert hat, daß Sie Ihrem ehemaligen Übeltäter, dem Lehrer, überlegen sind, er sich sogar bei Ihnen entschuldigt. Dies sollen Sie sehr intensiv erleben und sehen, so daß Sie niemand mehr zum Erröten bringen kann.

Betrachten Sie sich danach in allen möglichen Lebenssituationen, die Sie zum Erröten gebracht haben – von der Schulzeit bis in Ihr heutiges Leben. Sie sollen erleben, daß Sie immer ganz ruhig, gelassen und unberührt von Errötung bleiben. Bei entsprechend positiven Imaginationen nach dem Schnitt (Beendigung der ersten Szene) und entsprechender Ausdauer können bei diesem Verfahren optimale Erfolge erzielt werden.

In Verfahren 1 und 2 des AMIT verwirklicht sich der Dr.-Maltz-Effekt (siehe Kapitel VI). Er besagt, daß positive Informationen, die auf diese Weise in die rechte Hemisphäre einfließen, als bereits erlebt und im Gehirn vorhanden akzeptiert und integriert werden.

Nach Abschluß des AMIT erfolgt die spezielle Weckformel, in diesem Kapitel unter Abschnitt 2, »Vorsorge und Vorsichtsmaßnahmen für Selbsthypnose«, aufgeführt.

4 Drei-Bogen-Selbstanalyse

Wie wir inzwischen wissen, können wir eine Vervollkommnung unserer Persönlichkeit dadurch erreichen, daß wir die Ursachen unserer Beeinträchtigungen, die die Gesamtentwicklung der Persönlichkeit hemmen, auffinden und beseitigen, indem wir sie ins Positive wandeln. Grundsätzlich können wir oberflächliche und tiefliegende Beeinträchtigungen unterscheiden. Bei den oberflächlichen sind uns Ursachen und Zusammenhänge offensichtlich, und wir können sie bewußt über unseren Verstand korrigieren oder aber gezielt positiv mit dem AMIT unter

Zuhilfenahme der in der Negativ-Positiv-Liste erfaßten Antonyme programmieren bzw. umprogrammieren.

Im Zusammenhang mit der Drei-Bogen-Selbstanalyse interessiert uns jedoch mehr die zweite Gruppe, nämlich die Ursachen der tieferliegenden Beeinträchtigungen. Wir erkennen sie oft an der Form ihrer Symptomatik wie Hemmungen, Angstzustände, Hilflosigkeit und Minderwertigkeitskomplexe ohne definierbaren Grund. Es können auch depressive Verstimmungen, unerklärliche Kopfschmerzen, Schlafstörungen und andere psychosomatische Beschwerden auftreten. Die Betroffenen fühlen sich oft selbst an ihrem schlechten Zustand schuldig. Die weiteren Folgen sind Leistungsabfall, Konzentrationsschwäche und psychophysische Labilität. Oft stellt sich der Betroffene die Frage: »Was ist eigentlich mit mir los, warum kann ich nicht so mithalten wie die anderen, obwohl ich es doch von meiner ursprünglichen körperlich-geistigen Verfassung und der Intelligenz her schaffen müßte?«

Wo steckt der Hemmschuh? In den meisten Fällen – so hat es die Praxis erwiesen und die Hypnoanalysen haben es in über 7000 Fällen bestätigt – sind die Ursachen all dieser Beschwerden eine oder mehrere nicht verarbeitete Erlebnisreaktionen. Unter einer nicht verarbeiteten Erlebnisreaktion (neurotische Fehlhaltung) verstehen wir eine abnorme seelische Reaktion unter Einwirkung eines nicht faßbaren und uns unverständlichen psychophysischen Traumas. Es ist die Situation der Hilflosigkeit.

Wie können wir nun ohne allzu großen Aufwand diesen Dingen auf die Spur kommen? Wir stellen uns zunächst die Frage mit den drei »W«: »Wann ist was wo passiert?« Dazu nehmen wir drei Bogen Papier und durchforsten unser Leben jeweils mit Datenangabe in dreifacher Weise.

Auf den ersten Bogen Papier schreiben wir unseren Lebenslauf unter Berücksichtigung all der Dinge und Ereignisse, die unserer Meinung nach in irgendeiner Form einen negativen Einfluß auf uns oder unsere Entwicklung genommen haben.

Auf den zweiten Bogen schreiben wir unsere Krankheitsgeschichte, also alle Erkrankungen, die wir von unserer Geburt an bis zu unserem heutigen Tag durchgemacht haben.

Auf den dritten Bogen schreiben wir unsere derzeitigen Probleme und Beschwerden und wann sie zeitlich begonnen haben, und bestünden diese auch nur in allerleichtester Form. Wir erinnern uns jeder Veränderung unseres Allgemeinzustands, insbesondere der Verschlimmerung unserer Beschwerden. Schließlich schreiben wir, wann die Beschwerden so schlimm geworden sind, wie wir sie jetzt zum Zeitpunkt unserer Selbstanalyse empfinden.

Jetzt beginnen wir mit der eigentlichen Analyse. Wir vergleichen unsere Angaben und Daten auf den niedergeschriebenen drei Informationsbogen und überlegen uns, was wann zu welchem Zeitpunkt in Zusammenhang zu bringen ist. Auf diese Art gelingt es bei einiger Konsequenz und mit Hilfe unseres Analyseschlüssels, die Ursache der Probleme zu finden.

Ein Beispiel soll das Vorgehen näher veranschaulichen: Eine 28jährige Sekretärin, Frau S., litt unter Hemmungen, Angstzuständen, in der Folge unter Depressionen, Schlafstörungen, Konzentrationsschwäche. Vor elf Jahren traten ihre Beschwerden in Zusammenhang mit einem Kreislaufzusammenbruch plötzlich auf. Später stellten sich Herzklopfen und Angstzustände ein. Sie wußte weder ein noch aus. Selbst Krankenhausaufenthalte und Medikamente konnten ihr nicht helfen. Die Drei-Bogen-Selbstanalyse – so nennen wir das Verfahren – verhalf ihr zu erheblichen Erkenntnissen über ihre Beschwerden. Ihr wurde bewußter, daß ihr Vater – besonders auch während ihrer Krankheit – nicht nur sehr streng war, sondern auch oft herumbrüllte und aus ihr ein Musterkind machen wollte. Hinzu kam, daß sie während ihrer frühesten Kindheit ein häßliches Aussehen hatte: Sie war dick, und Gesicht und Körper waren mit Pusteln übersät. Niemand wollte sie akzeptieren und sie fühlte sich dadurch minderwertig. Sie versuchte sogar, Liebe und Zuneigung durch kleine Geschenke zu erkaufen.

Diese Punkte konnte Frau S. in der Drei-Bogen-Selbstanalyse ermitteln. Wichtig ist, daß die Bogen einander auch zeitlich nach Ablauf der Ereignisse zugeordnet werden. Frau S. verlor mit dem Bewußtwerden der Zusammenhänge im Lauf ihres Trainings mehr und mehr ihre Angst. Gleichzeitig verlor sie ihr Schuldgefühl.

Bei dieser Selbstanalyse genügt es nicht, die Ursachen aufzufinden und sie sich bewußt zu machen, sondern man muß sie auch akzeptieren. Ähnlich wie bei der Hypnoanalyse läßt sich auch bei der Drei-Bogen-Selbstanalyse ein gewisser Auflösungs- bzw. Löschungseffekt der Beschwerden beobachten (siehe Kapitel VI). Problempunkte, die ursprünglich als unverständliches Knäuel in unserem Gedächtnis gespeichert waren und sich als Negativeinflüsse in unser Leben immer wieder einmischten, lösen sich durch die Neuinformation der Erkenntnisse in Einzelpunkte auf und werden transparent und verständlich. Auch hier gilt: Vom Verständlichen zur Selbstverständlichkeit bis zum Verlust jeglicher Aktualität bedarf es nur eines kleinen Schrittes, denn was für uns selbstverständlich ist, verliert an Einfluß und Bedeutung und tut nicht mehr weh.

Die Drei-Bogen-Selbstanalyse kann nur dann erfolgreich zum Abschluß gebracht werden, wenn man die Verschlüsselungen der Ursachen der Beschwerden versteht und in den richtigen Zusammenhang bringen kann. Hierzu dient der von mir aus der Erfahrung von über 7000 Hypnoanalysen heraus entwickelte Erfahrungsschlüssel. Die wichtigsten der sich immer wiederholenden charakteristischen Ursachen und Zusammenhänge sind:

• Streit, Lärm, häusliche Spannungen im Zusammen-
leben oder im Umgang mit Alkoholikern oder Cholerikern
können zu Angstzuständen, Depressionen, Verkramp-
fungszuständen, Kopfschmerzen führen – eine Situation
der Hilflosigkeit.

• Körperliche Fehler in Kindheit und Jugend, aber auch
im Erwachsenenalter, Herabsetzungen in der Öffentlich-
keit durch Familienangehörige oder Vorgesetzte können
zu Hemmungen und Erröten führen.

• Immer wiederkehrende Sorgenperioden, Lärmperioden
zur Schlafenszeit, lebensgefährliche Erkrankungen in Verbindung mit Einschlafangst und längeren Störungen des
Schlafrhythmus durch unregelmäßiges oder zu spätes Zu-
bettgehen können zu Schlafstörungen führen.

• Krankheitserlebnisse im Familien- oder Bekanntenkreis
oder auch plötzliches intensives Beeindrucktwerden (bei
Krebserkrankungen, Herzinfarkt etc.) durch Medien können Krankheitsangst (Phobien) hervorrufen.

Jeder Mensch kann von einer seelischen Beeinträchtigung
betroffen werden. Es gibt im Prinzip keine Privilegierten
oder weniger Privilegierten. Ich möchte dies an einem Vergleich, den ich »Holzstäbchenvergleich« nenne, demonstrieren.

Wir wissen, daß es verschiedene Arten von Holz gibt, und
kennen den Ausdruck aus dem Volksmund: »Er ist aus einem harten Holz geschnitzt.« Betrachten wir jetzt ein ein-
zelnes Holzstäbchen und nehmen es zwischen Daumen
und Zeigefinger, so daß wir am anderen Ende und am Rest
des freistehenden Teiles verschiedene physikalische Einwirkungen vornehmen können. Schlagen wir fest darauf,
dann hängt es davon ab, aus welcher Art das Holz besteht.
Handelt es sich um ein sehr hartes Holz, das jedoch auch
gleichzeitig sehr unelastisch ist, kommt es bei entsprechend harter Einwirkung zum Bruch. Handelt es sich um
ein sehr elastisches Holz, kommt es zu einem Federungs-

effekt und es passiert zunächst nichts. Laufende weitere Einwirkungen können aber auch bei diesem elastischen Holz zum Bruch führen.

Dieser kleine Vergleich soll uns veranschaulichen, wie auch wir verschieden psychisch resistent veranlagt sind und der eine eher eine seelische Beeinträchtigung durch nicht verarbeitete Erlebnisse erfährt als der andere. Wie wir den Holzstäbchenvergleich x-beliebig weiterspielen können, so ist dies auch beim Menschen möglich. Wie sich aber auch Holz durch entsprechende Behandlung in seiner Flexibilität und Stabilität bearbeiten läßt, so ist auch der Mensch in seiner gesamten psychophysischen Konstitution positiv zu beeinflussen. Die Drei-Bogen-Selbstanalyse ist allerdings nicht bei allen Formen seelischer Beeinträchtigungen als Mittel der Wahl angezeigt. Bei schweren Fällen muß unbedingt auf die große Therapie, nämlich die Hypnoanalyse, zurückgegriffen werden.

Selbstprophetie

Eine kleine Historie, die sich vor etwa 100 Jahren in England zugetragen hat, soll uns die Macht der psychischen Beeinflussung veranschaulichen.

Der Naturforscher und Anthropologe F. Galton, der die Fingerabdruckmethode entdeckte, befaßte sich unter anderem mit psychologischen Experimenten. Eines Tages machte er vor seinem täglichen Morgenspaziergang folgenden Gedankenversuch: Er stellte sich fest vor: »Ich bin der bestgehaßte Mensch Englands.« Nachdem er sich einige Minuten so konzentriert hatte, dies war praktisch eine Art Selbsthypnose, trat er wie immer seinen Spaziergang an. Schon bald passierten die unmöglichsten Dinge. Er, der geachtete Mann, wurde mit Schimpfworten und Gebärden der Abscheu überhäuft. Ein Hafenarbeiter rempelte ihn mit dem Ellenbogen so, daß er hinfiel. Sogar auf ein Tier schien sich die Animosität gegen ihn übertragen zu haben, denn ein Droschkengaul schlug im Vorbeigehen so aus, daß er wieder zu Boden fiel. Sogar bei dem nachfolgenden Volksauflauf ergriffen die Menschen für ihn keine Partei. Er suchte das Weite und eilte in seine Wohnung zurück.

Diese Selbsterfüllungsprophetie (self-fulfilling prophecy), auch Pygmalioneffekt genannt, tritt je nach negativer oder positiver Tendenzvorstellung in negativer oder positiver Form ein.

Noch eine kleine Geschichte zur positiven Vorstellungstendenz: Der berühmte Clown Grok erzählte in seinen Memoiren, daß er vor jeder Vorstellung durch das Guckloch im Bühnenvorhang spähte und zu sich selbst sagte: »Mein liebes, liebes Publikum, ich danke dir, daß du so zahlreich erschienen bist, um mich zu sehen! Ich will auch alles tun, um dich zu erfreuen!« Seine Beliebtheit und seine großen Erfolge sind jedem bekannt.

Unser Verhalten und positives Denken – also unsere positive Einstellung im Innersten unserer Seele – wirken auch auf unsere Partner und unsere Umwelt, ohne daß wir uns dessen voll bewußt sind; mit anderen Worten, unser Unbewußtes schwingt mit und überträgt sich auf unsere Umwelt.

Wir sprechen hier von Kommunikation. Sie findet immer dann statt, wenn ein Mensch das Verhalten eines anderen in irgendeiner Form beeinflußt, und zwar auch dann, wenn nichts gesprochen wird. Das gesprochene Wort ist also nur ein Teil der Kommunikation, wenn auch der wesentlichste. In der Kommunikation liegt also der Ansatz, im erforderlichen Moment kreativ zu werden, d. h. beispielsweise durch besondere Denkleistungen in Ausübung des Berufs einen produktiven Beitrag im Interesse der Gesellschaft bzw. des Betriebes zu erbringen. In der Praxis heißt das, daß man sich in kritischen Situationen so verhalten sollte, daß die Denk– und Handlungsweisen aus der Situation heraus zwar unüblich sein können, aber trotzdem im Ergebnis dem Interesse der Sache dienen.

Negative Selbstprophetie kann in Eigensinn und Opposition gegen alles und jeden ihre Ursachen haben und hat dann katastrophale Folgen für die betreffende Person. Ich erinnere mich an einen Patienten, der nur Negatives sehen wollte und – deshalb auch nur – konnte. Es schmeckte ihm keine noch so gut zubereitete Mahlzeit noch fühlte er die positive Wirkung einer hervorragenden Therapie. Er erfuhr nirgendwo einen Erfolg, es sei denn in der »Bestätigung« seiner negativen Voraussagen: »Das kann für andere gut sein, nicht aber für mich.« Es bedurfte einer langen, geduldigen Behandlung, bis er diese sinnlose Oppositionshaltung aufgab.

IX Welche Gefahren gibt es in der Hypnose?

Meine langjährigen Erfahrungen auf dem Gebiet der Hypnoseforschung bzw. der veränderten Bewußtseinszustände haben effektive Beweise erbracht, daß mentalsuggestive (imaginative) Trainingstechniken in konzentrativer Selbstentspannung mit positiver Programmierung erstaunliche Erfolge erzielen können.

Gefahren sind nur dort zu erwarten und zu befürchten, wo Unbefugte sich an dem Instrument Hypnose vergreifen. Es wurde bereits in der alten Hinduhypnotismusliteratur unter schwerer Strafandrohung vor der Betätigung als Laienhypnotiseur gewarnt. Aber auch sonst finden wir in der älteren Literatur immer wieder Hinweise auf die Gefahren durch Laien- und Bühnenhypnotiseure. Oft mangelt es diesen Leuten an der sach- und fachgerechten Handhabung der Hypnose. Hierbei stehen die unzureichenden Rückführungen aus der Hypnose in den normalen Bewußtseinszustand mit ihren Folgeschäden im Vordergrund. Die Folgeschäden können in den verschiedensten Varianten auftreten, von einfachem Kopfschmerz und Schwindelgefühl über Übelkeit und Benommenheit bis zur Spontananalyse (spontane Reproduktion) schwerster nicht verarbeiteter Erlebnisreaktionen. Da die Hypnose als invasiver (in den Körper eindringender) Eingriff betrachtet werden kann, gehört sie in die Hand eines ausgebildeten

Fachmanns in Medizin und Psychologie. Die Gegenanzeigen zur Hypnose lassen sich zu folgenden Punkten zusammenfassen:

- Somatische Erkrankungen, die dringend einer konservativen Behandlung bedürfen.
- Offensichtlich mangelnde Bereitschaft zur Therapie.
- Hochgradige Intelligenzdefekte sowie abgebaute Alkoholiker und Cerebralsklerotiker.
- Ernsthafte endogene Psychosen.
- Religiöse Bedenken.

In meinem ersten Buch »Hypnose – Skalpell der Seele« habe ich das Instrument der Hypnose mit einem chirurgischen Skalpell der Seele verglichen und gesagt, ein Skalpell kann nur so gut sein wie der, der es führt. Wie ein Skalpell kann auch Hypnose sehr gefährlich werden, wenn damit unsachgemäß umgegangen wird.

Bei verantwortungsvoller Handhabung der Hypnose jedoch kann sie, wie Sie gesehen haben, für die Menschen sehr segensreich sein.

Anhang

Glossar

Affekte: Intensive, reaktiv entstandene, relativ kurz andauernde emotionale Erregungszustände, also Erscheinungsbilder der menschlichen Seele in bezug auf eine Person oder einen Sachverhalt unter Einbeziehung der Psyche und des vegetativen Nervensystems. Hierzu gehören Weinen, Lachen, Erröten, Erblassen, Schwitzen, aber auch Zorn, Haß, Wut, Freude, Liebe, Zärtlichkeit u. a.

Ageregression: Altersregression, in der der Hypnotisierte frühere Abschnitte aus seinem Leben dergestalt erlebt, daß er eine Rolle spielt, d. h. der Proband simuliert im Hypnosezustand mit Taten und Worten die erlebte Situation.

Alphazustand: Einer der vier im Elektroenzephalogramm meßbaren Rhythmuszustände, ein entspannter Wachzustand mit den Frequenzen acht bis zwölf Hertz.

Amnesie: Erinnerungslosigkeit, Vergessen von Erlebnissen.

Analgesie: Schmerzlosigkeit, Aufhebung der Schmerzempfindung.

Analgetikum: schmerzstillendes Mittel.

Arousaleffekt: Weckeffekt. Dieser tritt ein und wird auch im EEG sichtbar, wenn man einen Probanden mit heftigem Lärm erschreckt. Im Hypnosezustand jedoch bleibt er aus.

AT: Bezeichnung für das autogene Training nach Iohannes. H. Schultz.

Autosuggestion: Selbstsuggestion.

BAT: Bicksches autogenes Training, das beim Üben grundsätzlich die

243

»Kutscherhaltung« fordert. Zudem soll der Übende zu Beginn des Trainings das Schweregefühl der herunterhängenden Hände besonders trainieren.

Brainmapping: Bildliche Darstellung (landkartenähnlich) abgeleiteter Gehirnströme im EEG. Hierbei lassen sich die einzelnen Orte der auftretenden Aktivitäten im Gehirn erkennen.

Brainstorming: Eine intuitive Kreativmethode des schöpferischen Denkens, die 1963 von Alex Osborn, USA, aus der Erkenntnis des negativen Konkurrenzdenkens entwickelt wurde. Es geht hier um die Aktivierung des Unterbewußtseins, das auch bei Themenwechsel und Beschäftigung mit anderen Tätigkeiten am Problem weiterarbeitet. Es findet in einer Gruppensitzung mit ca. fünf bis sieben Teilnehmern mit möglichst unterschiedlichen Kenntnissen und Erfahrungen statt.

Coaching: Der Begriff »coach« kommt aus dem Englischen und ist aus dem Sport (hier bedeutet er Trainer oder Sportlehrer, aber auch Betreuer) für das Training von Führungskräften übernommen worden. Es ist also das Training eines Managers in seiner Persönlichkeit und seinem Verhalten.

Delphi-Report: Nach dem Orakel von Delphi benannt, ist der Delphi-Report ein in den USA entwickeltes wissenschaftliches Prognoseverfahren, bei dem es um Erwartungen derjenigen Fachleute geht, die auf den Gebieten arbeiten, deren Entwicklung unsere Zukunft bestimmen. Es ist also eine Vorhersagemethode, die nicht wie bei der prospektiven Hochrechnung auf bereits feststehenden Fakten beruht.

Deltazustand: Er hat im Elektroenzephalogramm die langsamste Frequenz von maximal zwei bis vier Schwankungen pro Sekunde und kennzeichnet den natürlichen Tiefschlaf.

Dissoziation: Das Wort bedeutet eigentlich Trennung; im Zusammenhang mit der Hypnose ist Dissoziation die Trennung der Geschehnisse im Bereich des Hypnosezustandes von denen des Normalzustandes. Z. B. in der Zahnmedizin eine schmerzlose Zahnbehandlung, während der Patient in seinem subjektiven Befinden die Strandatmosphäre an seinem Urlaubsort genießt.

EEG: Elektroenzephalogramm, Aufzeichnung der Gehirnströme.

Emotion: Individuelles Erleben innerer und äußerer Reize zwischen angenehm und unangenehm. Im Gehirn das gefühlsmäßige Rechtshemispärische im Gegensatz zum rationalen Linkshemisphärischen. Die Emotionen beeinflussen nicht nur unser Nervensystem, sondern auch unser Verhalten.

Evozierte Potentiale: Elektrische Spannungen, die aus Sinnesreizen im Gehirn entstehen und an der Kopfoberfläche gemessen werden können.

Faszinationsmethode: Häufig angewandte Methode zum Herbeiführen des Hypnose-Zustands. Der Hypnotisierende schaut den Probanden ganz fest an und fixiert dessen Blick, also die Augen bzw. die Stirn des zu Hypnotisierenden. Ursprünglich stammte diese Methode vom portugiesischen Abbé Faria, der sie 1840 aus Indien nach Paris brachte.

Fatigueeffekt: Ermüdungseffekt bei der Hypnose, der bei entsprechenden langweiligen Reizungen der linken Gehirnhemisphäre erzielt werden kann.

Fokussierung: Die Zuwendung mit allerhöchster Aufmerksamkeit auf ein bestimmtes Geschehen.

Fouriermethode: Sie ist benannt nach dem französischen Mathematiker Jean Baptiste Joseph Fourier; eine harmonisierende Analyse unterschiedlicher Frequenzspektren.

Gehirndominanzen: Cerebrale Dominanzen im Unterschied zu der Gehirndominanz bzw. der cerebralen Dominanz der linken Gehirnhemisphäre. Das jeweilige Vorherrschen der beiden Gehirnhälften, sowohl der rechten für den emotionalen Bereich, als auch der linken für den rationalen Bereich. Die Gehirndominanzen sind wissenschaftlich gesehen heute die richtigere Bezeichnung, denn sowohl die rechte als auch die linke Gehirnhälte haben ihre eigene funktionelle unterschiedliche Wichtigkeit.

Halluzination: Sinnestäuschung, insbesondere bezogen auf Gehör- und Gesichtssinn. Kann unter Hypnose spontan auftreten oder aber durch Suggestion herbeigeführt werden.

Hinduhypnotismus: Eine besondere Art der Hypnose, die ein strenges Ritual vorschreibt und schon seit Hunderten von Jahren in Indien praktiziert wird. Die Faszinationsmethode gehört ebenso hierher wie die Techniken des indischen Seiltricks.

Hyperakusie: Übersensibilisierung des Gehörsinns. Sie kann durch Hypnose herbeigeführt werden und führt zu außergewöhnlichen akustischen Wahrnehmungen sonst nicht mit dem Gehör aufnehmbarer akustischer Reize.

Hypermnesie: Im Gegensatz zur Amnesie ein außergewöhnlich erhöhtes Erinnerungsvermögen. In der Hypnose können Dinge und Erlebnisse wiedergefunden und reproduziert werden, die weit zurückliegen und längst vergessen waren.

Hyperraum: Nach Burkhard Heim ein über Zeit und Raum weit hinweggestreckter Bereich; ein zwölfdimensionaler Raum, in dem der sechsdimensionale Raum der Materie wie auch der vierdimensionale Raum Einsteins (Länge, Breite, Höhe und Zeit) enthalten sind. Darüber hinaus sind die sechs nichtmateriellen Dimensionen enthalten, die auf unser irdisches Geschehen Einfluß nehmen.

Hypnoanalyse: Ein besonderes Verfahren im Hypnosezustand, in dem längst vergessene und verdrängte Erlebnisse reproduziert und wiedererlebt werden können.

Hypnoid: Hypnoseähnlich.

Hypnosepotential: Die durch das Erlernen des Hypnotisiertwerdens erworbene Fähigkeit, bei Bedarf sofort, d. h. ohne erneutes Erlernen, den Hypnosezustand zu erreichen.

Hypnosestadien: Im Prinzip eine veraltete Vorstellung, in der man den Hypnosezustand in mehrere Stadien einteilte. Man unterteilte in das sogenannte leichte Stadium, das die meisten Erwachsenen erreichen, in der alten Literatur das »Stadium der Somnolenz« genannt. Mit zunehmender Intensivierung des Hypnosezustandes tritt leichter Schlaf ein, das »Stadium der Hypotaxie«. In diesem Stadium kann der Hypnotisierte die Augen nicht mehr aufmachen. Das dritte Stadium ist das der intensiven Hypnose, früher »Somnambulismus« genannt. In ihm können die verschiedensten körperlichen und psychischen Veränderungen auftreten. Heute hat man diese Einteilung weitgehend verlassen und spricht nur noch von einer schwachen oder niederen und einer hohen oder intensiven Hypnotisierbarkeit.

Hypnosezustand: Der psychophysische Zustand während der Hypnose. Im Gegensatz hierzu ist der Begriff »Hypnose« der umfassendere Begriff, der auch die Hypnose als Instrument beinhaltet.

Hypnotraining: Ein Verfahren, das man im nichtmedizinischen Bereich, insbesondere in Sport und Management, als intensives Eintrainieren von Verhalten, Reaktion und Wissen mit großem Erfolg zum Einsatz bringt.

Imagination: Vorstellungsbild; ein Bild, das sich ein Einzelner oder eine Gruppe von einer Sache oder einer Person macht. Um dieses Vorstellungsbild zu intensivieren, bedient man sich eines veränderten Bewußtseinszustandes, wie wir dies von Schamanen und Magiern, den ersten Ausführenden einer Imagination, kennen. Es ist also Einbildungskraft, bildhaftes, anschauliches Denken, das es ermöglichen kann, außergewöhnliche Vorstellungen imaginativ zu realisieren.

Immunität: Angeborene oder durch Impfung oder Überstehen einer Krankheit erworbene Unempfindlichkeit gegenüber Krankheitserregern.

Intuition: Das Gewahrwerden eines Sachverhaltes, das nicht auf einer bewußten, lückenlos nachvollziehbaren Hinführung beruht. Intuition ist demnach eine unbewußte Intelligenz, das sogenannte »richtige Gespür« für etwas.

Katalepsie: Eine Muskelstarre, die für den Hypnosezustand charakteristisch ist und durch Suggestion herbeigeführt werden kann. Es kann z. B. nur ein Arm starr werden, aber auch der ganze Körper.

Levitation: Spontanes Anheben eines Körperteils, eines Armes oder Beines im Hypnosezustand.

Magnetismus: Die Wissenschaft von den magnetischen Erscheinungen, in diesem Fall der Mesmersche Magnetismus bzw. der Mesmersche animalische Magnetismus. Mesmer nahm an, daß das ganze Universum ausgefüllt sei von einem sogenannten Fluidum (ein hypothetisch angenommener flüchtiger Stoff, der Eigenschaften und Wirkungen übertragen kann). Dieses Fluidum übertrage Schwingungen, die nicht nur die Himmelskörper, sondern auch die tierischen Körper gegenseitig beeinflussen. Mesmer hielt diese Schwingungen für den tierischen oder animalischen Magnetismus. Um das Fluidum zu übertragen, bediente sich Mesmer auch eines leichten Berührens des Kranken mit Finger und Hand, den sogenannten Mesmerschen Strichen. Dieses Berühren verursachte einen hypnoseähnlichen Zustand, den man auch Mesmersche Trance nannte.

Mental: Geistig, über Gedanken erwirkt.

Mentaloid: Gedankenähnlich.

Motivation: Bezeichnung für die Summe jener Beweggründe, die bestimmten Verhaltensweisen oder Handlungen beeinflussend (fördernd oder auch hemmend) vorausgehen.

Multihypnophon: Standardisiertes Hypnoseverfahren mittels eines technischen Geräts.

Negative Halluzination: Materiell vorhandene Gegenstände oder tatsächliche Geräusche werden unter Hypnose den Sinnen des Probanden suggestiv entzogen.

Neuroleptikum: Beruhigungsmittel, das sich gegen Erregung, Ängste, Wahnideen und Sinnestäuschungen richtet, ohne das Bewußtsein zu beeinträchtigen.

Neurophysiologie: Medizinische Fachrichtung, die die Funktion des Nervensystems und seiner Teile untersucht und beschreibt, z. B. die Funktionen des Gehirns oder die Beeinflussung nervaler Prozesse durch chemische Substanzen.

Neurose: Oberbegriff für eine Vielzahl von psychischen Störungen mit unterschiedlichen Erscheinungsformen und Ursachen. Es handelt sich im allgemeinen um länger andauernde psychisch kranke Einstellungen oder Verhaltensgewohnheiten ohne nachweisbare organische Ursache (z. B. Hemmungen, Depressionen u. ä.). Im Gegensatz zur Psychose haben die Betroffenen ein vages Bewußtsein ihrer Störung, da kein Zerfall psychischer Funktionen (Denken, Wahrnehmung) auftritt.

Parameter: Meßgröße.

Positive Halluzination: Suggerierte Sinnestäuschung über nicht existierende materielle Erscheinungen in der Hypnose; Hilfsparameter für die Tiefe des Hypnosezustands: Das Oberbewußtsein nimmt nichts wahr, das Unterbewußtsein hingegen sieht oder hört nicht Vorhandenes.

Posthypnose: Ein posthypnostischer Zustand tritt nach Abschluß des eigentlichen Hypnosezustands ein, sofern während des Hypnosezustands eine entsprechende posthypnotische Suggestion gegeben wurde. Dem Probanden kann für einen Zeitpunkt nach der Hypnosebehandlung z. B. ein Auftrag gegeben werden, die dieser dann spontan und scheinbar »grundlos« ausführt.

Präkognition: Eine außersinnliche Wahrnehmung, die sich auf die Voraussicht zukünftiger Ereignisse bezieht.

Proband: Im psychologischen und medizinischen Bereich eine Testperson, Versuchsperson.

Rapport: Im Zusammenhang mit der Hypnose ist der Rapport der unmittelbare Kontakt zwischen dem Hypnotisierenden und dem Hypnotisierten, ein Informationsaustausch als unabdingbares Phänomen der Hypnose.

Revivication: Der Hypnotisierte erlebt Vergangenes aus seinem eigenen Leben, häufig aus der Kindheit. Alle Erinnerungen, die sich auf die Zeit nach der Revivication beziehen, sind komplett gelöscht.

Schreckhypnose: Mittels eines Schrecks und der Aufforderung zu schlafen kann der Proband in einen hypnoiden Bewußtseinszustand versetzt werden (angewandt von Abbé Faria im vergangenen Jahrhundert), ist aber keine wünschenswerte Methode zur Einleitung der Hypnose.

Selbsthypnose: Durch Selbsttraining herbeiführbarer hypnoider Zustand, wesensverwandt mit dem autogenen Training.

Somnambulismus: Schlafwandeln.

Splittbrain: Getrennte Untersuchungsergebnisse über die beiden Gehirnhälften.

Trance: Sammelbezeichnung für veränderte Bewußtseinszustände wie z. B. Schlafwandeln, Ekstase, meditative Entrückung oder Hypnose. Gemeinsam ist den verschiedenen Trancezuständen v.a. die Veränderung der Aufmerksamkeit und der Reaktionen auf Umwelteinwirkungen.

Vigilanz: Wachheit, Zustand erhöhter Reaktionsbereitschaft.

Visualisierung: Im Gegensatz zur Imagination, zu Phantasiebildern, geht die Visualisierung von der Realität aus, vom Vorhandenen. Je nachdem, ob damit positive oder negative geistige Bilder hervorgerufen werden, können unsere Reaktionen »programmiert« werden. Wir können z. B. Gesundheit oder Krankheit visualisieren und damit tatsächlich unser Befinden und Verhalten beeinflussen.

Voodoo: Aus Westafrika stammender, mit verschiedenen Religionen durchsetzter magischer Geheimkult.

Weckeffekt: Auf dem EEG sichtbarer »Arousal-Effekt«, d. h. Wecken durch Lärm. In der Hypnose bleibt er aus.

Indikationsliste

Indikationen für positiv programmierende Hypnose oder/bzw. Hypno-analyse

Die Liste der Indikationen lehnt sich an *Leuner* (1975) an und wurde vom Autor auf den aktuellen Wissensstand gebracht.

Behandlung von Schlafstörungen
Schlaflosigkeit
Einschlafstörungen
Durchschlafstörungen
Somnambulismus
Pavor nocturnus

Schmerzbekämpfung
Suggestionen sofortiger Schmerz-
  freiheit
Suggestionen einer allmählichen
  Schmerzminderung
Hypnotische Analgesie und
  Anästhesie
Spezielle Schmerzzustände
Migräne
Posttraumatischer Kopf-
  schmerz
Psychogene Kopfschmerzen
Neuralgien
Phantomschmerzen

*Hypnose im Rahmen chirurgi-
  scher Behandlung*
Wundheilung
Präoperative Sedierung und
  Operationsvorbereitung
Ausschaltung des Operations-
  schmerzes
Blutstillung
Postoperative Phase
Hypnose bei Transplanta-
  tionen
Sudeck-Syndrom
Beschleunigung des Heilungs-
  prozesses

*Hypnose bei urologischen
  Störungen*
Postoperative Harnverhaltung
Dysurie, Polyurie, Strangurie
Enuresis diurna
Enuresis nocturna

*Hypnose als Hilfsmittel bei kar-
  diovaskulären Störungen*
Herz-Kreislauf-Störungen
Funktionelle Herzstörungen
Totaler AV-Block
Koronare Herzkrankheiten
Herzinsuffizienz
Hypertonie
Hypotonie

*Hypnose als Hilfsmittel bei
  Affektionen des Respirations-
  traktes*
Inspiratorischer Stridor
Rhinitis, Rhinitis vasomotorica
Heuschnupfen und Heuasthma
Asthma bronchiale
Tuberkulose

Gastrointestinale Störungen
Funktionelle Störungen
Störungen der Salivation
Aerophagie, Ösophagospasmus,
  Dysphagie
Kardiospasmus
Singultus
Psychogenes Erbrechen
Obstipation

Diarrhoe
Diskinesie der Gallenwege
Gastroinstestinale Erkrankungen
  mit Läsion
Gastritis
Peptische Ulzera
Colitis ulcerosa
Dumping-Syndrom
Nahrungsmittelallergien
Psychogene Nahrungsmittel-
  unverträglichkeit
Fettsucht
Anorexia nervosa
Bulimie

Endokrine Störungen
Hyperthyreose
Diabetes mellitus

Arthritiden, Myogelosen,
  Myositis

Erkrankungen der Haut
Pruritus
Ekzem
Neurodermitis
Keratoma plantare
Erythrodermia ichthyosiformis
  congenitalis
Hyperhidrosis
Verrucae vulgares
Infektiöse Dermatitis
Allergisches Ekzem
Urtikarielle Arzneimittel-
  reaktion
Dermatitis facitita
Nägelkauen

Weibliche Genitalstörungen
Funktionelle Amenorrhoe
Verschiebung des Menstruations-
  termines
Prämenstruelles Syndrom
Funktionelle Dysmenorrhoe
Hypermenorrhoe

Meteorrhagien
Psychogener Fluor albus
Frigidität und Anorgasmie
Vaginismus
Hypnotherapie maskulin-aggres-
  siver Frauen
Psychogene Sterilität
Pseudogravidität
Klimakterische Wallungen

Geburtshilfe
Geburtenkontrolle
Hyperemesis gravidarum
Habitueller Abort
Hypnose zur Geburtserleichte-
  rung
Geburtsvorbereitung
Suggestionen während der
  Geburt
Suggestionen für die Nachge-
  burtsperiode

Männliche Sexualstörungen
Impotentia coeundi
Ejaculatio praecox
Exhibitionismus
Voyeurismus
Fetischismus
Homosexualität, Bisexualität

Versuche mit Hypnose bei
  Störungen im Bereich des
  Nervensystems
Organische Störungen der
  Motorik
Zerebrale Kinderlähmung
Poliomyelitis
Zerebrovaskuläre Paresen
Epilepsien
Chorea minor
Überwiegend funktionell be-
  dingte Motilitätsstörungen
Stottern
Torticollis spasticus
Schreibkrampf

251

Tics
Blepharospasmus
Hysterische Konversions-
symptome
Allgemeine therapeutische
Gesichtspunkte
Lähmungen
Postapoplektische Zustände
Posttraumatische Zustände
Operative Störungen im neuro-
logischen Bereich
Dysbasie
Aphonie
Tremor
Gleichgewichtsstörungen
Motorische Anfälle und Lach-
krämpfe
Sensibilitätsstörungen
Erblindung
Amnesie
Ohrensausen und Tinnitus
aurium

Psychische Störungen und
Grenzgebiete
Angstneurosen
Hysterische Neurosen
Zwangsneurosen
Neurotische Depression
Neurasthenie
Neurotische Depersonalisatio-
nen
Hypochondrische Neurosen
Narzißtische Neurosen
Nicht näher bezeichnete
Neurosen
Reaktive Depression
Asthenische Erscheinungsbilder
Angstzustände und phobische
Syndrome
Allgemeine Gesichtspunkte ihrer
Behandlung

Examensangst
Lampenfieber, Redeangst
Erythrophobie
Schneckenphobie
Koprophobie
Zwangssyndrome
Hysterische Syndrome
Arznei- und Genußmittelabhän-
gigkeit
Medikamentenabhängigkeit
Alkoholismus
Nikotinentwöhnung
Drogenmißbrauch Heranwach-
sender
Psychosen
Exogene Psychosen
Schizophrene Psychosen
Psychosomatische Erkrankungen
Psychoneuroimmunologie
Chronische Erkrankungen
Krebs (präoperativ) in der meta-
stasenfreien Zeit
Postoperativ
Nachsorge

Kontraindikationen für Hypnose
oder/bzw. Hypnoanalyse

• Bei somatischen Erkrankungen, die dringend einer konservativen Behandlung bedürfen.
• Bei offensichtlich mangelnder
Bereitschaft zur Therapie.
• Bei hochgradigen Intelligenz-
defekten und abgebauten Alkoholikern und Cerebralskle-
rotikern.
• Bei endogener Psychose.
• Bei religiösen Bedenken.

Literatur

Bernheim, H., 1982: Hypnotismus, Suggestion. Leipzig und Wien: Franz Deuticke Verlag.

Bernheim, H., 1982: Neue Studien über Hypnotismus und Suggestion und Psychotherapie. Ins Deutsche übersetzt von S. Freud. Leipzig und Wien: Franz Deuticke Verlag.

Bick, C. H., 1983: Neurohypnose, Skalpell der Seele. Frankfurt und Berlin: Ullstein Verlag.

Bick, C. H., 1989: EEG Mapping in Hypnosis, in: Int. Journal of Neuroscience, Vol. 47, 1-2. New York: Verlag Gordon and Breach.

Bick, H., 1967: Hypnose in der Medizin und ihre Wellentheorie. München: J. F. Lehmanns Verlag.

Blakeslee, T. R., 1982: Das rechte Gehirn. Freiburg: Aurum Verlag.

Braid, J., 1882: Der Hypnotismus. Übersetzt von W.Th. Preyer. Berlin: Verlag von Gebrüder Paetel.

Braid, J., 1842: Teufelei und Mesmerismus. Manchester.

Braid, J., 1843: Neurypnology. Manchester.

Braid, J., o. J.: Elektrobiologische Erscheinungen in physiologischer und psychologischer Beziehung.

Chertok, L., 1973: Geist und Psyche, Hypnose. München: Kindler Verlag.

Eccles, J. C./Zeier, H., 1984: Gehirn und Geist. Frankfurt a. M.: Fischer Taschenbuch Verlag.

Forel, A., 1921: Der Hypnotismus oder die Suggestion und die Psychotherapie. Stuttgart: Ferdinand Enke Verlag.

Gazzaniga, M. S., 1989: Das erkennende Gehirn. Paderborn: Junfermann Verlag.

Gris, H., u. a., 1979: PSI als Staatsgeheimnis. Bern und München: Scherz Verlag.

Grossmann, J., 1894: Die Bedeutung der hypnotischen Suggestion als Heilmittel. Gutachten und Heilberichte der hervorragendsten und wissenschaftlichen Vertreter des Hypnotismus der Gegenwart. Berlin: Deutsches Verlagshaus Bong & Co.

Grupp, H., 1995: Der Delphi-Report. Stuttgart: Deutsche Verlags-Anstalt.

Hellmanns, A./Bunch, B., 1980: Fahrplan der Naturwissenschaft. München: Droemersche Verlagsanstalt.

Jovanovic, U. J., 1988: Methodik und Theorie der Hypnose. Stuttgart: Gustav Fischer Verlag.

Katzenstein, A., 1978: Suggestion und Hypnose in der psychotherapeutischen Praxis. Jena: VEB Gustav Fischer Verlag.

Knieß, M., 1995: Kreatives Arbeiten. München: C. H. Beck Verlag.

253

Laux, J./*Schubert,* H.-J., 1988: Klinische Hypnose: Theorien, Forschungsergebnisse, Anwendungen. Pfaffenweiler: Centaurus Verlagsgesellschaft.

Leuner, H., 1975: Indikationen und spezifische Applikationen der Hypnosebehandlung. Bern: Hans Huber Verlag.

Loer, J. E., 1991: Mentaltraining. München, Wien, Zürich: BLV Verlagsgesellschaft.

Löwenfeld, L., 1904: Hypnotismus und Medizin. München: Bergmann Verlag.

Mayer, L., 1952: Die Technik der Hypnose. 5. Aufl. München: J. F. Lehmanns Verlag.

Miller, G. A., u.a., 1991: Strategien des Handelns. Stuttgart: Klett-Cotta Verlag.

Moll, A., 1907: Hypnotismus. 4. Aufl. Berlin: Fischer's Medicin. Buchhandlung H. Kornfeld.

Platonow, K., 1986: Unterhaltsame Psychologie. Köln: Pahl-Rugenstein Verlag.

Popper, K. R. u. a., 1982: Das Ich und sein Gehirn. München und Zürich: Piper Verlag.

Preyer, W. Th., 1890: Hypnotismus. Vorlesungen gehalten an der Karl-Friedrich-Wilhelm-Universität in Berlin. Wien/Leipzig: Urban und Schwarzenberg Verlag.

Ringier, G., 1891: Erfolge des therapeutischen Hypnotismus in der Landpraxis. München: Lehmann Verlag.

Schultz, J. H., 1965: Hypnose-Technik. Stuttgart: Gustav Fischer Verlag.

Siewert, H. H., 1994: Persönlichkeitstests erkennen und bestehen. München und Landsberg a. Lech: mvg Verlag.

Stocksmeier, U., 1984: Lehrbuch der Hypnose. 4. Aufl. Basel: Karger Verlag.

Stoll, O., 1900: Schriften Geographie und Ethnologie. Zürich (2. Aufl. 1904).

Thiele-Dohrmann, K., 1990: Intuition. Hamburg: Ernst Kabel Verlag.

o. V., 1975: The book of the Chinese Believes. Hongkong Verlag.

o. V., 1979: Die Kunst des in den Schlaf versetzenden Xü Ding. Ming Dafang-Kultur-Gesellschaft, Hongkong.

Wassiliew, L., 1965: Experimentelle Untersuchungen der Mentalsuggestion. Bern und München: Francke Verlag.

Wong, K./Wu, L. T., 1936: History of Chinese Medicine. Shanghai, China: National Quarant Service.

Xy, D.-M., 1978: Hypnose. Hongkong: Verlag Dafang. Kulturgesellschaft Hongkong.

Register